撬动全球:复杂制度环境下浙商海外直接投资高质量发展机理研究

吴　波　蒋樟生　杨　燕　江婷婷 著

浙江工商大学出版社
ZHEJIANG GONGSHANG UNIVERSITY PRESS
·杭州·

图书在版编目(CIP)数据

撬动全球：复杂制度环境下浙商海外直接投资高质量发展机理研究 / 吴波等著. —杭州：浙江工商大学出版社，2020.8

ISBN 978-7-5178-3653-7

Ⅰ. ①撬… Ⅱ. ①吴… Ⅲ. ①民营企业－海外投资－直接投资－研究－浙江 Ⅳ. ①F279.245

中国版本图书馆 CIP 数据核字(2020)第 008089 号

撬动全球：复杂制度环境下浙商海外直接投资高质量发展机理研究

QIAODONG QUANQIU：FUZA ZHIDU HUANJING XIA ZHESHANG HAIWAI ZHIJIE TOUZI GAO ZHILIANG FAZHAN JILI YANJIU

吴 波 蒋樟生 杨 燕 江婷婷 著

责任编辑	唐 红	
封面设计	林朦朦	
责任印制	包建辉	
出版发行	浙江工商大学出版社	

(杭州市教工路 198 号 邮政编码 310012)

(E-mail：zjgsupress@163.com)

(网址：http://www.zjgsupress.com)

电话：0571－88904980,88831806(传真)

排 版	杭州朝曦图文设计有限公司	
印 刷	杭州高腾印务有限公司	
开 本	710mm×1000mm 1/16	
印 张	15.5	
字 数	243 千	
版 印 次	2020 年 8 月第 1 版 2020 年 8 月第 1 次印刷	
书 号	ISBN 978-7-5178-3653-7	
定 价	45.00 元	

总　序

从 70 年前毛泽东同志在天安门城楼上庄严宣告中华人民共和国成立，到如今社会主义中国巍然屹立在世界东方，中华民族再一次创造了人类历史上的伟大奇迹。站在 2019 年的时代节点，回顾以往，梳理总结中华人民共和国成立 70 年的发展经验，开辟国家富强与民族复兴之新境，是时代赋予中华儿女的责任。

钱塘自古繁华，文明薪火相传。浙江是中国革命红船启航地、改革开放先行地、习近平新时代中国特色社会主义思想重要萌发地。浙江这 70 年的发展，是全方位的发展，更是特色鲜明的发展。特别是改革开放以来，浙江一直是当代中国发展的潮头阵地，"温州模式""义乌模式"等彰显了当代浙江经济、社会发展的巨大成就；20 世纪 90 年代以来，以马云为代表的浙商更是创造了浙江发展的新景观：作为浙江省会的杭州已经发展成为世界电子商务中心、全球移动支付大本营、"一带一路"与"长三角一体化"发展战略的交会地。

当代浙江在各个领域取得的成就为世界瞩目，这些成就既得益于中华优秀文化，也得益于之江山水所培育的浙学传统。浙学传统是涵养浙江精神的源头活水，也是促动浙江当地社会文化与经济发展的文化力动因。浙商文化是浙商之魂，崇义养利的价值逻辑、知行合一的认知逻辑、包容开放的行为逻辑，促使一代又一代浙商搏击商海、乘风破浪、勇立潮头，闯出了敢为人先的新路，书写了创业创新的传奇，承载了浙江发展的荣光。义利相和、知行合

一、创新融汇的浙学特质是浙商精神的深层文化内蕴。 从"走遍千山万水、吃尽千辛万苦、说尽千言万语、想尽千方百计"的"四千精神",到"千方百计提升品牌、千方百计保持市场、千方百计自主创新、千方百计改善管理"的"新四千精神",再到以"坚忍不拔的创业精神、敢为人先的创新精神、兴业报国的担当精神、开放大气的合作精神、诚信守法的法治精神、追求卓越的奋斗精神"为内涵的新时代浙商精神,都已融入浙商群体的血脉里,化作了浙商群体的优秀基因,促使浙商跨出省界、国界,成为具有全球影响力的商帮。而浙商世界化及随之而来的浙学传统、浙江精神的世界化,实质上也表征了中华文化走向世界、中国经验走向世界的文化景象。

"国家当富强,始基端在商。"浙江工商大学作为浙江省重点建设大学,同时也是省政府与教育部、商务部共建的大学,总结浙商发展、传承浙商文化、引领浙商发展,是它的天然使命。 我们不会忘记,100 多前浙江工商大学的先贤们在实业兴国呼号中为实现救亡图存、国富民强的创校初心;我们不会忘记,15 年前时任浙江省委书记的习近平同志在视察学校时对学校提出要在"全国有位置、全省很重要" 的殷切期望。 而今,把大商科人才培养好、让学校早日进入 "双一流"建设大学的行列,既是全体商大人的历史担当,也是全体商大人的共同梦想。 作为浙江工商大学的学者,我们当然要总结和记录浙江 70 年的发展历程,以及浙江 70 年围绕 "商"的发展历程。 为此我们设计和组织编写了"中华人民共和国成立 70 周年浙商研究院智库丛书",梳理、总结浙江 70 年以来在 "商"领域所取得的成就、收获的经验。

《勇立潮头:浙江高水平现代化建设研究 》一书介绍了浙江高水平现代化建设的经验和成效。 近 5 年来,浙江现代化建设规模不断扩大,质量不断提升,创业生态环境不断优化,就业工作成绩显著。 站在新的起点上,该书系统总结了浙江高水平现代化建设的经验,并面对新的矛盾和挑战、新形势、新变化,提出了相应的政策建议,为实现浙江省"高水平全面建成小康社会和高水平推进社会主义现代化建设"的目标提供参考。《浙江省新型政商关系"亲清"指数研究》一书总结了浙江省在构建新型浙商关系方面的经验,构建了浙江省新型政商关系"亲清"指数的指标体系,并对浙江省 11 个城市进行指数评价,为浙江 "亲清"政商关系优化提供了改进方向。《亲清政商:寻求政府与商会的策略性合作》一书系统回顾了中华人民共和国成立以来我国政府与商会关系发展的历史脉络与演进逻辑，从 3 个方面提出政府与商会"策略性合作"的分析框架，并站在历史新起点上提出政府与商会展开合作治理的路径。

《大国经贸：新国际贸易冲突理论构建与中美经贸关系》一书建立和发展了适应世界经济发展形势和生产技术水平的新贸易冲突理论，以更好地解释中美国际贸易摩擦及 21 世纪国际贸易冲突问题，在重构全球贸易规则和经济贸易体制、促进世界经济贸易格局的健康发展等方面提出了相应的建议。《跨境电商：数字经济第一城的新零售实践》一书深入探讨了杭州跨境电子商务综合试验区的成功经验，总结了杭州在解决数字经济体制性难题方面的先行先试经验，为基于大数据分析的政府管理创新提供经验借鉴，以推进杭州成为"世界商店"在中国的主窗口、成为中国数字经济第一城。《卓越流通：数字经济时代流通升级战略与浙江经验》一书在全面回顾我国电子商务及跨境电商发展历程、趋势与动因的基础上，从微观、中观和宏观的角度系统阐述了跨境电商的相关理论；在总结我国跨境电商综合试验区试点成效与存在问题的基础上，系统阐述我国跨境电商试点的主要内容和实践创新。

《撬动全球：复杂制度环境下浙商海外直接投资研究》一书梳理了浙商全球化发展的文化、经济与政策环境，总结了浙商海外直接投资所取得的成就及在合法性获取和高端资源获取方面的经验，并提出了浙商海外直接投资高质量发展的具体策略。《品质民生：浙江民生服务的创新与发展》一书以全球公共服务改革为基本背景，系统总结分析了浙江省自中华人民共和国成立以来在民生方面的发展历程、发展的阶段特征和取得的主要成就，系统阐述了近 70 年来尤其是 21 世纪以来在民生方面的创新实践，并对未来构建以人民为中心的高质量发展型服务体系提出了框架性展望。《文旅融合：理论探索与浙江产业发展实践》一书从理论上建构了文化产业与旅游产业的耦合机制与模式，并利用翔实的案例分析了文化产业和旅游产业耦合发展的问题及解决对策。

百余年前，历史风云恰如汹涌的钱江大潮澎湃而来，留学东京的蒋百里为《浙江潮》撰写发刊词，成了鼓舞人心的战斗号角。其中写道："可爱哉！浙江潮。挟其万马奔腾，排山倒海之气力，以日日激刺于吾国民之脑，以发其雄心，以养其气魄。二十世纪之大风潮中，或亦有起陆龙蛇，挟其气魄，以奔入于世界者乎？"青春的追问与腾飞的梦想依然在天空回荡，它折射出历史的光彩，唤醒了记忆，让人缅怀。让人欣慰的是，中华人民共和国成立 70 年以来，浙江的实践与发展成就对此做出了最好的回答。我们为浙江的今天而振奋，也期待浙江的明天更美好。

虽然是系列丛书，但是我们并不追求面面俱到，而是利用浙江工商大学的研究积累对浙江 70 年"商"的特色进行了不同角度的透析。在总结浙江经验的同时，我们更希望这些经验能够为浙江未来的高质量发展提供借鉴。

是为序。

陈寿灿

2019 年 11 月 30 日

本书是以下项目的阶段性成果

[1] 国家自然科学基金面上项目。制造企业逆向迁移、网络重构与高端知识获取——基于三阶段网络演进的视角。编号：71372009。

[2] 国家社会科学基金面上项目。政府创新支持、开放式创新模式与制造企业创新绩效的关系研究。编号：17BGL095。

[3] 国家自然科学基金青年项目。企业战略联盟组合中价值创造与价值获取的机理及实证分析——基于资源依赖理论与合法性视角。编号：71702166。

[4] 浙江省软科学重点项目。多重制度逻辑下浙江民营跨国公司"一带一路"FDI企业的合法性获取机制与高质量成长对策研究。编号：2019C25004。

前　言

　　21 世纪以来，浙商加快了海外直接投资步伐，希望在全球舞台上实现资源整合和可持续成长。对外贸易中所积累的利润让浙商拥有一定的实力去并购全球的高端资源，并通过资源整合来打造企业的技术优势；同时也可以通过海外直接投资，到全球各地设厂，利用当地的优势资源，来继续强化企业的成本优势。特别是中国政府提出"一带一路"倡议，为中国企业、浙商企业铺设了新的制度的基石。但是，随着中国的崛起和中国企业在世界舞台上的活跃，中国企业、浙商企业必须面对复杂制度环境及其带来的各种冲突，需要做出有效的响应以获得合法性和成长所需要的各种资源。浙商凭借丰富的全球浙商网络优势积极开展海外直接投资，积累了丰富的合法性和高端资源获取的经验。

　　为系统总结浙商海外直接投资的经验，特别是复杂制度环境下浙商海外直接投资的合法性获取与高端资源获取机制，本书针对以下三个具体问题开展深入研究：面对复杂制度环境，浙商企业如何获得合法性？面对成长天花板，浙商跨国公司如何利用全球化跳板来实现跨越式成长？除了受到企业层面因素影响之外，区域环境因素又是如何影响当地浙商企业的海外直接投资的？针对以上问题，本书主要采取文献研究、二手数据分析、案例研究等分析方法开展研究。通过文献研究，对企业国际化理论、多重制度逻辑下跨国公司海外子公司响应策略研究成果进行了文献梳理；通过对二手数据分析，对浙商海外直接投资的宏观背景、历史演变与发展现状进行描述,对本土政府效率与浙商海外直接投资之间关系进行回归分析;通过案例研究,对来源国劣势下浙商海外并购的合法性获取机制、二元制度环境下浙商海外子公司的响应策略进行深入探讨。 通过理论分析,提出浙商海外直接投资高质量发展的决策参考与政策建议。 在这一过程中,取得了如下研究结论。

第一,三大劣势与两大优势的并存,造就了浙商海外直接投资的先发优势。 所谓三大劣势,是指外来者劣势、后发者劣势和来源国劣势。 外来者劣势来自跨国公司因对东道国不熟悉而产生的额外成本。 同时,由于后发者劣势,浙商在企业特有优势、在全球经营经验方面相对不足,这就加剧了浙商海外直接投资所面临的劣势。 并且,浙商还面临着来源国劣势,即东道国对中国企业的不良刻板印象,使之不得不在东道国承担因之所带来的歧视性待遇。三者叠加在一起,使得浙商海外直接投资难以简单地依靠 OLI(Ownership 所有权优势,Location 区位优势,Internalization 市场内部化优势)模型所强调的企业所有权优势和国际化过程模型所强调的"干中学"来实现成长。 但是,浙商海外直接投资也存在两大优势,即去全球化时代"一带一路"倡议所铺设的制度性基础设施,以及浙商全球化发展所形成的密集网络。 中国政府"一带一路"倡议提出至今已取得了伟大成就,正在从"大写意"向"精耕细作"的高质量发展转变。 浙江省始终是落实"一带一路"倡议的积极践行者,并提出了以"一区、一港、一网、一站、一园、一桥"为框架的"一带一路"建设总体格局。 特别是《浙江省标准联通共建"一带一路"行动计划(2018—2020)》等文件的出台,标志着浙江"一带一路"建设已从单纯货物贸易逐步推进到制度层面标准建设的新阶段。 与此同时,浙商全球化发展所形成的密集网络则为浙商海外直接投资提供了坚实的网络基础,为浙商海外直接投资克服外来者劣势、破解来源国劣势起到重要作用。 这种密集网络表现为广大侨商在东道国定居所形成的浙商网络、浙商国际化发展过程中所建立的商业平台,以及境外经贸合作区,为浙商海外拓展的合法性获取提供了有力支持。"一带一路"的制度优势和多层次的网络优势,使得浙商在海外直接投资方面获得了(相对于国内其他区域企业)先发优势。

第二,指向欧美的跨国并购与指向东南亚的海外生产基地建设,成为浙商海外直接投资的两个重要表现。 浙商海外直接投资在区位选择方面表现出两种趋势，分别是指向欧美的跨国并购与指向东南亚的海外生产基地建设。 特别是中美贸易争端的升级，驱动一些浙商企业加快在东南亚的海外生产基地建设。 欧美是传统发达国家，也是全球性高端技术资源、品牌资源集中的区域。 特别自 2010 年以来，浙商开始通过跨国并购的方式获得欧美的全球资源，来实现自身的跨越式成长。

第三，来源国劣势下浙商跨国并购的合法性获取依赖于群体性和个体性努力协同并进。 来源国劣势及其所带来的合法性困境是浙商成功地实现海外并购的重要约束。 新兴经济体国家跨国公司进入海外市场，尤其是进入发达国家市场时往往被贴上"母国制度真空""缺乏国际化人才""技术落后""品质低下"等标签，加剧了新兴经济体国家企业在国际化过程中合法性缺失问题，进而影响了企业海外经营绩效，即来源国劣势。 吉利集团并购沃尔沃轿车业务、万向集团公司并购美国 A123 两个典型案例，均表明来源国劣势所带来的合法性困境成为浙商企业海外并购的关键要素。 来源国劣势所带来的合法性困境的消除，一方面，需要浙商企业甚至是中国企业持续的形象管理，打破外国针对中国和中国企业的刻板印象；另一方面，针对具体并购案，浙商企业需要综合考虑全球同形规范、并购标的企业诉求、东道国利益相关者诉求，以实现有序稳健的海外并购。 例如：树立企业良好形象；主动剥离敏感技术与产品，消除东道国疑虑；坚定收购目标，成立专业团队提高收购成功率，获取国内政府支持等。

第四，双元制度环境下浙商海外子公司可以采取不同的东道国卷入策略，包括单边顺从和双边混合策略，来获得双边合法性。 首先，母公司逻辑与东道国企业逻辑之间的差异是构成海外子公司内部逻辑冲突的直接来源，在案例中表现为母公司逻辑与东道国社区逻辑、国家逻辑之间的冲突。 例如，员工权力、成立工会、社区卷入、政治关联等。 海外子公司的东道国卷入策略取决于母公司逻辑与东道国逻辑在组织内部映射所形成的内部逻辑冲突，即海外子公司感知的内部逻辑冲突作为中介变量影响了双元制度环境与东道国卷入策略之间的关系。 面对内部逻辑冲突，海外子公司会选择不同的东道国卷入策略，包括单边顺从和双边混合策略。 由于双边依赖及其所带来的强度更高的逻辑冲突，中策泰国的响应策略从初期的单边顺从转变为双边混合策略。 与之不同的是，盾安泰国的响应策略则因为其较为明显的单边依赖，所以主要采取单边顺从策略，即顺从东道国逻辑，并在此基础上吸收母公司的部分元素。

第五，浙商通过多样化的全球化跳板来获得全球高端资源，面临三大困境。 浙商在本质上是民商，是民营经济的重要组成部分。 在经济新常态下，中国经济从高速增长转为中高速增长，从要素驱动、投资驱动转向创新驱动，这就要求浙商积极践行高质量发展，在全球范围内不断获取高端资源，将这些高端资源与企业已有资源进行整合，为企业高质量发展提供必要支持。 这些高端资源包括技术资源、市场资源以及全球化人才资源。 例如，吉利并购沃尔沃、巨星通过系列并购收获全球高端品牌和渠道、华立通过全球化获得全球高端人力资源等都是典型案例。 在实践中，浙商通过五种重要的全球化跳板实现海外拓展，包括双边交流平台、境外经贸合作区、海外子公司、跨国并购、海外联盟。 其中：双边交流平台和境外经贸合作区为平台型跳板，前者多为政府主导，后者多为龙头企业主导；海外子公司、跨国并购以及海外联盟为个体企业主导型跳板。 但是，浙商高端资源获取面临三大困境还有待进一步破解，分别是"形象"困境、"整合"困境和"反哺"困境。"形象"困境与来源国劣势下东道国对中国和中国企业的不良刻板印象有关，也跟浙商企业国际化经验不足有关。"整合"困境主要来自"两个市场、两种资源"之间的制度和非制度性差异。"反哺"困境是指浙商全球化经营和高端资源获取之后，也同时承载来自本土浙江省的"反哺"期望。

第六，区域层面的政府效率影响了浙商海外直接投资。 对浙江省 11 个地市的政府效率进行评价，结果表明各个城市的政府效率在稳步提升。 从时间维度来看，浙江各地市的政府效率大致经历三个阶段：第一阶段为 2009—2011 年期间，该阶段为政府效率提升阶段，但是效率较低；第二阶段为 2012—2014 年期间，该阶段为政府效率稳定阶段，且效率较高；第三阶段为 2015—2017 年期间，该阶段又是一个不断提升效率的阶段。 本土政府效率对浙商境外直接投资产生显著影响，政府效率的提升会弱化浙商的海外直接投资。 这意味着政府效率的提升会推动浙商企业留下来发展，而不是走出去发展。 因此，为了能够促进地方企业发展，既要促进企业走出去，同时也希望引进来更多的外资企业，更重要的是留住本地企业和外资企业为地方经济发展做出重大贡献，政府必须不断完善服务设施和构建"服务型"政府，以提升浙江各地市的政府办公、审批等行政效率，这也是企业发展和经济发展所产生的必然要求。 并且浙江省各地区的出口贸易和进口贸易对政府效率与 OFDI（Outward Foreign Direct Investment，对外直接投资）的关系也会产生显著调节影响。 因此，政府在改善行政效率的基础上应提高当地企业积极利用FDI（Foreign Direct Investment，外商直接投资），加强与外资企业的合作，增强当地企业自身的创新能力和企业的经营能力及提高国际声誉，既要能够留住外资企业，也要鼓励内资企业积极走出去。

本书的实践价值在于：系统总结了浙商海外直接投资合法性与高端资源获取的经验，为中国企业海外直接投资高质量发展提供浙江样板。 浙商凭借网络优势和先行优势，在海外直接投资发展之路上积累了合法性和高端资源获取的经验。 本书对浙商海外直接投资经验的系统总结，梳理出合法性获取的具体策略和高端资源获取的具体机理，并提出了浙商海外直接投资高质量发展的政策建议，从而为中国企业海外直接投资的高质量发展提供浙江样板。

在理论方面，以浙商为对象分析了复杂制度环境下浙商海外直接投资的合法性获取机制，推动了复杂制度环境下新兴市场国家跨国公司合法性获取理论研究的深入。 复杂制度环境是浙商全球化发展所面临的核心场景，也是决定海外直接投资发展质量的关键因素。 本书从来源国劣势的角度，分析了浙商企业所面临的来源国劣势的具体表现，及其对浙商合法性获取的影响；从双元制度环境的角度分析了浙商海外子公司所面临的来自母国/母公司和东道国的制度压力及其所带来的制度冲突，并分析海外子公司的响应策略。 这一研究推动了复杂制度环境下新兴市场国家跨国公司合法性获取理论研究的深入。

C 目录
ontents

1

绪　论

1.1　研究问题

　　全球化已经成为中国企业重要的生存与发展场景。 从外资进入中国，中国企业开始逐步学会与狼共舞；经过改革开放 40 多年的努力之后，中国企业也开始通过全球化来实现企业发展，并在对外贸易的基础上开始通过积极的以对外直接投资推进企业发展。 正如英国登山家乔治·马洛里所说："因为山就在那里。"中国企业全球化之路的核心目的则是希望以全球化为跳板来实现高端资源的获取，实现自身的能级跃迁和跨越发展。 但是，中国的全球化发展之路并非一帆风顺。

　　第一，三大劣势叠加强化了中国跨国公司海外直接投资所面临的合法性困境和高端资源获取的困境。

　　正如攀登珠穆朗玛峰的艰难，中国企业海外直接投资的攀登之旅远非一帆风顺。 作为新兴市场国家，中国跨国公司在进入东道国时天生面临外来者劣势、后发者劣势与来源国劣势。 其中外来者劣势来自跨国公司对东道国不熟悉所带来的额外成本。 在数字时代，随着各个国家之间交流与互动的越加频繁，东道国的信息获取成本大大降低，这有利于弱化外来者劣势的影响。

但是东道国的相关知识并非仅仅是显性知识,同时也存在大量的隐性知识,这就需要通过持续的"干中学"(Quinn,1980)来获得。 与此同时,全球化时代各个国家之间在实践趋同的情况下,往往也会带来实践背后意义差异的强化,即虽然表面的实践容易理解,但是实践背后的文化和意义差异依然存在。这就使得跨国公司难以有效解读当地文化、规则,从而带来更高的关系和交易成本(Delios,Witold,2002;Mezias,2002)以及不合法成本(Kostova,Zaheer,1999),并被排除在当地隐性知识网络之外(Schmidt,Sofka,2009;Zaheer,Mosakowski,1997)。

作为新兴市场国家,后发者劣势同样难以避免。 发达国家跨国公司通过具有更强的技术优势、管理优势,已在长期的全球化经营中积累了丰富的全球化经营经验,形成了较高的全球社会地位(Status),以弥补外来者劣势。 而新兴市场国家跨国公司的后发者劣势明显,内部技术优势和管理优势相对不明显,全球化经营经验相对较少、全球社会地位相对较低,这就限制了中国跨国公司的全球化经营之路。 在我们对东南亚泰国、越南的调查研究后发现,浙商企业在当地的社会地位相对低于欧美、日本等发达国家跨国公司,所以这些欧美、日本跨国公司在东道国甚至可以获得外来者优势,从而豁免东道国不必要的义务,并开展相应的制度创业来获得竞争优势(Edman,2016)。

中国跨国公司还面临着来源国劣势。 来源国劣势是指来自东道国对于来自特定来源国的跨国公司的歧视和刻板印象,这种刻板印象通常由"代表性产品、国家特性、经济与政治背景、历史以及传统等特征所造成"(Bartlett,Ghoshal,2000),表现为负面的国家形象、产品形象(Pant,Ramachandran,2012;Ramachandran,Pant,2010)。 来源国劣势会给新兴市场跨国公司(Emerging economic multinational enterprises,下文简称 EMNE)带来严重的"合法性赤字",新兴市场跨国公司不得不面对来自当地行动者的排外(xenophobia)和消极歧视现象(Arikan,Shenkar,2013;Sharma,2015)。浙商企业在海外并购过程中,不得不面临潜在被并购对象、东道国员工、东道国政府的不利刻板印象的影响。 例如,吉利集团在并购沃尔沃的案例中,吉利不得不通过多次积极沟通来破解沃尔沃对中国企业的刻板印象,并通过一系列的举措来填补由此而带来的"合法性赤字"。

　　进入阶段叠加在一起的三大劣势，进一步强化了中国跨国公司海外子公司进入后的制度冲突，给海外子公司的合法性获取和高端资源获取带来了巨大挑战。纪录片《美国工厂》记录了福耀玻璃在美国投资建厂碰到的诸多冲突，其中最核心的冲突聚焦在是否成立工会。按照美国企业的传统，部分美国工人要求成立工会，但是福耀投资方则要求不能成立工会。虽然纪录片最后显示福耀玻璃美国子公司通过内部投票决定不成立工会，但是相信工会问题仍会继续成为福耀玻璃美国子公司的内部重要冲突。这不仅仅是福耀玻璃美国子公司一家碰到的工会问题，诸多浙商企业在东南亚也都碰到了工会问题。当然，工会仅仅是中国企业、浙商企业海外直接投资碰到问题的一个方面。加班问题、工作态度、社区关联等传统被中国企业所接受和认可的行为逻辑，在东南亚、欧美都碰到了水土不服问题。因此中国跨国公司海外子公司在东道国的合法性获取成为一个重要问题。合法性获取的主要障碍是跨国公司所面临的双元制度环境。所谓双元制度环境，是指跨国公司海外子公司同时面对来自母公司和东道国二元制度的影响；由于东道国和来源国之间制度体系的差异，跨国公司所面临的重大挑战在双元制度压力之下谋求双边合法性的认可就成为问题。

　　除了合法性问题，进入后的海外子公司的高端资源获取也面临巨大的整合挑战。中国跨国公司通过海外直接投资来获得全球高端资源，包括技术资源、市场资源及人力资源；但是由于知识基础相对薄弱，中国跨国公司的高端资源获取也面临巨大的整合挑战。例如，一些浙商跨国公司通过各种渠道实现了跨国并购，但是由于整合问题的存在，对被并购企业往往只能通过财务控制的方式保证财务指标的优化，而难以把被并购企业有效整合进入母公司。即使一些浙商企业开始积极尝试整合，但是效果并不好，从而限制了浙商海外直接投资的整体绩效。

　　第二，当前时代背景带来的复杂制度环境，在带来中国跨国公司海外直接投资合法性和高端资源获取困境的同时，也为其提供了建构新规则谋求更大发展的机会。

　　全球对外直接投资在2007—2011年达到峰值（Witt，2019），国际上保护主义、单边主义抬头，经济全球化趋势放缓，世界经济增长不确定性较大，中国企业的全球化发展面临更加复杂多变的国际环境。 作为全球化主要力量的美国不断强调工业回归以提升国内就业，弱化了全球各个国家的相互依赖性，降低了彼此的贸易和直接投资（Witt，2019）；与之伴随的是全球化支持性制度（例如 WTO）的弱化。 虽然一些替代性的全球化制度体系开始建构（例如中国政府的"一带一路"倡议），但是还没有成为全球化进一步发展的核心力量，这就带来了全球化制度体系的动荡。

　　一方面，动荡的全球化制度体系加剧了中国企业海外直接投资的合法性获取困境。 制度性保障开始弱化，更加多元的制度裁判以及相应的合法性标准开始出现，制度性冲突开始大量出现。 典型的事件如中美贸易争端的发生。 制度裁判以及相应合法性标准的多元化也带来了中国跨国公司海外直接投资合法性标准的模糊化。 浙商的海外直接投资自然也难以跳出这一总体发展格局，特别是结合外来者劣势、后发者劣势和来源国劣势，浙商海外直接投资的合法性获取就面临更大的制度环境不确定性和困境。 另一方面，去全球化时代动荡的全球化制度体系也为中国跨国公司通过海外直接投资建构新规则谋求更大发展提供了契机。 总体而言，之前的全球化是发达国家主导的全球化，在去全球化时代中国政府提出"一带一路"倡议，以促进中国企业的全球化发展。 虽然依然存在不完善之处，但是这一倡议为中国跨国公司提供了全球化发展的制度性基础设施，也为中国跨国公司提供了参与全球制度规则体系的制定与完善的机会。

　　第三，浙商凭借三大优势积极开展海外直接投资，积累了海外高质量发展的经验，为中国民营企业海外直接投资高质量发展提供了浙江样板。

　　虽然典型意义上的浙江本土企业海外直接投资出现在 2000 年以后，但是作为最具开放性的商帮，浙商群体凭借"四千精神"走遍千山万水，走出省界、踏出国门，成为遍及全球的商人群体，赋予浙商特有的全球化发展优势。特别是温州商人、青田商人在这一过程中，展现出强烈的开拓精神和全球化发展格局。 笔者认为，浙商海外直接投资呈现出以下三个方面的优势。

　　第一，浙商全球化分布所带来的社会网络促进了浙商海外直接投资的迅速发展。 浙商走遍千山万水带来了全球化的布局，成为浙商本土企业开展海外直接投资的重要桥梁。 例如，浙商全球化发展形成的密集侨商网络，成为浙商与海外东道国信息与文化交流的重要凭借。除此之外，浙商在海外所建立的多元化平台，也成为浙商进行海外直接投资的重要跳板。例如，温州商人建立的各种商贸平台，特别是浙商企业在海外建立的境外经贸合作区，成为浙商开展海外直接投资的重要凭借。例如，华立在泰国成立的泰中罗勇工业区，成为浙商企业进入东南亚进行海外直接投资的重要选择。第二，民营性浙商的先行先发优势让浙商积累了丰富的全球化发展和海外直接投资经验。浙商的主体是民营经济，在改革开放之后快速发展的企业成为市场化改革的先行者和受益者。但是在 2000 年以后，浙商也是较早地碰到了国内市场发展的瓶颈，也更早地看到了全球化发展的巨大机遇。浙商不仅通过全球化的并购获得高端资源实现跨越式发展，典型的例如吉利、万象等浙商企业；也开始通过海外直接设厂来利用东道国特有优势，例如华立、中策、盾安等。在这一发展过程中，浙商积累了丰富的全球化发展经验。第三，"一带一路"倡议的积极推进为浙商海外直接投资铺设了有力的制度性基础设施，进一步放大了浙商的网络优势和先行优势。"一带一路"建设取得了伟大成就，正在从"大写意"向"精耕细作"的高质量发展转变。浙江省始终是落实"一带一路"倡议的积极践行者，并提出以"一区、一港、一网、一站、一园、一桥"为框架的"一带一路"建设总体格局。浙商在"一带一路"沿线所形成的网络优势和先发优势，使得浙商企业能够更好地利用"一带一路"倡议所带来的制度优势，不仅可以享受"一带一路"倡议所铺平的制度性基础设施，也可以参与到"一带一路"倡议的规则制定之中。

因此，本书希望能够系统总结浙商海外直接投资的经验，特别是复杂制度环境下浙商海外直接投资的合法性获取与高端资源获取机制，从而为浙商更有效的海外直接投资、为中国跨国公司的全球化发展提供经验借鉴。本书具体研究问题包括如下几个方面：第一，面对复杂的制度环境，浙商企业如何获得合法性进而实现海外直接投资的目的？来源国劣势是新兴市场国家跨国公司所面临来自东道国的刻板印象，如何克服这种不利印象进而获得在东道国的合法性，以实现海外直接投资的战略目标（例如海外高端资产获取）？面对东道国与母公司的制度环境所构成的复杂制度环境，特别是二者之间所开出的冲突性的制度处方，海外子公司如何有效应对这种带来潜在

冲突性复杂的制度环境，进而获得双边合法性以实现海外子公司的持续成
长？ 第二，面对成长天花板，浙商企业如何利用全球化跳板来实现跨越式
成长？ 全球化已经成为浙商实现跨越式成长的关键选择。 那么，浙商通过
何种方式的全球化跳板来获得全球高端资源？ 在这一过程中又面临何种问
题？ 第三，浙商海外直接投资除了受到企业层面因素影响之外，区域环境
层面因素又是如何影响当地浙商企业的海外直接投资的？ 通过识别这些区
域环境层面因素，可以为区域政府提供相应的政策工具来推进浙商的海外直
接投资行为。

1.2　研究价值

为系统总结浙商海外直接投资的经验，特别是复杂制度环境下浙商海外
直接投资的合法性获取与高端资源获取机制，本书主要采取文献研究、二手数
据分析、案例研究等分析方法。 通过文献研究，对企业国际化理论、多重制
度逻辑下跨国公司海外子公司响应策略研究进行了文献梳理；通过二手数据
分析，对浙商海外直接投资的宏观背景、历史演变与发展现状进行描述，对本
土政府效率与浙商海外直接投资之间关系进行回归分析；通过案例研究，对来
源国劣势下浙商海外并购的合法性获取机制、二元制度环境下浙商海外子公
司的响应策略进行深入探讨；通过理论分析，提出浙商海外直接投资高质量发
展的决策参考与政策建议。 通过系统总结浙商海外直接投资的经验，特别是
复杂制度环境下浙商海外直接投资的合法性获取与高端资源获取机制，本书
体现出如下三个方面的理论和现实意义。

第一，系统总结了浙商海外直接投资的合法性与高端资源获取的经验。
浙商凭借网络优势和先行优势，在海外直接投资发展之路上，积累了合法性和
高端资源获取的经验。 本书希望对浙商海外直接投资经验进行系统总结，梳
理出合法性获取的具体策略和高端资源获取的具体机理，从而为中国企业海
外直接投资的高质量发展提供浙江样板。

第二，以浙商为对象，分析复杂制度环境下浙商海外直接投资的合法性获

取机制，推动了复杂制度环境下新兴市场国家跨国公司合法性获取理论研究的深入。复杂制度环境是浙商全球化发展所面临的核心场景，也是决定海外直接投资发展质量的关键因素。本书从来源国劣势的角度分析浙商企业所面临来源国劣势的具体表现及其对浙商合法性获取的影响；从双元制度环境的角度分析浙商海外子公司所面临的来自母国/母公司和东道国的制度压力及其所带来的制度冲突，并分析了海外子公司的响应策略。

第三，对浙商海外直接投资高质量发展提出了相应的政策建议，在理论和实证研究的基础上，本书进一步提出了浙商海外直接投资高质量发展的政策建议，从而为浙商企业和区域政府推进浙商全球化高质量发展提供了借鉴。

1.3　本书结构

本书在结构上包括以下 11 章，主要内容如下：

第 1 章绪论。主要说明本书的研究问题、研究价值及内容结构。

第 2 章理论基础。主要对已有研究进行系统梳理以探究浙商海外直接投资高质量发展的内在机理。首先，对企业国际化经典理论进行简要说明，主要聚焦于国际生产折中理论和国际化过程模型。其次，对新兴市场国家企业国际化的主要理论进行简要概述，主要聚焦在跳板理论和制度基础观。最后，从新制度主义理论出发，重点梳理多重制度逻辑下 MNE（跨国公司）海外子公司的响应策略。

第 3 章浙商海外直接投资的宏观背景。重点探讨浙商海外直接投资的宏观背景。结合浙江和浙商的特点，重点梳理浙商国际化发展的文化背景、经济基础和政策特点。对于文化背景，主要从浙学传统视角来解析浙商的行为逻辑；对于经济基础，主要从浙江经济发展的宏观指标进行描绘；对于政策特点，主要从历年的政策关注点来刻度。

第 4 章浙商海外直接投资的历史演变与发展现状。本章进一步揭示浙商海外投资的微观表现。首先，对浙商海外投资的区位分布进行了梳理，包括海外直接投资的前十位国家（地区）和地区分布。其次，介绍了浙江省海外经济合作的总体情况与结构分布。

第 5 章来源国劣势与浙商海外并购的合法性获取。 来源国劣势是新兴市场国家跨国公司面临的重大挑战。 本章重点分析来源国劣势所带来的合法性困境及其对浙商企业跨国并购的影响，并通过理论分析和案例研究提出来源国劣势场景下浙商海外并购的合法性获取策略。

第 6 章双元制度环境与浙商 MNE 海外子公司的响应机理。 来源国劣势所带来刻板印象的破解需要群体和个体的协同努力。 对于个体企业而言，还需要进一步打开所面临制度环境的黑箱以做出有效的战略响应。 本章聚焦于浙商跨国公司海外子公司所面临的复杂制度环境，通过对比案例来分析双元制度环境下浙商跨国公司海外子公司的响应机理。

第 7 章全球化跳板与浙商高端资源获取。 主要从资源视角探讨浙商利用全球化跳板获得高端资源的具体经验。 对浙商获得高端资源的类型进行划分，并总结了浙商所采用全球化跳板的具体形式，以及浙商实现高端资源整合所面临的困境以及破解策略。

第 8 章本土政府效率与浙商海外直接投资。 在已有研究的基础上，本章进一步分析浙商海外直接投资的前因变量，即浙江省本土政府效率对浙商海外直接投资的影响。

第 9 章浙商海外直接投资典型案例：华立出海。 本章重点对华立出海的案例进行深入分析，以揭示浙商全球化发展的重要平台——泰中罗勇工业区的形成机制及其对其他浙商企业开展海外直接投资的影响。

第 10 章浙商海外直接投资高质量发展的对策建议。 本章主要开展政策研究。 一方面，聚焦于浙商企业，针对其海外直接投资过程中所面临的挑战，提出浙商实现高质量海外直接投资的对策，从而为浙商企业提供决策参考。 另一方面，聚焦于区域政府，针对浙商企业的发展现状，提出助推浙商国际化发展的政策建议。

第 11 章研究结论与展望。 本章在已有研究的基础上，总结本书研究所取得的结论，以及对未来的研究展望。

2 理论基础

本章对已有研究进行系统梳理，以探究浙商海外直接投资高质量发展的内在机理。我们首先对企业国际化经典理论进行简要说明，主要聚焦于国际生产折中理论和国际化过程模型。其次，对新兴市场国家企业国际化的主要理论进行简要概述，主要聚焦于跳板理论和制度基础观。最后，从新制度主义理论出发，重点探讨多重制度逻辑下跨国公司（Multinational Enterprises，以下简称 MNE）海外子公司的响应策略。

2.1 企业国际化的经典理论

20 世纪 90 年代，以 Zaheer 为代表的学者开始关注跨国公司海外投资中的不利因素，发掘了早期学者 Hymer 提出的外来者劣势的概念，掀起了国际商务（International Business，以下简称 IB）领域关于外来者劣势对跨国公司国际化战略影响的探讨。所谓外来者劣势，是指跨国公司在异国经营时因外来者身份而遭受的竞争劣势（Zaheer，1995）。随着对跨国公司国际化研究的不断深入，在东道国市场活跃的跨国公司不可避免地被打上外来者的烙印，这种外来者身份使跨国公司与本土企业相比，在东道国遭受信息不对称带来的不熟悉性成本，也面临合法性缺失造成的关系成本和歧视成本（Zaheer，

1995），加剧了跨国公司在东道国开展业务的成本，增加了跨国公司海外投资的风险与难度。

具体来说，跨国公司在东道国遭受的外来者劣势主要分为以下三个方面（Zaheer，1995）。一是不熟悉成本。这来自两个方向，一方面是跨国公司对东道国制度环境、文化习俗、市场运作、行为偏好等方面的不全面甚至错误的认知，另一方面是东道国利益相关者对跨国公司的不熟悉、不了解。二是关系成本。企业需要开发和维护其与政府、供应商和消费者等利益相关者的关系，从而获取东道国利益相关者的认可而产生的额外成本。三是歧视成本。这主要包括影响、改变东道国利益相关者民族主义、消极的刻板印象等认知偏差、情绪、行为而需要付出的额外成本。

外来者劣势概念的提出，引发了之后 IB（International Business）学者的思考：外来者劣势的表现是什么？跨国公司又是如何有效克服外来者劣势以获得可持续发展的？针对这些问题，众多学者都开展了有价值的研究，取得了大量研究成果，其中国际生产折中理论、国际化过程理论成为揭示跨国公司应对外来者劣势的经典框架。

2.1.1　国际生产折中理论

国际生产折中理论（OLI Paradigm）是由英国国际投资领域经济学家邓宁（Dunning）在题为《贸易、经济活动的区位与多国企业：折衷方法探索》的论文中提出，该理论全面考虑了跨国公司对外直接投资的动因，因其综合性、概括性和应用性之强，而有对外直接投资"通论"之称。邓宁提出，跨国公司直接在国外投资需要满足三个条件：所有权优势（Ownership advantage）、区位优势（Location advantage）、内部化优势（Internalization advantage）。邓宁对跨国公司这一复杂现象的研究被证明是强有力的，并且随着时间的推移，它已成为 IB 领域最具影响力的思潮之一（Dunning et al.，2008）。具体来说，该理论认为跨国公司在进行海外直接投资时所做出的战略选择——何时、哪里、何种进入方式，主要决定于以下三方面因素。

一是所有权优势（Ownership advantage）。邓宁认为，跨国公司在国外投资的第一个条件是所有权优势。跨国公司具有所有权优势，在特定市场上会比其他国家的公司产生更高的利润。 这里的所有权优势是指主要因为企业拥有的无形资产带来的优势。 这个想法源于跨国公司理论之父海默（Hymer）的垄断优势理论（Monopolistic Advantage），该理论试图解释跨国公司在国际市场上的直接投资行为，他否定了"国际投资的原因在于各国利率差异"的传统观点，认为跨国公司进行国际直接投资行为的前提是跨国公司在成本和在海外市场的营销方面比本地公司具有垄断优势。 同时还指出，如果出口和许可不足以提供足够的优势和利润，跨国公司将把其海外业务转移到本地生产。 随着资源基础理论的兴起，所有权优势被视为企业特有的资源/能力优势，具体表现为企业对技术或市场知识等战略资产的所有权，以及在国家交易中控制和协调的高级管理能力（与单个竞争对手相比），并把构成所有权优势的要素视为一种"网络公共产品"，可以在世界范围内不同的跨国公司之间转移。 而这一假设在之后的研究中则被挑战，因为并非跨国公司所拥有的所有权优势都可以跨国转移。

二是区位优势（Location advantage）。 邓宁认为，跨国公司在国外投资第二个条件是区位优势。 区位优势是特定国家/地区的特色，是指跨国公司结合本公司的所有优势和海外要素投入进行本土化生产的有利状态。 另外，在海外的要素投入是指提供给所有东道国企业的要素投入，包括原材料、天然资源、低成本劳动力以及优待制度等。

这种区位优势来自雷蒙德·弗农（Vernon）产品周期理论所提出的区位视角（Vernon，1966）。 弗农认为，开发新产品的本国企业在经历产品引进期、成熟期、标准化期的过程中，将会把生产基地从国内扩大到海外发达国家，甚至发展中国家。 在产品引进期，产品规格、产品生产所需的投入、产品的市场规模尚未确定。 以美国企业为例，如果该阶段中引入目标市场，企业需要与当地的相关者（例如供应商、客户、竞争对手）保持紧密沟通，因此该新产品的主要市场和生产基地都会放在美国。 另外，在成熟期，由于考虑到产品的规格和生产工艺等的标准化在一定程度上得到推进，产品的大量生产变得相对容易，也可以从美国向其他发达国家市场出口产品。 而且，跨国公司为了避开其他发达国家的进口限制和确保销售市场，在其他发达国家继出口之后，进行当地生产。 在此之后的标准化期，产品的规格和生产流程将完全标准化，因此产品价格在与其他公司的竞争中变得更加重要。因此，在这个阶段，可以提供低工资劳动力的发展中国家生产，就具有比较优势。如上所述，根据产品生命周期的不同阶段，不同生产基地的区位所具有的优势是不同的。

从 IB 理论上讲，区位优势在概念上类似于比较优势。区位优势由在该国边界内经营的企业可获得的专属于该国家的投入（例如材料、劳动力、自然资源）的比较成本来表示，或者由国家之间的贸易壁垒成本来代表，其中可能包括运输成本、关税和非关税壁垒。构成区位优势的因素是特定国家/地区且受区位限制的，在国际上是不可转移的。

三是内部化优势（Internalization advantage）。邓宁认为，跨国公司在国外投资第三个条件是内部化优势。内部化优势意味着公司更愿意在内部利用其所有权优势，而不是通过许可或任何其他合作模式，以最小化与公司间专有知识和技术转让相关的交易成本。换言之，与将企业的所有优势出售或租赁给其他企业相比，在本公司内部利用更有利。这种想法来源于以 Buckley，Cason 为代表的内部化理论。内部化理论分析了在市场不完全性和市场失败的前提下，跨国公司所具有的优势在什么样的海外业务形态中是有效的。专业知识和管理技能等虽然能给跨国公司带来优势，但进行市场交易并非易事。因此，将很难进行市场交易的资产转移到海外市场时，与将其出售给其他公司相比，在本公司内部进行利用的情况下，交易费用会更低。

另外，邓宁还将对外直接投资的动因概括为四种类型。一是市场寻求型（Market-seeking），其动机为拓展海外市场；二是资源寻求型（Resource-seeking），目的为从东道国获取自然资源、人力、土地或资本；三是效率寻求型（Efficiency-seeking），其目的在于从全球范围内配置资源、实现规模经济，最终降低运营成本；四是战略资产寻求型（Strategic asset-seeking），其目的是为学习发达国家先进的技术、知识、管理经验和高效的组织能力。这一分类也成为对外直接投资模式的经典框架。

2.1.2 国际化过程模型

(1)产品生命周期理论(Product Life Cycle Theory)

产品生命周期理论是由美国哈佛大学教授雷蒙德·弗农（Vernon）于 1966 年在其《产品周期中的国际投资与国际贸易》一文中首次提出。产品生命周期是产品的市场寿命，即一种新产品从开始进入市场到被市场淘汰的整个过程。产品生命周期理论从发达国家跨国公司角度出发，认为创新产品由发达国家起源，并逐步向其他发达国家以及发展中国家扩散，相应的产品研发、生产、销售等价值增值活动也随之自上而下进行转移。

(2)乌普萨拉模型(Uppsala model)

"二战"之后，跨国公司掀起了全球发展的浪潮。在这一阶段，企业跨国经营表现出典型的渐进发展特征。到 20 世纪 60 年代初期，企业层面的企业成长理论、企业行为理论不断涌现，为企业国际化过程研究奠定了理论基础，使得乌普萨拉模型得以产生。乌普萨拉模型是瑞典 Uppsala 大学学者 Johanson，Vahlne 在研究瑞典企业国际化时提出的企业国际化过程理论（Johanson，Vahlne，1977；Johanson，Vahlne，2009）。乌普萨拉模型主要从行为层面解释企业国际化过程，认为在东道国的资源承诺是国际化拓展的阶段性标志，而资源承诺的做出又依赖于之前经验知识的获取，因此经验知识获取与资源承诺的互动关系是 Uppsala 模型的核心机理，并以此构成其核心结构框架。在两者互动的过程中，企业国际化表现为一个渐进性的资源承诺过程，他们认为"企业国际化是一系列渐进决策的结果，是不确定性递减与经验学习的过程"，一般会经历如下的渐进过程：偶然的出口→代理出口→建立海外销售机构→海外直接生产。背后的基本逻辑其实是"干中学"的组织学习机制（Quinn，1980）。他们还认为，企业在进行投资时，会优先进入心理距离比较近的国家，再进入心理距离比较远的国家。所谓心理距离，是指阻碍市场信息流动的心理因素的总和，如在语言、教育、商业惯例、文化和工业发展上的差异。在此之后，很多学者对来自不同国别的企业样本进行了研究，发现非常符合乌普萨拉模型。当然，随着样本的多样化，研究发现，总体来看，无论是哪个国家，乌普萨拉模型都能较好地解释中小型企业的国际化，但是对于较大型的企业，因为它们规模较大、抗风险能力强，或者因为旺盛的战略扩张欲望，而可能跨越其中的若干环节。乌普萨拉模型成为跨国公司国际化进程理论中的典范。

乌普萨拉模型的核心概念是知识。首先，Johanson，Vahlne（1977）以Penrose（1959）的论述为基础，将知识分为客观知识（Objective knowledge）和经验知识（Experiential knowledge）。Penrose（1959）表示，客观知识可以从市场购买，个人和企业之间也可以轻易转移。与此相反，经验知识是不容易转移的，只能在从事活动的经验中获得。这种经验知识的一个例子是，考虑到当地顾客的需求和购买行为的市场知识（Market knowledge）。Johanson，Vahlne认为，对于进入新市场的跨国公司来说，缺乏当地市场知识可能是一个障碍。获得市场知识的跨国公司可以认识到当地市场存在的机会和风险，也可以通过这些机会促进国际业务。以这种对市场知识的认识为基础，跨国公司如果能通过在特定市场的工作经验积累获得该市场的知识，就会在当地市场投入更多的资源。基于这样的前提，他们提出了如下所述的跨国公司国际化进程的业务链（Establishment chain）模式，即海外事业从资源投入少的不定期的海外出口，向定期的海外出口，销售子公司，以及资源投入多的生产子公司顺序展开。

Johanson，Vahlne（1977，2009P）还从心理距离的角度讨论了跨国公司的国际化进程。Johanson，Vahlne根据语言、文化、政治、制度等方面的差异，捕捉了跨国公司总部所在国与该公司在海外经营东道国之间的心理距离。这种心理距离阻碍了海外子公司与本地市场之间的信息交流。因此，跨国公司的国际化总是始于一个心理距离很近的国家。

此外，Johanson，Vahlne（2009）还通过引入业务网络的概念开发了乌普萨拉模型。他们认为，跨国公司的问题在于，在一个新的国家中，它们不在供应商、客户、竞争对手等（他们称为本地参与者）的业务网络范围内。为了克服这些问题，有必要与位于网络中的本地参与者建立关系。因此，跨国公司通过投入资源、时间等与当地参与者建立信任关系，并将其在当地的业务

网络中从局外人改变为局内人。 这也使跨国公司可以从当地参与者那里学习当地市场知识。 他们指出，这种变化可能会导致跨国公司在当地市场的进一步发展。

2.2 新兴市场国家企业国际化的主要理论框架

2.2.1 后发者劣势和来源国劣势

（1）后发者劣势（Liability of latecomer）

"后发者"（Latecomer）一词由经济史学家 Gerschenkron 在 1962 年首次提出。 后发者劣势主要是相较于在位者而言，这些在位者已经熟悉了市场和市场规则，拥有了稳固的品牌形象、合作伙伴和客户关系，优先占据了关键资源（地点、人才、融资渠道等），那么作为后发者要与其展开竞争，就面临重重困难，需要付出额外的时间和成本，包括经验学习、内部管理系统建立、外部社会关系构建以及改变消费者偏好等。

在国际化场景下，后发者劣势不仅仅体现在新兴市场国家跨国公司的企业特有优势方面，也同时体现在新兴市场国家跨国公司在国际化经验和全球知识方面的相对薄弱方面。 OLI 模型强调为了克服外来者劣势，跨国公司需要具备一定的所有权优势，即企业特有优势。 这种企业特有优势应当是与区位无关的，即能够有效地跨国转移才能保证海外子公司利用这种企业特有优势来克服外来者劣势。 在后发者劣势之下，新兴市场国家跨国公司本身相对发达国家跨国公司而言，在企业特有优势方面就具备不足，因为后者具有先发优势；与此同时，新兴市场国家跨国公司相对发达国家跨国公司在国际化经验和全球知识方面也同样呈现出不足。

（2）来源国劣势（Liability of origin）

对于新兴市场跨国公司而言，在国际化进程中会遇到更多的困难，外来者劣势已经不足以解释其国际化进程中遭遇的挑战，更大的挑战来自东道国对特定国家和跨国公司的"标签"界定。 Bartlett，Ghoshal（2000）指出，来自新兴市场的企业由于缺乏国际经验，在对外投资的过程中容易过分自信而忽略外部环境中的风险，从而导致对外投资的失败，他们开创性地用"来源国劣势"一词描述新兴市场跨国公司在国际化过程中面临的不利因素，其源泉是东道国对跨国公司来源国或区域的歧视和刻板印象，这种刻板印象通常是由"代表性产品、国家特性、经济与政治背景、历史以及传统等变数所造成"的（Bartlett，Ghoshal，2000），包括负面国家形象、产品形象。 当这些负面的形象施加于企业身上，不利于企业在东道国的发展，由此所造成的不利影响以及需要付出的额外成本，就构成了企业要承受的来源国劣势（Johanson，Vahlne，1977；Johanson，Vahlne，2009）。 来源国劣势会给新兴市场跨国公司带来严重的"合法性赤字"，在其国际化进程中起到阻碍作用。

与发达经济体的跨国公司相比，新兴市场跨国公司进行海外直接投资时，特别是去发达国家投资时会面临更加复杂的困难与挑战：可能是外来者劣势、后来者劣势、来源国劣势的叠加，使传统的国际生产折中理论、乌普萨拉理论难以解释新兴市场跨国公司的国际化现象。

2.2.2　跳板理论（Springboard Perspective）

现实中，新兴市场国家跨国公司通常会采用不同于乌普萨拉模型的国际化模式，例如不采用"渐进式"国际化路径，直接进入"心理距离"较远的发达国家市场，甚至以全资并购方式直接获得国外企业。 为了解释新兴市场跨国公司一些特殊的国际化行为，陆亚东等在2007年提出了一个用以描述新兴市场国家跨国公司国际化行为的"跳板理论"（Luo，Tung，2007）。

"跳板"的含义主要是指：①跨国公司的首要目标是利用国际扩张来增强自己的能力和能力组合，从而进一步在全球竞争中起飞到一个新的高度。 这一努力的目的是帮助它们在能力赶上后，超越它们在全球的新来者或后来者的地位，在全球竞争中取得更大的进展。 与其他选择相比，国际扩张为完善其能力组合提供了更好、更快的选择。 收购的战略资产，如技术、品牌和全球消费者基础，补充了他们大规模的制造技能和成本效益，从而为其带来额外的协同效应。 国际而不是国内扩张，起着起飞和柔性板的作用，赋予新兴市场国家跨国公司巨大的机会，以获取其发展所需的关键资产（通常通过发达经济体的并购）。 同时，"跳板"是灵活的，从某种意义上说，这些跨国公司受益于多种收益和选择，这取决于它们最初的意图和目标东道国，范围从制度套利绕过障碍到能力收购和市场扩展，从而使之在竞争中更加稳固。 ②国际扩张不仅为新兴市场发达国家提供市场机会和能力增强（即硬技能），同时也使之在国际竞争中获得了全球视野、观点、见解和经验（即软技能）。 一些研究证明，成功的新兴市场国家跨国公司倾向于保持强大的企业家领导力，并且国际化为海外子公司和母公司带来了全球视野，这种视野支持国内外的业务增长。 一个全球性的跳板提供了新的动力、新的愿景和新的视野以及新的能力，使这些跨国公司能够获得更高水平的能力和更强的国内基础，以增强其全球活力。 新兴市场跨国公司的高管们必须在国内的制度环境中巧妙地调整他们的战略选择。 实现成功竞争和升级的企业的高管领导，往往拥有敏锐的全球视野、同时又采取务实措施打入外国市场，外国市场为其提供了寻求资源和市场的机会。 从某种意义上说，这些"跳板"行为是系统性的：刻意设计的跳板步骤作为一个企业的宏大计划或长期战略，以获得国际市场上更稳固的竞争地位。 这些"跳板"行为是频繁的，带有明显的递归（Recursive）特征。 这种递归的特征将"跳板"行为与"蛙跳"行为区分开来。"蛙跳"行为主要追求后发者优势，"跳板"行为则更加倾向于寻求大量战略资产的累积。同时，这些"跳板"行为还具有回转（Revolving）的特征，即国际市场上外向型的活动会被整合到母国的活动之中。

跳板理论对于跳板公司独特优势的界定，被总结为3A（Amalgamation，Ambidexterity，Adaptability）理论。

整合能力（Amalgamation）。 整合能力意味着跨国公司有能力创造性地即兴发挥、整合所有现有（内部和外部）资源（包括从全球公开市场购买的资源），以创造高性价比的产品来满足全球价格敏感的顾客。 这些公司能够通过创造性地组合和整合其拥有或购买的公开和通用资源来竞争。 也就是说，他们能够敏锐地识别、利用和组合外部和内部的可用资源，从而在成本、速度和价格价值比方面创造暂时的竞争优势。 跳板行为通过确定和获取关键资源、开发市场机会和建立全球网络来帮助整合。 合并包括识别（发现所需的资源和合并机会）、组合（结合技术、资源、产品特性和功能）和开发（使用混合的竞争手段，如结合低成本和扩展功能）。

包容性（Ambidexterity）。"跳板"是企业获取"包容性"价值的一种战略手段——获取所需的全球资源，将全球竞争力提升到新的高度。"包容性"是一个公司的特性，它可以同时实现两个完全不同或相互冲突的目标，而这两个目标对公司的长期成功至关重要。 包容性反映了来自中国等国家跨国公司的文化背景，与中国、印度、东亚的文化基础有关。 在适应和响应制度上恶劣的环境方面，包容性使之比其他跨国公司准备得更好，在困境中茁壮成长。

适应性（Adaptability）。 适应性被广泛地用来表示一个企业为了获得机会和消除威胁而对动态竞争环境做出反应的能力（Grewal，Tansuhaj，2001）。 先前的研究已经认识到战略灵活性、弹性或适应性作为缓解环境不确定性的重要性。 适应性通常通过灵活的组织结构、资源松弛和多样化的战略选择组合来发展，使企业能够管理和利用不确定的和快速发生的机会和威胁，同时积极应对所面临的国内和国际环境。

总之，新兴市场国家跨国公司以国际扩张作为"跳板"是为了：①获取战略资源来弥补能力不足；②克服落后的劣势；③利用其他国家的竞争优势和市场机会；④减轻国内的制度和市场限制，并绕开进入成熟市场的贸易壁垒；⑤通过战略资产收购，以增强的能力和改善的国内基础更好地与全球竞争对手竞争。

"跳板理论"是在战略性资产理论与所有权优势理论基础上产生的新兴市场企业国际化理论，揭示了企业独特的行为、动机和活动，将内部国际化（经验、网络、吸收能力和活动）和外部国际化结合起来，并解释了跳板行为的跨越轨迹，成为分析跨国公司独特参数的丰富基础（Luo，Tung，2018）。 新兴市场跨国公司的"跳板"行为通常是通过一系列积极的、冒险的措施，或通过一系列积极的、承担风险的措施，主动收购或购买成熟跨国公司的关键资产，来反击全球竞争者，获取战略资源、减少在国内的制度和市场约束，克服它们在全球舞台上的后发劣势，并在其他新兴市场和发展中国家运用竞争优势。 它解释了跳板公司在选择进入模式和进入区位时，新兴市场国家跨国公司通常不依赖于路径，反而倾向于迅速国际化，其意愿可能来自以下几个方面的压力：母国政府对于国际化的支持、全球竞争者分享或出售战略性资源的意愿、可获得海外标准化技术、全球竞争对手在其后院的强大存在、技术和产品开发的快速变化，以及国内的制度约束。与此同时，"跳板"策略受到了本国政府、发达国家全球参与者出售或分享战略资源的意愿，以及世界经济和全球生产日益一体化的鼓励。

2.2.3 制度基础观（Institution-Based View）

(1)资源—产业—制度框架

近年来，制度理论在跨国公司研究领域得到了越来越多的关注。制度理论学者认为，制度作为企业必须应对环境的一部分，必然会对企业行为产生影响，制度约束会影响企业的战略选择。彭维刚（Mike W Peng）在 North 和 Scott 的基础上提出了制度基础观，由此成为战略管理继产业基础观、资源基础观之后的第三大主流观点，从而补充了资源基础观和产业基础观的论点（Peng et al., 2008）。他将制度学派理论引入 IB 领域，认为制度因素在新兴市场中对组织绩效产生了重要影响。

传统资源基础观（Resource-Based View）认为，企业特有资源是影响企业获得持续性竞争优势的重要因素。一方面，企业特有资源具有异质性和稀缺性，并且这些有价值的资源是难以复制和不可流动的，这些资源可以组合转变为企业独特能力，帮助企业持续获得收益；另一方面，企业内部资源和能力的不可替代性也形成了竞争壁垒。产业基础观（Industrial-Based View）认为，与产业结构有关的竞争程度、产品同质性和进出壁垒很大程度上决定了企业在国际市场上的竞争地位，即结构决定行为进而影响绩效。与产业观、资源观不同，制度基础观（Institution-Based View）将制度视为自变量，关注制度和组织的动态交互，并将企业的战略选择视为是这种交互的结果。关于制度，North（1990）指出，制度通过定义"游戏规则"为市场行为设定框架。著名组织社会学家 Scott（1995）这样界定：制度包括为社会生活提供稳定性和意义的规制性、规范性和文化—认知性要素，以及相关的活动与资源，是一

个包含正式制度（如政治和司法规则、经济规则和契约）和非正式制度（包括
人们的行事准则、行为规范以及惯例）的制度体系，并且正式制度和非正式制
度存在互补的关系，企业的行为受正式制度和非正式制度的共同支配，成为广
为遵守的秩序。 North 认为，"制度加上技术决定了交易及交易成本，进而决
定了经济活动的收益和可靠性"。 据此，彭维刚提出两个基本论断：第一，
企业和管理者在特定制度框架中形成的正式和非正式约束下理性地追求利
益、做出决策；第二，正式制度和非正式制度共同作用于企业行为，当正式制
度约束模糊或失效时，非正式制度约束就会扮演更重要的角色以减少不确定
性、提供引导性和合法性与奖励授予。 对跨国公司来说，制度有两个来源：
一方面来自母国制度；另一方面来自东道国制度。 母国和东道国对于跨国公
司常常具有差异化的诉求，要求其遵守相应的制度规则，桥接、撬动和匹配双
边优势成为中国跨国公司实现持续成长的核心战略。

资源基础观着眼于内部资源，关注如何利用内部资源在市场上获得竞争
优势，且该资源应该是有价值的、稀有的、不可模仿和替代的；产业基础观用
以审视产业环境，关注市场的外部环境，关注获得竞争优势的可能性；制度基
础观从广义上关注文化差异和可能性，有利于对产业基础观和资源基础观做
出补充。 学者们综合运用了资源基础观、产业基础观和制度基础观，形成资
源—产业—制度框架（Resource-Industrial-Institution，简称 RII 框架），共同
用来解释跨国公司特别是新兴市场跨国公司的国际化行为。

（2）IB 理论研究中的三种制度传统

制度理论关注制度环境与组织实践的互动，产生诸多研究成果。 在 IB 领
域中存在三种不同制度传统，分别是新制度经济学、新组织制度理论、谈判与
资源依赖理论（Meyer，Peng，2016）。 其中，新制度经济学认为，制度作为
一种激励结构影响了代理人的效用最大化，围绕市场机制及其相配套的制度，
认为这些正式与非正式制度通过交易成本机制影响了组织决策（North，
1991）。 沿着制度经济学传统，在企业国际化场景下，已有学者分析市场制
度和非市场制度对于跨国公司决策的影响。 例如，以 Khanna 和 Palepu（1997）
为代表的学者提出的制度真空理论，重点关注了新兴市场国家的不完善制度

体系所形成的制度真空（Institutional voids）及其对新兴市场国家跨国公司的影响。 制度真空理论假定存在完美的以市场制度为核心机制，信息充分、透明，正式制度和非正式制度内在一致、相互补充。 而很多国家，特别是发展中国家则存在正式与非正式制度的缺失、甚至真空，从而为在该国运行的跨国公司带来了更高的交易成本。 因此为了降低交易成本，跨国公司需要通过各种具体策略进行响应（Khanna，Palepu，1997）。 通过文献回顾，Doh et al.（2017）指出，正式/非正式制度和市场/非市场制度为两个维度形成了四种类型的制度真空，针对这四种制度真空，跨国公司的响应策略可以归结为四种机制，分别是内部化、制度借用战略、替代战略和信号战略等。 谈判与资源依赖理论重点关注企业与政府之间的谈判关系。 例如，典型的政治风险理论，认为政府会利用其不对等的谈判能力来影响 MNE 形成，从而给 MNE 带来政治风险（Doh et al.，2017）。

与以上两种传统不同，社会学框架下的制度主义也开始介入 MNE 的研究。 其中，新组织制度理论是相对旧制度主义而言的，以 Meyer 和 Rowen（1977）、DiMiggio 和 Powell（1983）、Scott（1995）等研究为起点，开始了新组织制度理论的建构，即外部制度通过合法性机制来影响组织实践，即制度同形框架。 制度同形主要依托三种力量，规制、规范和认知等，驱动组织在合法性压力之下开展趋同性的实践采纳。 结合新组织制度理论和 MNE 场景，Kostova 和 Zaheer（1999）提出了 MNE 及其海外子公司合法性获取的复杂理论，具体表现在环境复杂性、组织复杂性和合法性获取机制复杂性等三个方面。 Kostova 和 Roth（2002）提出了影响海外子公司采纳总部实践的"制度二重性"，即东道国制度和母公司制度共同影响子公司实践采纳；识别出影响两大要素，即东道国制度特征、子公司与 MNE 的关系特征，对采用（执行和内化）总部传递质量管理实践的影响。 制度二重性概念的提出，事实上已经指出了多重制度逻辑对于海外子公司实践的影响。 但是，这种制度二重性的概念并没有在 MNE 海外子公司研究中得到更多的关注。 大部分学者把注意力放在合法性的概念上，特别是新组织制度所提出的制度同形概念，结合 MNE 海外投资的区位选择和进入模式选择两个经典问题，以"模仿同形"为核心框架来解释海外投资在区位选择和进入模式选择上的趋同性，产生了丰富的研究成果。

表 2-1 社会学视角下不同制度的界定及其核心框架

	旧组织制度主义	新组织制度主义	制度工作	多重制度逻辑
代表学者	Selznick(1957)	Meyer,Rowan (1977); DiMaggio,Powell(1983); Fligstein(1993), Scott (2013)	Oliver(1991),Lawrence, Suddaby(2006),Lawrence, Suddaby, Leca (2009)	Friedland,Alford(1991), Thornton,Ocasio,Lounsbury (2012),Greenwood, Raynard,Kodeih,Micelotta,Lounsbury(2011), Besharov,Smith(2014)
定义制度	组织制度化	制度是指导人类行动的意义框架	个人和集体行为者的实践旨在建立、维持和破坏制度	强调制度逻辑的多层次性
类型		规制,规范,文化认知		家族,国家,宗教,市场,市区,企业
机制	竞争价值,权力与影响力联盟,非正式结构,响应性规则	同形,合法性,制度距离,对环境的影响,组织和文化,同质性	变革制度的组织能力,个体作为制度变迁的推动者	路径相关,异质性心理模式,意义构建/身份
IB中重点示例	组织	场域	个体	场域和制度间场域

注:资料来源 Aguilera,Grøgaard (2019)。

　　总之,制度理论已经成为理解跨国公司国际化的最常见的视角之一,制度因素对跨国公司活动重要性已被广泛接受。 IB 领域所用的制度视角也经历了一个从"简化"到"深厚"（From thin to thick）不断深入的过程（Jackson,Deeg,2019）。 一是单一视角（Unitary view）。 IB 领域的学者最初采取单一视角考察制度背景,测量单一制度对跨国公司的影响,例如 Khanna 和 Palepu 在 1977 年提出"制度真空"的概念,描述基于单一基准的制度特征的缺失,认为某些运作良好的制度的缺失会带来跨国公司的高交易成本或不确定性。 二是附加视角（Additive view）。 随后,一些 IB 研究开始涉及多个制度的附加效应,采取附加视角关注多个维度的制度,从而扩展单一视角。 例如,提出"制度距离"（Institutional distance）用以捕捉特定国家之间的相对差异对跨国公司的影响。 然而,制度的影响是相互孤立的,因此对跨国公司只有简单的附加效应,而没有提出一个理解制度效应的综合框架。 三是权变视角（Contingency view）在研究设计上更进一步,IB 领域学者越来越关注组织层面的关系如何依赖于它们在更宏观层面的制度安排中的嵌入。 采用这一视角，制度作为调节或者中介，可以改变组织层面变量之间关系的强度或方向。 四是互动视角（Interactive view）。 随着多重制度理论的兴起，以及对制度复杂性的研究，为了更深入地理解制度，IB 学者开始采取互动视角考察不同制度之间的相互作用。 在这个视角下，学者们不只是考虑单一的跨国公司的制度背景、孤立地概念化制度，而是更多地使用类型学，其中不同维度的制度是独立变化的。 例如，Holmes et al. （2016）将制度分解为 2 × 2 维度的类型学，关注低/高和高/低的离轴组合，而不是被分解成一个单一变量的等价中间值。 五是构型视角（Configurational view）。 与互动视角相比，构型视角更加关注制度之间的互动和互补关系，开始关注三个以上的制度逻辑，采用归纳聚类技术、构型方法等新方法关注不同制度逻辑之间的联合效应，将跨国公司的经济结果与特定制度组合的联合效应联系起来，并着重分析制度的均等性。 例如，采取 fsQCA 技术探讨两个不同的制度配置的国家为何取得了类似的成果。 总的来看，跨国公司的制度视角随着研究的深入，采取了更全面、更定性、更构型的观点。

2.3　多重制度逻辑下 MNE 海外子公司响应策略

2.3.1　基于制度同形框架的 MNE 海外子公司进入战略

以 Meyer 和 Rowen （1977）、DiMiggio 和 Powell （1983）、Tolbert 和 Zucker（1983）等文献为奠基，新组织制度理论开始成为研究组织行为的重要理论。 这些研究以组织相似性为研究指向，以制度场域、合法性为核心概念，提出了早期经典的制度同形框架，即在制度场域中，规制性、规范性和认知性制度压力将会通过合法性机制驱动场域内组织同形（Isomorphism），从而把制度同形从基于市场竞争的效率同形中分离开来。 特别是认知维度，受到了新组织制度理论学者的格外重视，认为在不确定性（与个体有限理性假设）下，组织会模仿那些广为接受、被视为理所当然的实践，即模仿同形。所以认知合法性的背后是有限理性假设和外部模仿学习的逻辑。 在实证研究方面，新组织制度理论重点关注了制度同形之下的模仿同形，即面对不确定性环境，组织除了倾向于模仿已经获得合法性的实践，从而表现为组织趋同（Mizruchi，Fein，1999）。 例如 Davis（1991）对毒丸计划传播的研究、Palmer et al.（1993）对多部门组织结构采纳的研究，Fligstein（1991）对多元化战略传播的研究、Wholey 和 Burns（1993）对保健机构组织结构变革的研究、Burns 和 Wholey（1993）对医院采纳矩阵管理模式的研究都证实了模仿同形。

在制度同形框架下，新组织制度理论进一步揭示了同形的具体机制，主要包括三个方面。 第一，哪些组织是被模仿的模板？ 经典的研究是 Haunschild 和 Miner（1997），他们把模仿机制分为基于特征的模仿、基于频数的模仿和基于结果的模仿，即组织会模仿那些与之有共同特征的组织、会模仿主流的组织、会模仿更成功的组织。 这一分类方法开始成为后续其他研究的重要借鉴。 第二，哪些组织会更倾向于同形？ 这一方面重点探讨了制度同形的结构化调节机制，主要集中在三个方面（Greenwood，2008）：组织间因素，包括网络中心位置（Greenwood，Suddaby，2006）、地位（Han，1994；Sherer，Lee，2002）、连锁董事网络关系（Davis，Greve，1997；Shipilov，Greve，Rowley，2010）；组织内部因素，包括组织内部的权力关系（Greenwood，Hinings，1993）、组织规模和技术（Beck，Walgenbach，2005）等；组织身份（Organizational identity），即特定实践与组织身份的差异（Glynn，Dowd，2008；Kostova，Roth，2002）。 第三，组织如何进行模仿？ 这一方面重点探讨组织同形的微观机制。 Zilber（2006）作为代表人物，认为制度的本质是意义，制度化过程在象征维度的核心机制不是扩散，而是翻译（Translation）。翻译这一概念，在强调了模仿者希望能够与其他组织相像以获得合法性的同时，也强调了模仿者对差异性的关注，是对求同和求异寻求平衡的一种观点（Czarniawska，Sevón，1996）。

随着新制度主义的发展，特别是制度同形框架的发展，新组织制度学者和IB学者开始结合两者开展交叉研究（Kostova et al.，2008）。 在研究指向上，主要存在两个脉络：一是以跨国公司为背景开展新组织制度理论研究的思路，即以"制度作为一种实践"为基础，分析特定实践的跨国传播，把"跨国公司"和"跨国"作为验证新组织制度理论的一种独特场景（Kostova，Roth，2002）。 二是借鉴新组织制度理论开展跨国公司对外直接投资（Foreign Direct Investment, FDI）决策研究的思路，即以"外来者劣势"和 FDI 进入模式为核心问题，分析跨国公司所面临的制度环境对 FDI 进入模式的影响，把新组织制度理论作为分析 FDI 进入模式的新视角。 本章重点对后者研究进展做简要梳理。

根据制度同形框架（特别是"模仿同形"逻辑），以及 Kostova 和 Zaheer（1999）复杂制度环境理论所提出的制度二元性概念，IB 学者认为既然跨国公司天生面对复杂制度环境，这就带来了 FDI 决策的不确定性，驱动 FDI 基于模仿同形的进入决策，即选择母国和东道国这二元制度环境中被广泛采纳的组织实践，以获得合法性。 在进入决策上，重点关注了两种方面的问题：进入区位选择以及进入模式选择。 前者关注进入何种区位，后者关注以何种方式进入特定东道国。

在进入区位选择方面，已有研究观察并揭示了跨国公司序贯进入策略（Zaheer et al.，2009）、选择同一区位（co-location）（Chang，Park，2005；Koçak，Özcan，2013）、烟花效应（Bandwagon）（Abrahamson，Rosenkopf，1993；Belderbos et al.，2011）。 虽然概念有差异，但是其本质都认为跨国公司 FDI 在区位选择上具有显著的趋同性。 对此，2000 年初期以及之前的研究大多从集聚效应的角度进行解释，认为区位选择趋同的主要目的是获得集聚所带来的网络溢出效应（Shaver et al.，1997）。 随着新组织制度主义的兴起，以及模仿同形框架的出现，IB 学者开始从合法性获取的角度来解释这一问题。 例如，Guillen（2002）发现企业在 FDI 进入区位选择上会模仿那些经历、历史或母国区位与之有关联的企业；Gimeno et al.（2005）利用美国信息技术企业 1995 年进入其他西方国家数据，发现模仿性进入的存在，并发现市场份额、竞争结构的调节效应。 Chang 和 Park（2005）发现韩国企业在进入中国的区位选择时，更倾向于选择具有更多相同属性企业的东道国区位，例如相同的产业属性、相同的母国属性、相同的母公司属性。 Belderbos, Olffen 和 Zou（2011）以日本跨国公司进入中国为对象，发现跨国公司 FDI 会模仿那些特定的模板，并且模板在时间上的远近（Recentness）起到调节作用，即那些最近的特定模板更会引发模仿。

在进入模式选择方面，已有研究也同样观察到了进入模式选择上的趋同性（Lu，2002；Xia et al.，2008；Yiu，Makino，2002）。对于进入模式的选择，早期主要从交易成本视角和资源基础理论开展研究，随着新组织制度理论的发展，IB 学者开始从制度同形，特别是模仿同形的角度开展研究。Lu（2002）比较了交易成本和制度理论对日本跨国公司进入模式选择的解释，发现相对于交易成本理论，制度理论提供了更优的解释，验证了基于频次、基于特征和基于结果的模仿逻辑。Chan 和 Makino（2007）以日本跨国公司 FDI 为样本，分析了外部制度压力和内部制度压力对所有权选择的影响，发现 FDI 更倾向于模仿在东道国其他跨国公司的选择，更倾向于模仿本公司其他分支机构在该东道国的选择。Xia，Tan 和 Tan（2008）从"烟花效应"的角度，分析了在中国的跨国公司分支机构所采取进入模式的转变，认为模仿机制在其中扮演着重要角色，具体表现为模仿同一母国的同行业企业，模仿东道国的同一产业企业。

新组织制度理论的制度同形框架为跨国公司 FDI 进入决策研究提供了新的思路，推动了 FDI 决策研究的发展，但是在研究取向上依然存在有待系统解决的三个问题。

一是把跨国公司所面临的复杂制度环境简化为双元制度，忽视了制度内容的多重性（Cantwell et al.，2010；Kostova et al.，2008；Meyer，Peng，2016；Regnér，Edman，2014；Saka-Helmhout et al.，2016）。自从 Kostova 和 Zaheer（1999）提出了 MNE 所面临的复杂制度理论之后以及制度二元性（Institutional duality），IB 学者重点关注了来自母国和东道国的制度压力，推动了跨国公司复杂制度研究的深入。但是具体分析母国和东道国制度的时候，往往把制度复杂性简化为不确定性，认为模仿来的制度自然可以获得合法性。而事实上，这种简化忽略了 Kostova 和 Zaheer（1999）所提出的跨国公司复杂制度环境的多领域性，即不同类型的制度裁判都会有自身的合法性标准，即制度在内容上的差异性。复杂制度的多领域性往往都会带来制度之间的冲突（Seo 和 Creed，2002），使得主导性制度难以形成，也就没有符合所有合法性标准的可供模仿的模板；模仿也就难以保证跨国公司 FDI 同时获得

来自各方的合法性认可（Saka-Helmhout et al.，2016，Newenham-Kahindi 和
Stevens，2017）。 对复杂制度环境的简单化处理，自然也就忽视了 Kostova
和 Zaheer（1999）所提出的跨国公司合法性获取的复杂性。 因此，Kostova，
Roth 和 Dacin（2008）在跨国公司复杂制度理论提出十年之后，提出新组织制
度理论与 IB 理论的融合，必须充分认识到"跨国公司嵌入在多重的、碎片化
的、缺乏有效定义的，以及持续演化的制度系统之中；这一制度系统存在不同
的层次，每一层次各有其特殊性的制度机制和差异化的组织行为决定性"。

二是关注了跨国公司 FDI 进入决策的趋同，而较少关注 FDI 进入决策的
趋异，以及趋同与趋异之间的平衡问题。 基于模仿同形的跨国公司 FDI 进入
决策研究都强调了 FDI 决策的趋同性，这反映了早期新组织制度理论所强调
的制度决定观（Scott，2005）。 如果我们把跨国公司所面临的制度环境视为
"多重的、碎片化的、演进的"制度系统的话，如果我们充分考虑跨国公司主
体性（agent）的话，那么"跨国公司与制度环境之间的关系就是动态的、离散
的、象征性的和主体能动性的"（Kostova et al.，2008，p1001）。 因此，复
杂制度环境下，跨国公司 FDI 的决策并非简单地趋同，同时也存在制度创业
（Newenham-Kahindi，Stevens，2018），存在制度环境下的差异化响应（Oliver，
1991）。 跨国公司已经不再仅仅是适应制度压力和制度需求/期望，而是赋予
这些外在制度以意义，适应这些制度、激活这些制度并与之共舞，实现趋同与
趋异之间的平衡，即最优差异性（Optimal distinctiveness）（Deephouse，
1999）。

三是关注了 FDI 进入决策，而较少关注 FDI 后成长问题。 诚然，FDI 决
策，特别是区位选择以及进入模式选择是两大重要的结构性决策，为之后的
FDI 后成长提供了前提条件。 但是我们并不能认为 FDI 进入决策完成之后，
就可以在东道国自然实现成长。 FDI 后成长并非完全受制于之前的结构化决
策，而是一个与制度环境互动的过程，值得我们做更进一步分析，而 FDI 后成
长远远没有得到应有的关注（Shaner，Maznevski，2011）。 例如，Puck，
Holtbrügge 和 Mohr（2009）就发现进入中国的跨国公司 FDI 经历了从合资为
主导到独资为主导的演变过程。

2.3.2　新组织制度理论的最新进展：多重制度逻辑理论

为克服制度同形逻辑的不足，制度逻辑理论开始出现。 由 Friedland 和 Alford（1991）提出，制度逻辑强调了制度的内容界定，表现为差异化的形而下的实践秩序和多样性的形而上的象征意义（Zilber，2006），从而形成了与制度同形框架迥然不同的研究思路。 主要表现有二：一是与制度同形框架对主导制度的强调不同，制度逻辑本身就意味着多重制度逻辑，即不同制度逻辑在内容上有不同的意义和实践界定，强调不同制度逻辑之间的对立统一关系（Seo，Creed，2002）。 其中 Thornton、Ocasio 和 Lounsbury（2012）更是给出了广为引用的社会层面的七大元制度逻辑，即家庭、社区、宗教、政府、市场、职业和企业等。 二是多重制度逻辑下，组织的主体性得以凸显，集中表现为组织的差异化响应（Greenwood et al.，2011）。 这两个方面的研究取向，使得制度逻辑研究能够更有效地解释现实中的制度逻辑状态以及组织响应的差异性，更有效地串联起宏观社会层面和微观认知层面来解释组织的差异化响应。

在探索多重制度逻辑之间关系的基础上，学者进一步探讨了多重制度逻辑下的组织响应机制。 根据 Seo 和 Creed（2002）所提出的嵌入性主体概念，可以认为多重制度逻辑下组织响应过程是一个外部制度环境影响组织内部逻辑状态的社会化过程，即嵌入性维度；同时也是一个组织战略性地响应外部制度环境的主体能力展现过程，即主体维度。 前者也可以被称为社会化视角，后者被称为战略视角，二者结合在一起，就是"多重制度逻辑—组织内部逻辑状态—组织（实践和身份）响应"，具体框架如图 2-1 所示。

（1）多重制度逻辑下的组织响应机制框架：社会化视角

社会化视角下组织响应机制，重点关注外部多重制度逻辑通过社会化机制映射到组织之中的过程，这具体涉及三个问题：场域层面多重制度逻辑的结构特征、场域层面多重制度逻辑在组织层面的映射机理、映射之后所形成的组织内部逻辑状态（Besharov，Smith，2014；Greenwood et al.，2011；Pache，Santos，2010）。

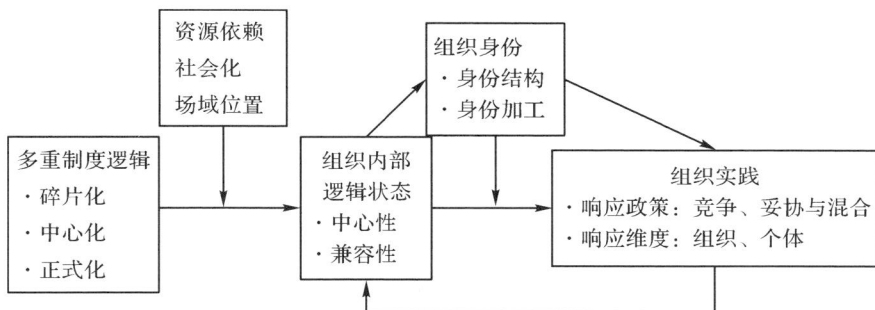

图 2-1　多重制度逻辑下组织响应机制的综合框架：社会化视角和战略视角

　　首先，在场域层面，多重制度逻辑并非内在一致的均质分布，而是表现出碎片化、中心化、正式化等特征（Besharov，Smith，2014），从而带来了多重制度期望/压力。其中，碎片化是指场域中组织所依赖的制度裁判之间的不协调性；中心化刻度了场域中各个制度裁判所具有的权力和执行力的分布情况：中心化越高，权力和执行力越集中于单一制度裁判；正式化刻度了不同制度逻辑的清晰程度（Greenwood et al.，2011）。Pache 和 Santos（2009）指出，中等程度的碎片化配以中等程度的中心化，将会带来较高的制度冲突。在这种冲突性制度场域中，更高的制度逻辑正式化将会带来更高的冲突性制度期望。因此，碎片化、中心化和正式化三大特征决定了场域层面所展现出来的多重制度期望。

　　其次，场域层面的多重制度期望映射在组织之中，形成组织所感知的多重制度压力；在这一过程中三大类调节机制得到了关注，分别是资源依赖、社会化、场域位置等。Pache 和 Santos（2009）重点关注了前两种因素，指出制度需求可以通过场域之内、组织之外的制度裁判依托资源依赖关系来执行和监管，从而影响组织所感知的制度压力。资源依赖机制主要通过组织与场域的结构性关联体现，集中表现为组织与场域中不同制度裁判之间的关系（Greenwood et al.，2011）。同时，Pache 和 Santos（2009）也强调制度期望可以通过社会化机制，通过向组织输送承载特定制度逻辑的人员，以传递制度压力。例如，通过专业医院的培养和培训而进入组织的医生，就会成为专业逻辑的载体来影响组织所感知到的制度压力。

　　Greenwood et al.（2011）在以上两种机制的基础上，重点梳理了影响组织感知制度压力的场域位置因素。 对于场域中的位置，已有研究重点关注了两个位置变量，分别是中心—边缘位置、跨子场域的中介位置，类似网络理论所关注的网络中心度和结构洞位置。 其中，一方面，中心位置的组织由于表现出更大的"规模"和"地位"，从而成为场域中各类制度裁判的关注，提升了其感知的制度压力；另一方面，作为中心位置的组织往往是制度逻辑的受益者，因此也更加愿意满足制度期望（Greenwood, Suddaby, 2006）。 但是，中心位置的组织也可能会凭借其"规模"和"地位"而免疫于制度压力，从而免除特定制度压力对组织的影响（Lepoutre, Valente, 2012）。 对于跨子场域占据中介位置的组织而言，他们更容易感知到不同的制度压力，从而受到复杂制度逻辑的影响。 例如，Greenwood 和 Suddby（2006）以五大会计企业的案例研究发现场域中的明星企业往往会凭借其跨子场域的中介位置而免疫现有制度逻辑的影响。

最后，多重制度逻辑在组织层面的映射所带来的感知制度压力形成了组织内部逻辑状态。 Besharov 和 Smith（2014）进行了系统归纳，以不同制度逻辑之间的兼容性和中心性为两个维度，划分为组织内部不同制度逻辑共存的四种模式，以及不同模式之下的制度冲突。 一是组织内部多重制度逻辑兼容性高、中心性低的情况下，组织内部存在主导性的制度逻辑，并且不同制度逻辑之间具有较高的兼容性，组织不存在冲突性。 二是组织内部多重制度逻辑兼容性和中心性均高的情况下，组织内部不同制度逻辑均对组织运行发挥重要作用，但是彼此之间也具有较高的兼容性，在这一模式之下组织内部之间的冲突是比较小的。 三是组织内部多重制度逻辑兼容性低、中心性低的情况下，组织内部存在主导性的制度逻辑，但是不同制度逻辑之间存在较大的差异性/冲突性，在这一模式之下组织内部的冲突是中等程度的。 四是组织内容多重制度逻辑兼容性低、中心性高的情况下，组织内部不同制度逻辑均对组织具有重要影响，与此同时不同制度逻辑之间具有较大冲突性，这就使得组织内部面临较大的持续性冲突。

社会化视角强调了场域层面多重制度逻辑的影响，把外部场域层面的多重制度逻辑与组织内部逻辑状态关联起来。 在社会化视角下，组织已经不是原子化的行动主体，而是一个由外在多重制度逻辑映射而形成的多元主体形成的联合体。 但是社会化视角这种对于组织作为多元主体形成的松散联合体的假定，界定了组织的社会属性，而不是一个如 DiMiggio 和 Powell（1991）、Seo 和 Creed（2002）等经典研究所强调的具有反思能力和能动性的战略主体，而这一不足恰好为战略视角所弥补，并由此形成了丰富的基于战略视角的多重制度逻辑下的组织响应机制研究。

（2）多重制度逻辑下的组织响应机制框架：战略视角

战略视角下的新组织制度理论最早可以追溯到 Meyer 和 Rowen（1977）对"脱耦"（Decoupling）的研究，以及之后 Di Miggio 和 Powell（1991）和 Oliver（1991）的经典贡献。 Di Miggio 和 Powell（1991）针对制度铁笼的概念，提出了基于组织主体性的制度创业。 而 Oliver（1991）更明确地把战略视角引入制度分析之中，并提出了顺从、妥协、避免、否定、操控等五种策略。 所以，"战略视角"强调的是组织的主体性以及由此而带来的反思能力和创新能力。 1991 年两篇文章引发了之后的基于战略视角的多重制度逻辑下的组织响应机制研究，经过梳理，我们把这一框架概括为两个维度（实践与身份）、三大策略（竞争、妥协与混合）。 两个维度是指实践维度和身份维度，这主要是考虑到制度是物质性实践和象征性意义的综合体，所以对制度逻辑的响应就具体表现为实践采纳和身份认同两个细分维度。 三大策略是指组织可以采用的竞争、妥协和混合三大策略（York et al.，2016），其中前两者都潜在假设存在单一主导逻辑的传统策略，而混合策略则更多地强调多重制度逻辑的长期存在，以及不同制度逻辑之间兼有冲突与依赖关系。 根据以上框架，我们梳理出如图 2-1 所示的基于战略视角的组织响应策略框架。

其中脱耦是象征性顺从和实质性非采纳；妥协与脱耦不同，妥协是实质性采纳，只不过这种采纳是最低程度的，以满足外部的制度压力和内在的制度期望。 脱耦是竞争策略的一种体现，竞争是通过形成内部主导性制度逻辑，响应主导制度逻辑、忽视边缘制度逻辑的策略，所以脱耦可以视为对边缘位置制度逻辑的响应。 混合则强调同时实质性采纳不同的制度逻辑以有效获得双方的合法性认定。 对于妥协和混合，两者都强调对不同制度逻辑的实质性响应，只不过妥协的前提是存在主导性制度逻辑，通过妥协这种实质性采纳来规避外部制度裁判的审查，来最低程度地满足内部制度载体期望。

第一，竞争是响应居于中心位置的主导制度逻辑、压制边缘制度逻辑的策略（Hargrave，Ven，2006；Seo，Creed，2002；Waldron et al.，2013）。早期 Meyer 和 Rowen（1977）所提出的脱耦策略可以视为竞争策略的一种具体形式。脱耦是表面顺从和实质性非采纳的策略，所以脱耦策略响应的是组织实质性采纳的主导制度逻辑。例如，中国很多公办高校虽然也会提出面对市场的培养策略（即市场逻辑），但是在实质上却会更主动和有效地响应政府的诉求（即国家逻辑），从而表现为明显的脱耦策略。

第二，妥协是指组织在已有的主导性制度逻辑下，最低程度地响应非兼容性制度逻辑的策略。例如，康复医院会同时坚持最低程度的经济逻辑和照料逻辑（Scott，2004）；微金融组织同时涵盖发展逻辑和经济逻辑（Pache，Santos，2013）。微金融机构同时遵循银行逻辑以最大化利润和发展逻辑来缓解贫困人口的金融压力，并通过设定贷款利率来实现妥协。其利率一般比市场价格要低，以满足发展需求，但同时要略高于与发展相关的利益相关者的期望利率。这种价格策略所体现的妥协战略，让微金融组织获得了双方最低限度的认可（Carrick-Cagna，Santos，2009）。但是妥协战略使得组织难以获得制度裁判的完全认可和倾力支持；同时这种妥协也会带来内部的不一致性，使得组织不得不平衡冲突性的制度压力。另外，妥协战略也会由于竞争性制度逻辑所带来冲突性的难以调节性，而难以持续应用。

第三，与以上两种不同，混合强调通过组织机制来容纳不同的制度逻辑的策略，这就使得组织面临内在的矛盾，使得组织必须具有"悖论性认知框架"（Smith，Tushman，2005）。混合策略又分为分割和整合两种策略（Battilana，Dorado，2010；Jay，2013；Pache，Santos，2013）。分割是最为经常使用的策略，即不同的组织部门来容纳不同的制度逻辑，以最小化冲突（Greenwood et al.，2011），这种分割表现为以不同的区位、部门或流程来响应不同的制度逻辑（Lounsbury，2007）。分割策略虽然易行，但是却难以有效整合不同制度逻辑整合策略，已有研究探究了实践整合和身份整合。例如，Pache 和 Santos（2013）提出的选择性耦合策略就是经典的实践整合策略；Battilana 和 Dorado（2010）、Jay（2013）提出的身份加工策略就是典型的身份整合策略。

2.3.3　多重制度逻辑视角下的 MNE 海外子公司响应策略

（1）多重制度逻辑理论与 IB 理论交叉：MNE 海外子公司响应战略

与多重制度逻辑理论的快速发展相比，IB 领域中基于多重制度逻辑理论的研究虽然还处于初始阶段，但却为理解外来者劣势与 FDI 后成长提供了更全面和切实的研究视角，研究前景可期（Newenham-Kahindi, Stevens, 2018；Saka-Helmhout et al., 2016；Stevens, Newenham Kahindi, 2017；Thornton et al., 2012）。一是多重制度逻辑理论呼应了跨国公司所面临的冲突性的制度压力（Kostova et al., 2008），不仅要求跨国公司更有效地响应来自母国、东道国和自身的制度逻辑（Newenham-Kahindi, Stevens, 2018；Stevens, Newenham Kahindi, 2017）；同时也要求跨国公司有效响应不同内容的制度逻辑及其所带来的制度压力，例如母国和东道国的政治逻辑（Buckley et al., 2018）、母国和东道国的社会逻辑（Rathert, 2016；Zhao et al., 2014）。二是多重制度逻辑理论强调了制度逻辑之间冲突与互补并存的关系，同时也强调了组织的主体性（agent）以及由此而带来的差异化响应策略，为我们分析 MNE 海外投资的差异化响应策略提供了新的分析思路（Regnér, Edman, 2014）。由于制度环境的复杂性和动态演进性，跨国公司的海外投资通常不太可能或者不太愿意采用同形策略（Cantwell et al., 2010；Kostova et al., 2008；Orr, Scott, 2008）；事实上，跨国公司 FDI 表现出显著的差异化响应策略（Newenham-Kahindi, Stevens, 2018）：利用其显著的制度优势，通过创新、仲裁、绕道（circumvention）和适应等策略来响应多重制度逻辑（Regnér, Edman, 2014）。三是多重制度逻辑理论认为，组织对制度的响应不仅表现为形而下的实践采纳决策，也表现为形而上的身份建构过程（Creed et al., 2010），这为我们分析跨国公司 FDI 后成长提供了一个切实的落脚点。主流的跨国公司海外投资研究主要集中在进入决策环节，而较少涉及海外子公司的进入后成长过程。但是海外子公司进入后成长是一个过程，是一个根据复杂制度环境而动态调整自身实践的过程，是一个应对复杂制度环境而建构身份和实践采纳的过程（Newenham-Kahindi, Stevens, 2018）。因此，海外子公司的身份建构和实践采纳的机理成为理论研究的重要方向。

以跨国公司为背景的分析不仅仅拓展了多重制度逻辑理论的应用领域，同时也为多重制度理论的发展提供了新的机会（Cantwell et al.，2010；Kostova et al.，2008；Regnér，Edman，2014）。 一是多重制度逻辑理论需要在更多的商业场景中验证自己，而不仅仅在社会场景中验证自己（Greenwood et al.，2011）；跨国公司海外投资作为典型的商业场景为多重制度逻辑理论进一步扩展理论效度提供了极具价值的实证领域。 虽然多重制度理论研究已经对商业组织进行了实证研究，但是研究的主要领域还是集中在医疗、社会服务等公共管理部门（York et al.，2016）；商业领域自然就成为多重制度理论拓展的重要方向（Smets et al.，2015），基于跨国公司场景的多重制度逻辑研究恰好适应这一趋势。 二是跨国公司 FDI 所面临的复杂制度环境和多层分析维度，为探究多重制度逻辑之间关系及其对组织差异化响应策略研究提供了极具想象力的研究空间（Cantwell et al.，2010；Kostova et al.，2008；Regnér，Edman，2014）。 跨国公司 FDI 行为不仅面临地理维度上的多重制度逻辑（表现为双元制度和多边制度）（Kostova et al.，2008），也面临内部各异的多重制度逻辑（例如国家、社会、社区、市场等），为分析多重制度逻辑提供了丰富的素材。 同时，跨国公司不仅具有鲜明的内部层次，表现为个体、部门、分支机构、总部，也具有复杂的组织间层次，为多重制度逻辑下组织差异化响应研究提供了"放大镜"，让我们能够更清晰地看到组织差异化响应的微观机制（Newenham-Kahindi，Stevens，2018；Regnér，Edman，2014）。

新兴市场跨国公司天生面对多重制度逻辑，EMNE 海外投资成为新兴市场跨国公司响应多重制度逻辑、实现持续发展的新焦点。 新兴市场跨国公司天生面对来自母国和东道国的多重制度逻辑（Meyer，Peng，2016）。 在2018 年的回顾性文章中，Buckley et al.（2018）指出母国规制性政策已经成为影响新兴市场企业国际化的重要因素，并在中国（Lu et al.，2014；Duanmu，2014；Li et al.，2014）、印度（Prashantham，Birkinshaw，2015）、马来西亚（Sim，Pandian，2007）、挪威（Amdam，2009）、新加坡（Sim，Pandian，2007）等经济体中得到了验证。 新兴市场和转型经济的特征，使得母国制度环境具有不一致性和变动性的特点，带来了母国制度的冲突性和制度真空，也带来了母国制度体系不断演化和合法性标准的模糊和不断调整（Kim et al.，2017），提升了跨国公司在母国获得合法性的难度（Meyer，Peng，2016）。而在东道国方面，东道国日益多元的利益相关者崛起，并推行其所信奉的规则和价值，要求新兴市场跨国公司做出积极响应（Zhao et al.，2014），否则将会面临东道国的政治介入和政治风险（Stevens，Newenham Kahindi，2017）。例如，国有企业属性的跨国公司在一些国有企业不占优势的东道国中会受到合法性的质疑（Meyer，et al.，2014）。

多重制度逻辑下，新兴市场跨国公司海外子公司响应机理日渐成为响应多重制度逻辑、实现持续成长的新焦点。一者，新兴市场跨国公司赋予 FDI 企业以更高的战略意义。一方面，FDI 企业是新兴市场跨国公司应对内部优势相对薄弱（Rugman，Li，2007），实现自身蛙跳式发展的关键跳板（Luo，Tung，2007）；另一方面，FDI 企业是新兴市场跨国公司直接面对和有效响应多重制度压力的基础载体（Newenham-Kahindi，Stevens，2018）。二者，随着新兴市场跨国公司的发展，FDI 进入决策研究开始让位于 FDI 后成长机制研究（Meyer，Peng，2016）。Meyer 和 Peng（2016）指出，传统的 IB 研究关注进入决策研究，但是"到 2015 年，很多新兴市场跨国公司都已经拥有了相对成熟的分支机构，他们关注的重点已经是这些分支机构的运营和成长，相关研究随之开始转向跨国公司不同业务单元的开发、协调和资源利用……对新兴市场跨国公司而言，主要挑战是有效管理海外的分支机构，特别是当其还处于国际化发展的初期阶段，当其总部管理竞争力还较为薄弱时"。

(2)MNE 海外子公司所面临的多重制度逻辑

基于多重制度逻辑理论，已有研究初步探讨跨国公司海外投资所面临多重制度逻辑的内涵与关系。一是地理维度上，不同国家同类型制度逻辑之间的差异性，构成了海外投资所面临多重制度逻辑的关键维度。制度逻辑并非静态、固化的存在，而是在与其他制度逻辑互动的过程中，在具有主体性组织的能力创造下，不断演化。因此，不同国家所具有的差异化的社会文化传统自然会衍生出差异化的制度逻辑，这种差异化不仅仅体现在强度方面，还体现在本质子维度的界定方面，从而带来了 MNE 国际化发展所带来的"制度震惊"（Institutional shock）。例如，Faulconbridge 和 Muzio（2016）研究了特定制度逻辑的国家差异，即英国专业逻辑和意大利专业逻辑，两者在目标和手段方面的界定截然不同，从而构成 MNE 海外投资的重要制度环境因素。同样是指导企业社会卷入的社会责任（Corporate Social Responsibility，CSR）逻辑，不同国家在影响力方面具有显著差异，特别是新兴市场国家与发达国家之间存在截然不同的强度，这是很多发达国家 MNE 社会责任缺失（Corporate Social Irresponsibility，CSIR），导致很多发展中国家成为污染天堂的重要原因；也是发达国家在不同国家采用不同的质量标准和客户服务标准的重要根源（Surroca，et al.，2013）。

二是在内容维度上，关注了跨国公司逻辑与东道国/母国制度逻辑的关系。跨国公司逻辑是关注的重点，跨国公司逻辑与企业逻辑或者市场逻辑存在较大重叠性，即以利益最大化为目标，以成本降低、能力提升、产业定位为核心手段的制度逻辑。但是作为一个区位分散于多个国家的特殊企业形式，MNE 内部逻辑的形成与演化必然会同时受到母国与东道国制度逻辑的影响，以及自身内部价值和实践的路径依赖性的影响。当然，对于东道国逻辑或者母国逻辑，根据研究问题和研究场景而存在较大差异。事实上，跨国公司逻辑与东道国/母国逻辑之间的复杂关系成为融合多重制度逻辑与 IB 开展交叉研究的最大难点，也是最吸引人之处。因为跨国公司作为东道国逻辑和母国逻辑的中介，成为促进东道国逻辑与母国逻辑沟通的桥梁，也成为东道国逻辑与母国逻辑交锋的战场。首先，跨国公司逻辑与母国逻辑之间的复杂关系。跨国公司逻辑在相当大程度上是母国逻辑的产物。母国作为独特的制度场景，成为跨国公司内部制度结构和制度体系形成的重要来源。例如，发达国家和新兴市场国家 MNE 存在显著差异，在国际化的动因、进入模式以及进入后成长方面具有显著差异（Meyer，Peng，2016），其主要方式在于母国制度逻辑的影响。

其次，跨国公司逻辑与东道国逻辑之间的复杂关系。跨国公司海外子公司所做出的各种决策，必然受到东道国逻辑制度压力的影响。例如，MNE 海外子公司的 CSR 行为，就不仅仅受到东道国制度压力的影响，同时还受到

MNE 企业逻辑的影响（表现为总部和其他子公司的影响）。这种东道国的制度压力，已有研究强调了通过模仿东道国同行企业的实践来获得东道国的合法性（Xia et al., 2008）。事实上，基于模仿当地同行企业的响应策略忽略了对东道国具体制度逻辑的影响。例如，价格竞争作为市场新进入者是否具有合法性？很多浙商企业以较低的价格进入东道国，给当地市场结构带来很大的冲击，从而形成了当地同行企业对浙商的不良印象，进而降低了浙商整体的合法性。除了市场逻辑之外，宗教逻辑也成为影响 MNE 海外子公司的重要因素。例如泰国的佛教文化，使得泰国员工具有较好的心态。Newenham-Kahindi 和 Stevens（2017）通过在非洲撒哈拉区域矿业跨国公司的案例研究，发现跨国公司同时面临经济交易逻辑、文化逻辑、宗教逻辑和家族逻辑。

最后，跨国公司逻辑与母国逻辑、东道国逻辑之间的复杂互动关系。三者之间的复杂关系，是复杂制度环境下跨国公司（及海外子公司）响应战略研究最精彩的内容。跨国公司逻辑不仅受制于母国/东道国制度逻辑，同时也会通过主体性而反作用于母国/东道国制度逻辑，其核心在于跨国公司占据了沟通母国制度逻辑与东道国制度逻辑的结构洞位置。如图 2-2 所示。

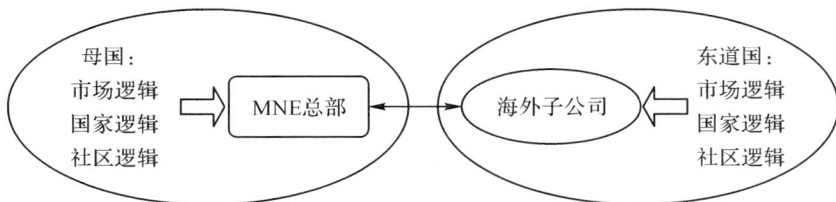

图 2-2　跨国公司海外子公司所面临的多重制度逻辑

(3)多重制度逻辑下 MNE 海外子公司响应策略

当 MNE 企业逻辑和母国与东道国制度逻辑存在差异性时，制度逻辑的冲突性自然出现。那么，这种复杂制度逻辑下的 MNE 海外子公司如何开展有效的响应？已有研究主要重点关注了海外子公司的多种响应策略，可以归结为竞争策略、妥协策略和混合策略。

对于 MNE 而言，一般来说，总部在母国，子公司在东道国。MNE 逻辑、母国制度逻辑与东道国制度逻辑之间的互动机制如下：母国制度逻辑直接影响总部,并通过总部影响海外子公司;东道国制度逻辑直接影响海外子公司,并通过子公司影响总部。 在这一作用机制下,MNE 通过区位选择、进入模式及进入后成长来响应来自母国和东道国的制度压力。 本文重点关注进入后成长环节。

第一,竞争策略。 竞争策略是选择顺从一种主导逻辑的战略选择。 顺从东道国制度逻辑也是一种竞争性策略,只不过是彻底倒向东道国制度逻辑,而忽略了母国制度逻辑和 MNE 企业逻辑。 之后一些学者开始强调面对冲突性制度逻辑,MNE 海外子公司通过选择能够符合自身逻辑的子场域位置,以坚持自身的核心逻辑,这与早期强调通过顺从东道国逻辑来获得东道国合法性的策略截然不同。 事实上,Faulconbridge 和 Muzio(2016)研究了特定制度逻辑的国家差异,即英国专业逻辑和意大利专业逻辑。 由于英国逻辑与以法律服务企业为对象,作者提出了场域迁移策略,即迁往能够容纳其制度逻辑,确保其获得合法性和较低复杂性的子场域,即迁往米兰。 Edman(2016)系统梳理了跨国公司海外子公司外来者优势,提出了维持少数派身份(Minority Identities)的具体战略,具体包括选择利基型网络位置、独特的集体身份和非顺从(当地)期望,以此撬动外来者优势,具体表现为:内在的实验性冲动、外在的背离授权、允许不遵循主导逻辑、场域的边缘化位置。 Stevens、Xie 和 Peng(2016)提出了基于合法性的政治风险理论,认为政治风险来自母国和东道国政治逻辑之间的差异性。 通过对谷歌与雅虎在中国发展的对比案例研究发现,雅虎与中国政府的合作导致其在母国被审查,而谷歌因遵循母国的政治逻辑而导致其在中国被审查,结果不得不退出中国市场。 对比案例表明,同样的行为可能获得了母国的合法性,却会丧失在东道国的合法性;反之,获得了东道国的合法性,却引起了母国合法性的丧失。

第二,妥协策略。 Zhang 和 Luo(2013)以中国汶川地震后 MNE 子公司在中国进行捐赠的事件开展分析,探讨了来自网上捐赠的运动压力对于 MNE 子公司捐赠的影响机制。 他们认为在运动压力下,组织脆弱性和母国制度逻辑对子公司响应制度压力产生了影响;并且由于公司脆弱性所带来的组织响应程度(即捐赠额度)要高于与母国制度逻辑一致性所带来的影响程度。 针对国有属性跨国公司所面临的更高的制度性不信任,Meyer et al.(2014)认为，企业可以通过在东道国的低展现策略，即低调策略（Low profile），来获得合法性。这里重点是考虑东道国制度环境，而没有结合母国制度环境进行综合分析。简单来说，面对东道国与母国之间的制度逻辑冲突，MNE 海外投资可以通过妥协策略来实现。低调策略。Fiaschi，Giuliani 和 Nieri（2017）研究了来源国劣势下，EMNE 在东道国 CSIR 行为的机理。由于来源国劣势，EMNE 会更倾向于开展 CSIR，即遵循母国制度逻辑和 EMNE 企业逻辑；但是，考虑到来源国劣势，为了获得在东道国的合法性，会弱化其在东道国的 CSIR，特别是当东道国具有更高的舆论自由时，即东道国制度环境会影响 EMNE 行为。Marano 和 Kostova（2016）把目光聚焦在 MNE 层面，而不是海外子公司层面，提出 MNE 所面临的复杂跨国组织场域盛行着多重性、多样性甚至冲突性的制度力量，认为 CSR 相关的制度力量的强度、CSR 相关的制度力量的异质性和在高 CSR 要求国家的曝光度共同决定了 MNE 的 CSR 采纳，同时发现 MNE 对东道国的依赖性起到重要的调节作用。Rathert（2016）提出，MNE 海外子公司的两种 CSR 策略，分别是标准化的 CSR 策略和权利下的 CSR 策略；东道国问题显著性与 CSR 的标准化策略正相关，而东道国利益相关者权利与基于权利的 CSR 策略正相关。在这里，标准化的 CSR 策略与来自母国和全球场域中的 name-and-shame 机制相关，而基于权利的 CSR 策略则强调对于东道国制度压力的响应。所以，Rathert（2016）虽然聚焦于东道国制度环境，但是并没有忽视 MNE 所面临的母国制度压力：问题显著性通过母国制度环境施加于 MNE 总部，进而影响子公司的标准化 CSR 策略（例如，面对中国富士康员工跳楼事件，苹果就承受了来自母国的制度压力）；东道国利益相关者所拥有的权力带来了更大的东道国制度压力，从而驱动其采用基于权力的 CSR 策略。所以，采用策略差异化的根源在于所面临制度压力的属性差异。

第三，混合策略。Husted，Montiel，Christmann（2016）关注了当地逻辑和全球逻辑对于 MNE 海外子公司战略响应的影响，通过比较研究 MNE 海外子公司和当地企业的认证标准选择，结果发现 MNE 海外子公司模仿那些地理临近企业的国家标准以克服外来者劣势；而国内企业模仿临近企业的全球标准以弥补当地性劣势（disadvantages of localness），从而呼应了 Pache 和

Santos（2013）所强调的多重制度逻辑下的选择性耦合逻辑。 Newenham-Kahindi 和 Stevens（2018）把跨国公司海外子公司所面临制度环境解构为跨国公司逻辑和所在地逻辑（domicile logic），认为 MNE 逻辑和所在地逻辑之间对于子公司决策与运营存在显著的逻辑差异。 海外子公司难以通过简单的当地顺从来获得合法性，而只能通过混合来实现双边合法性。 针对两者之间的差异性/冲突性，其中双边嵌入中介起到重要作用。 在这一过程中，混合推进的风格也会产生重要影响，系统性与非对称性、关系性与交易性、全面性与有限性的互动风格会产生显著差异。

2.4　本章小结

本章对企业国际化的相关文献进行了梳理，包括企业国际化的经典理论、新兴市场国家企业国际化主要理论框架以及制度视角下跨国公司海外子公司响应策略研究。 已有成果为我们开展浙商海外直接投资研究提供了研究的逻辑起点和理论框架。

第一，浙商海外直接投资面临诸多劣势，包括外来者劣势、后发者劣势、来源国劣势等，但也存在诸多潜在优势。 外来者劣势强调的是作为外来者对于东道国场景的不熟悉所带来的额外成本；后发者劣势强调了作为后发者与先行者相比在国际化经营中在资源积累和能力形成方面的差距；来源国劣势强调了东道国对于来源国的刻板印象而给该来源国跨国公司所带来的经营困难。 这三种劣势构成了浙商跨国经营所面临的重要困难。 但是，与这三大劣势相对应，浙商的海外经营也存在潜在优势，这成为浙商海外直接投资迅速前行的基石。 一是海外浙商网络成为浙商克服外来者劣势的重要优势。 走遍千山万水，浙商足迹遍布全球，这成为浙商进行海外直接投资的重要学习渠道，也成为浙商克服来源国劣势的重要基础。 例如，浙江侨乡青田有 30 余万人在海外发展，这成为浙商全球化生存重要的发展跳板。 二是后发不仅仅是劣势，同时也可能是优势，因为作为先行者的跨国公司为浙商海外经营提供了重要参考。 浙商并不是在无人区开拓，而是在很大程度上可以模仿先行者的足迹，规避全球化发展过程中的各种潜在风险，所以更快地总结学习前人的经验成为浙商实现全球经营的重要优势。三是来源国劣势诚然是一种风险，但是随着中国的崛起、浙江的发展以及自身优势的形成，在一定程度上可以逐步弥补来源国劣势所带来的不利影响。

第二，制度环境复杂性成为影响浙商海外直接投资的关键因素。制度已经成为解析企业跨国发展的重要理论视角。由于经济行为的社会嵌入性，东道国制度与母国制度之间的差异构成了浙商必然面临和解决的重要问题。虽然学界从不同理论框架对制度进行了界定，包括经济学、政治学、社会学等，但其本质都强调了制度环境的复杂性。这种制度复杂性来自母国和东道国制度系统的差异性，即双元制度环境。在多重制度逻辑视角下，双元制度环境所带来的冲突并非单一维度，而是多元维度，差异的解决并非依靠简单的一体化或者本地化来实现，而是需要通过双方持续的互动、学习、包容，才能让海外子公司实现可持续成长。

第三，复杂制度环境下跨国公司及海外子公司的有效应对策略还有待深入研究。已有理论提出在复杂制度环境下，跨国公司海外子公司可以通过多种策略做出响应以获得双边合法性；可以通过有效的跳板策略来获得高端资源，但是具体响应机制尚不清晰。特别是对于浙商而言，如何应对复杂制度环境来获得合法性，如何通过海外直接投资来有效整合全球资源（特别是高端资源）以实现自身的可持续发展，还有待进一步研究。

3

浙商海外直接投资的宏观背景

本章重点探讨浙商海外直接投资的宏观背景。结合浙江和浙商的特点，我们重点梳理浙商国际化发展的文化背景、经济基础和政策特点。

3.1 浙商海外直接投资的文化背景

3.1.1 浙学传统

霍博兄弟在《清教徒的礼物》一书中，把清教文化总结为四个方面，分别是建设人间天国（价值观）、亲力亲为的技艺偏好、集体主义精神和组织能力。这四个方面的清教文化界定了黄金时代美国企业的基本逻辑。在清教文化之下，企业终极使命不仅是为了盈利，同时也是建设人间天国这一超越世俗的价值观。建设人间天国的终极使命，意味着企业必须能够为世俗世界做出贡献；而亲力亲为的技艺偏好、集体主义精神和组织能力则为美国企业实现"建设人间天国"目标的重要手段。其中，亲力亲为的技艺天赋强调了企业必须通过亲力亲为才能获得"领域知识"，才能做出有效决策；集体主义精神和组织能力则保证了美国企业能够撬动组织的整体力量。那么从制度逻辑视角来看，社会层面的清教文化影响了美国企业的行为逻辑，使得美国企业的行为逻辑中表现出典型的清教文化元素，也驱动了美国企业创建了美国制造系统、实现了美国企业的崛起。在清教文化影响下，美国企业的市场逻辑能够实现社会利益与企业利益的兼容，美国企业的专业逻辑会表现出更高的技术导向和集体主义导向，而不仅仅是专业管理导向的专业逻辑，从而使得美国企业能够有力地把握住第二次工业革命的历史机遇，推动美国企业的崛起。

霍博兄弟批判了股东至上的市场逻辑，以及管理专业化的专业逻辑对美国企业带来的巨大不利影响。当强调股东至上的市场逻辑，以及以商学院为载体的管理专业逻辑开始占据美国企业行为逻辑的主导时，美国企业也开始弱化清教文化的影响，也让美国企业从黄金时代走向了蝗灾时代。所以，美国企业的行为逻辑开始成为彰显股东至上的市场逻辑以及管理专业化的专业逻辑之间混合所形成的独特产物。霍博兄弟认为，当清教文化能够影响企业的市场逻辑和专业逻辑时，就驱动了美国企业的持续发展；而当清教文化被压制时，股东至上的市场逻辑和管理专业化（泰罗主义）的专业逻辑盛行，则造成了美国企业的衰落。

对于浙商而言，我们认为浙学传统是社会层面文化系统的重要组成部分，体现在场域层面为浙学传统文化。从性质上看，我们可以视之为类宗教逻辑。从内容角度来看，浙学传统可以概括为义利兼顾、包容创新、知行合一等三个方面（具体见本系列丛书的总序）。社会层面弥漫的浙学传统使得浙商的市场逻辑和社区逻辑能够有效地混合在一起，展现出浙商企业独特的行为逻辑。"经世致用"思想下，工商皆本与义利兼顾的思想，使得浙商把逐利目标视为理所当然：因为商业也是一种通往圣贤的有价值的路径，所以才会形成"遍地龙游"和"无宁不成市"的现象，由此而形成浙江的重商传统。当1978年中国提出改革开放政策之后，浙江人更是积极地去拥抱市场经济，进而形成了现代浙商的庞大群体。浙学传统中的"义利兼顾"思想，让浙商和浙江能够更容易接受"利益"的合法性，从而更早地拥抱市场经济，成为中国市场经济改革的先锋。当然，在义利兼顾的价值体系中，浙商除了逐利之外，也强调对"义"的追求，这也影响了浙商的社区逻辑。这种对"义"的追求，不仅体现为浙商在慈善方面的投入，强调对社区、产业和社会的贡献，同时也强调对"浙商群体"的承诺。 义利兼顾的浙学传统集中体现为浙商企业的组织使命陈述和核心战略方面。 包容创新、知行合一作为浙学传统的两个思想特点，也影响了浙商的市场逻辑和社区逻辑表现。 在市场逻辑方面，包容创新和知行合一让浙商企业展现出制度创业的巨大成就。 例如，温州八大王的实践、义乌小商品市场的发展、杭州互联网经济、浙江全球化发展的雄鹰行动，在很大程度上都是浙商制度创业的结果。 义乌小商品市场是义乌小商品城集团公司制度创业的结果，杭州物联网经济在很大程度上是阿里巴巴制度创业的结果，而浙商的全球化发展模式同样也是吉利、华立等在全球化领域制度创业的成果。

3.1.2 浙学传统下浙商的行为逻辑

浙商的行为逻辑集中体现为市场逻辑与社区逻辑的统一。 既然浙商是企业，那么市场逻辑必定是浙商行为的重要逻辑；与此同时，由于浙商同时嵌入社区之中，其生存和发展依赖浙商社区的支持，因而也必然受到社区逻辑的影响。 市场逻辑与社区逻辑共同构成浙商特有行为逻辑的两大基础性逻辑，其主要原因有二。

一是浙商的主体是民营经济，因而主要遵循市场逻辑获得生存与发展。改革开放之前和初期，国有企业与集体企业可以依托国家资源和集体资源来获得竞争优势，而浙商只能依托市场手段来整合资源、获得市场回报，所以浙商表现出来的市场逻辑较国有企业和集体企业而言更为纯粹。 当然这也与浙江省在改革开放初期国有经济和集体经济相对薄弱有关。 另外不得不说的是，在浙商的发展历史上也存在很多"戴红帽子"的案例，例如宗庆后创办的娃哈哈最初是校办企业，鲁冠球创办的万向集团最初也戴着集体经济的帽子。这一方面与改革开放初期市场经济还没有得到充分和全面的认可有关，所以为了保证企业生存与发展，就不得不通过"脱耦"（Meyer，Rowan，1977）的方式获得当时制度环境的合法性认可。 但是当环境发生变化之后，这些浙商企业就毅然选择了"脱帽"行为，以此践行市场逻辑。

二是浙江"七山二水一分田"的资源格局，使得浙商不得不依托群体和社区的力量来获得生存与发展，社区逻辑自然成为浙商行为逻辑中的关键基因。 由于浙江的物质资源相对匮乏，因而只能依赖群体获得资源。 典型的表现就是省内浙商的集群化发展和省外、国外高密度的浙商协会组织。 虽然集群化发展会带来彼此之间的剧烈竞争，但是集群化发展使得浙商能够通过群体努力建立较为完备的生产体系，从而获得外部规模经济。 这种集群化发展并非仅仅是集群企业之间的商业关系，同时背后更重要的是浙商企业间的地缘关联。 通常是一位浙商开始办企业，其亲朋好友都会开始做起配套和上下游的业务，当然也不乏直接从事竞争者的业务。 在省外、国外，浙商凭借走遍千山万水的"四千精神"，走出省界和国界开展异地发展。面对外来者劣势，浙商企业通常也都会形成高密度的浙商协会以实现相互扶持、共享资源，其中典型的就是温州商人和青田商人。 温州商人在国内兴办了诸多的"温州城"，在国外更是兴办了多种形式的协会组织。 青田是浙江省著名的侨乡，诸多青田商人在海外发展应对诸多困难的重要方法就是成立商会/协会。 所以，浙商这种"抱团发展"的行为逻辑，其本质就是社区逻辑。

浙商行为中所体现的市场逻辑与社区逻辑，在浙江区域文化中浙学传统的影响下，表现出浙商独特的行为模式。 浙学传统的义利兼顾、包容创新和知行合一的文化基因，让浙商在市场逻辑和社区逻辑的互动中推进企业的发展；在行为逻辑上，表现为目标维度市场利益与社区价值的统一，在手段维度上低调务实与开拓创新的统一。 其主要表现在以下方面：

第一，在目标维度上，追求市场利益与实现社区价值的统一。 市场逻辑强调利益的目标导向和效率的手段界定，以此形成自足的制度逻辑体系；社区逻辑强调社区共同价值以及相应的社区资格和社区规范。 在浙学传统的影响下，浙商开始同时追求市场利益和社区价值的统一发展，其典型就表现在温州模式和义乌模式。 在温州模式下，温州民营经济之所以能够崛起，不仅仅是改革开放初期温州区域集体经济相对薄弱，同时也在很大程度上受到了浙学传统中义利兼顾思想的影响，因而追求经济价值具有更高的文化合法性，进而温商能够乘势而起，成为最早拥抱市场经济的区域性商人群体。 义利兼顾的文化倾向在浙南特别是温州具有较大的影响力。 因此，追逐市场利益本身在温州区域就具有一定的合法性，因而温州八大王才能在当地做出较大的经济成果。否则，仅仅靠一个人，市场经济和企业行为根本无从践行。所以，温州商人的崛起，事实上是市场逻辑与社区逻辑结合所带来的产物。早期这些温州商人之所以能够"春江水暖鸭先知"，一方面，是由于温州商人天然地视"经济利益"为合法存在；另一方面，在物资相对短缺的时代，温州商人能够较为容易地在当地社区中获得民间借贷，以推动企业发展，即社区力量的支持。事实上，直到21世纪的今天，在温州区域还存在相对封闭的社区网络，两个典型的现象分别是，温州人之间彼此的借钱手续十分简单，甚至是只要打一张白条即可；温州人在婚嫁方面，依然存在较强的内部通婚倾向，即温州人更倾向于嫁/娶温州人。封闭的社区网络往往会催生较强的社区内部信任和社区身份认同，从而在改革开放初期极大地降低了内部交易成本，带动了温州商人的迅速发展。但是，这种相对封闭的社区逻辑也会因为过度强调当地社区身份和社区内部信任，从而难以有效吸纳社区外部的资源来推动温州商人的持续发展，特别是在吸引外部高端人才方面。因此，温州区域相对封闭的社区逻辑反而在一定程度上阻碍了温州企业和温州商人的持续发展。作为市场化进程第二阶段的义乌模式，义乌商人主要通过小商品城这一载体，并结合社区中区域政府的力量来实现快速发展。代表义乌模式的经典形象，就是作为县委书记的谢高华和义乌农民/商户的冯爱倩。作为市场逻辑代表的冯爱倩之所以能够"理所当然"地提出做生意的要求，其核心是认同经济利益，而作为社区逻辑代表的谢高华之所以能够做出"同意"的决断，相信在很大程度上也是认可经济利益，认为商户的经济利益在本质上与社区价值是内在统一的，即"义利兼顾"。义乌模式之所以能够凸显，并在很大程度上区别于温州模式，主要是社区逻辑的差异。谢高华所代表的区域政府在整个社区中扮演着重要角色，可以有效整合社区中来自政府的力量，有效推进支持义乌商人发展的基础设施，即义乌小商品城。因此，义乌模式中的社区逻辑通过利用和动员区域政府的力量，铺设了推动市场经济的公共设施，从而推动了义乌模式的迅速发展。义乌模式在义乌区域政府的积极推动下，义乌凭借小商品城及其不断地迭代更新，推动了义乌商人的发展；在数字经济时代，义乌区域政府也积极推进义乌的电商化转型，使得义乌商人能够在数字公共设施的支持下实现转型升级。对比温州模式和义乌模式，可以看出市场逻辑和社区逻辑并行推进了两个区域商人群体的发展，也可以看出两者在社区逻辑上的差异影响了两个区域商人群体的发展潜力。换句话说，温州模式下，温州商人把市场逻辑与社区逻辑内在统一在企业之内，而义乌商人则重点践行市场逻辑，让区域政府来重点践行社区逻辑。

第二，在手段维度上，追求低调务实与开拓创新的统一。为了有效实现经济利益和社区价值，浙商企业在手段上实现了低调务实和开拓创新的统一。从制度逻辑的角度，低调（low profile）是指行动者不会对自身行动做出过多的意义赋予，而仅仅聚焦于自身关注的核心价值。例如，很多浙商都认为，自己仅仅是一个生意人。务实（pragmatic）是指浙商更为关注指向其核心目标的行动本身，而不愿意开展更多仪式性的举动来彰显行动背后的特定意义。因此，低调强调的是意义聚焦，而务实强调的是行动聚焦，两者结合在一起，强调了浙商聚焦于实现其市场利益与社区价值的行动。低调务实在浙商行为中最集中的表现是"白天做老板、晚上睡地板"。这种行为模式，一方面表现了浙商行为中的奋斗精神和艰苦创业，另一方面也集中表明了浙商行为聚焦于自身的主航道，即市场逻辑和社区逻辑，对于一些仪式性和象征性的举动而相对不关注。但是低调务实的行动逻辑虽然能够让浙商聚焦于其主导逻辑，但是也会带来一些问题，如会因为忽视或者漠视其他制度逻辑的存在而给自身的发展带来问题。例如，浙商发展所带来的环境污染问题，虽然在以"五水共治"为代表的政策压力之下而不得不做出响应，但其本质是过于"务实"所致。与低调务实相对的，浙商也表现出显著的开拓创新的行为特质。所谓开拓创新，是指打破已有的认知和实践边界，走向认知和实践的无人区，创造新的认知和实践模式以谋求自身发展。开拓创新的重要表现是浙商的走出去实践。这一方面来自浙江"七山二水一分田"的省情，使得浙商不得不"走遍千山万水"来寻求生存空间；另一方面，浙商也在"走遍千山万水"的过程中，积累了"千山万水"的知识，收获了开拓创新的信心。浙商的低调务实与开拓创新是在"知行合一"思想下的统一，所以浙商的创新是在行动过程中实现的创新，浙商的行动则更多的是创新性知识积累下的行动。二者统一在一起，使得浙商的创新更具行动的稳健性和约束性，行动更具创新所赋予的突破性和坚决性，这就为浙商的持续发展同时提供了机会与挑战。由于浙商行动是特定目标导向的行动，这就需要打破环境的约束，以开展创新行动，所以"只要是规则没有规定不能做，都是可以做的"，所以浙商才能够在改革开放的初期率先拥抱市场经济，才能在国际化发展中大放异彩。 同时，由于浙商的创新认知主要来自行动，即"干中学"，自然也具有"干中学"所带来的不足，即创新为行动做约束，会由于路径依赖及其所带来的"行动坚决性"而难以开展真正的"颠覆性创新"。 事实上，这也是浙商在创新方面受到质疑的重要方面。

3.2 浙商海外直接投资的经济基础

一定的经济基础是企业海外直接投资的必要条件。 利用《浙江省统计年鉴》数据①，我们将对浙江省 2002—2016 年的主要宏观经济指标，包括GDP、人均 GDP、三个产业的产业结构、对外贸易情况、企业专利指标等经济发展指标进行刻度，以展示浙商海外直接投资的经济基础。

3.2.1 第一阶段（2002—2005 年）

改革开放以来，浙江凭借体制创新的先发优势积极调整产业结构，大力发展外向型、开放型经济，成为全国发展速度最快的地区之一。 2002—2005 年这一时间段，正处于国家"十五"计划发展时期，浙江省紧跟国家发展步伐，全省 GDP 呈现出较为强劲的增长势头。 2002 年全省国内生产总值为8003.67 亿元，到 2005 年全省实现国内生产总值 13417.68 亿元，年均增长率为 19％。 在人均 GDP 方面，2002 年人均 GDP 为 16841 元，2003 年达到20149 元，同比增长 20％，是第一阶段中增长速度最快的一年，随后 2004 年同比增长率为 18％，2005 年同比增长率为 14％，人均 GDP 达到 27062 元。如图 3-1、图 3-2 所示。

---

① 本部分数据主要来自《浙江省统计年鉴》，由于数据较多，后文不再一一注明。

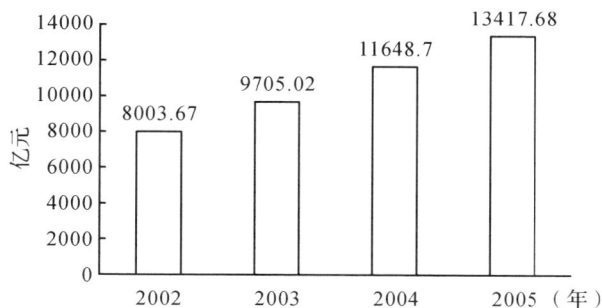

图 3-1　2002—2005 年浙江省国内生产总值(GDP)情况

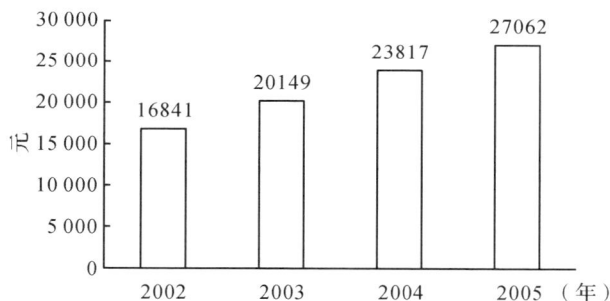

图 3-2　2002—2005 年浙江省人均 GDP 情况

在这一阶段，浙江省国内生产总值以及各产业生产总值发展情况，如图 3-3—图 3-7 所示。

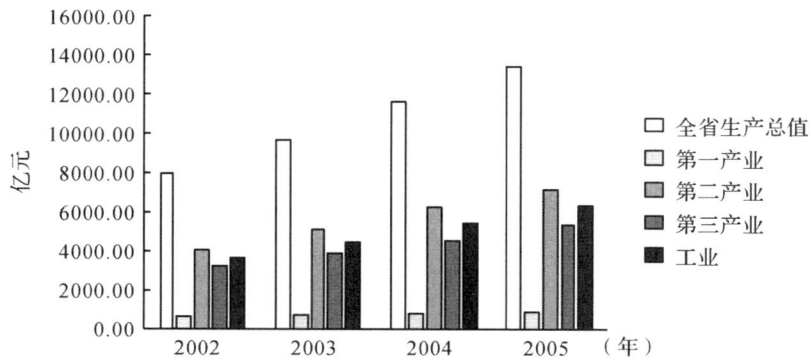

图 3-3　2002—2005 年浙江省生产总值情况

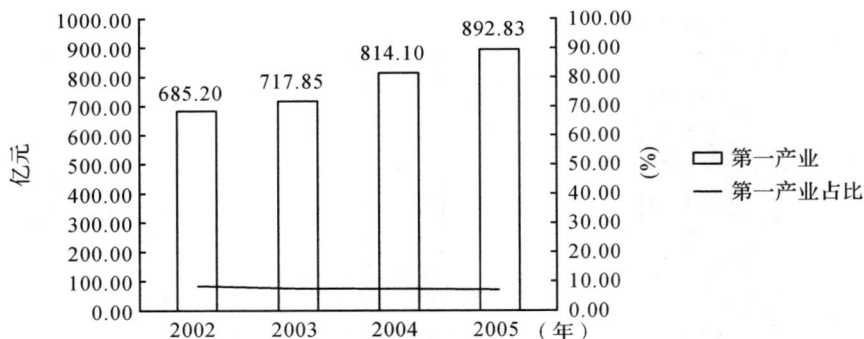

图 3-4 2002—2005 年浙江省第一产业生产总值情况

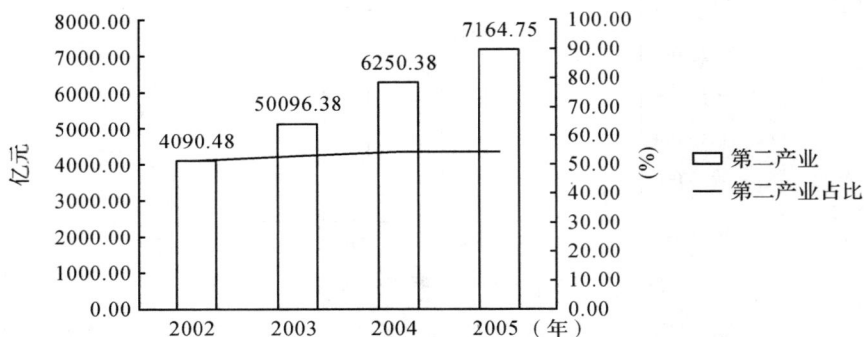

图 3-5 2002—2005 年浙江省第二产业生产总值情况

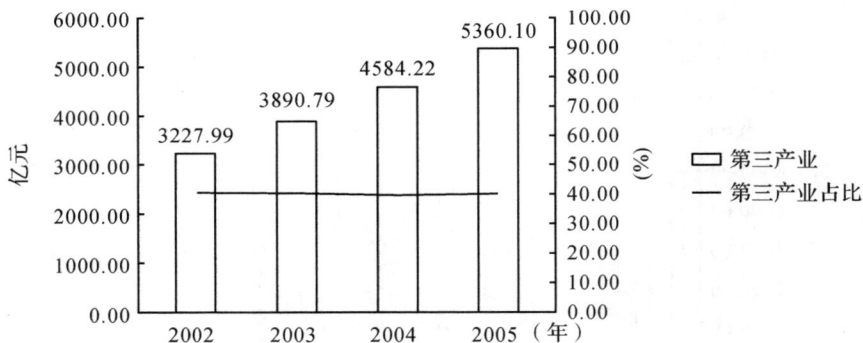

图 3-6 2002—2005 年浙江省第三产业生产总值情况

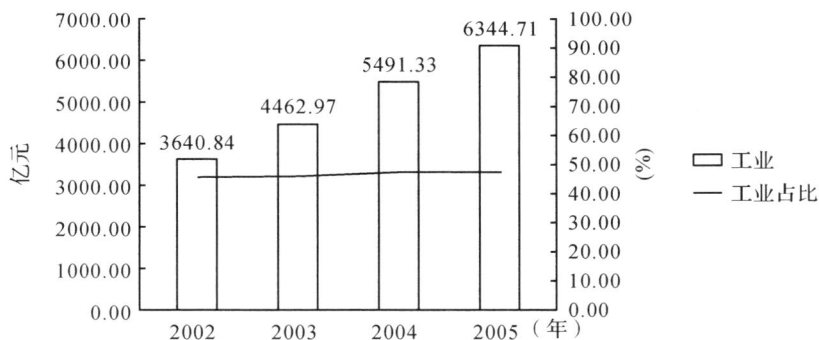

图 3-7　2002—2005 年浙江省工业生产总值情况

可以看出，在"十五"计划发展时期，浙江省产业结构在不断地进行调整和优化，2002 年第一产业生产总值为 685.20 亿元，占 GDP 的比重降到 9％以下，2003 年第一产业生产总值为 717.85 亿元，虽然总量在不断上涨，但该比重保持连续下降的趋势，至 2005 年第一产业生产总值为 892.83 亿元，占 GDP 比重仅为 6.65％。在该阶段，2002 年第二产业生产总值为 4090.48 亿元，至 2005 年第二产业生产总值达到 7164.75 亿元，第二产业年均占 GDP 比重约达 53％。与此同时，2002 年第三产业生产总值为 3277.99 亿元，至 2005 年第三产业生产总值达到 5360.10 亿元，第三产业年均占 GDP 比重为 40％。整体来看，第二、三产业在该阶段调整幅度不大，整体发展较为平稳。其中，浙江工业发展积极适应宏观环境和经济形势的变化，进一步落实科学发展观，坚持走新型工业化道路，取得了较大成就，在"十五"计划发展阶段，浙江省工业生产总值稳步提高，2002 年工业生产总值为 3640.84 亿元，占 GDP 比重为 45.49％；至 2005 年工业生产总值达到 6344.71 亿元，占 GDP 比重为 47.29％。

2003 年，时任浙江省委书记习近平提出了作为浙江省域治理总纲领和总方略的"八八战略"，对浙江未来的发展做出了全面规划和顶层设计，浙江经济不断追求更高质量和效益的发展目标，而对外贸易始终是浙江省经济发展的重要支柱之一。进入"十五"计划发展阶段，浙江省贸易进出口更是不断攀升。如图 3-8 所示，2002 年浙江省进出口总额为 3472.74 亿元，2003 年进出口总额达到 5082.97 亿元，增幅 46％；到 2005 年进出口总额超过 8700 亿元，是 2002 年进出口总额的 2.5 倍。与此同时，如图 3-9 所示，货物进出

口总额也连续上涨,2002 年浙江省货物进出口总额约为 420 亿美元,2003
年约为 614 亿美元,同比增长 46%;2004 年货物进出口总额约为 852 亿美
元,同比增长 39%;2005 年货物进出口总额约达到 1074 亿美元,同比增长
26%,约为 2002 年货物进出口总额的 2.6 倍。 可以看出,在第一阶段,浙
江省进出口总额与货物进出口总额增长步伐相当一致,各年增长率几乎保持
在同一步调上。

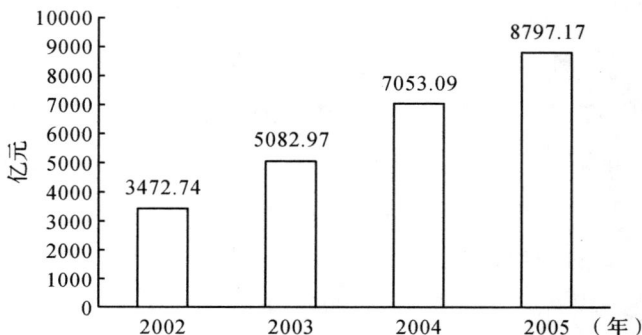

图 3-8   2002—2005 年浙江省进出口总额情况

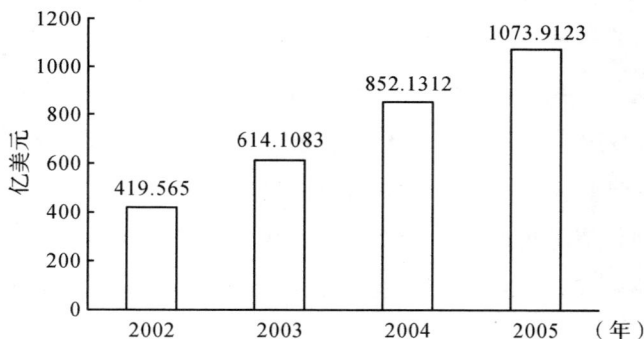

图 3-9   2002—2005 年浙江省货物进出口总额情况

如图 3-10 所示,"十五"以来,浙江省专利工作表现突出,专利事业发展
迅速。 根据浙江省科学技术厅报告,截至 2005 年底,浙江省累计申请专利
181097 项,授权专利 104826 项。 其中 2004 年全年专利申请量为 25294 项,
2005 年全年专利申请量达到 43221 项,同比增长 70.87%,比 2000 年增长
318.97%;授权量 19056 项,比 2000 年增长 154.25%。 2004 年、2005 年两
年的专利申请量、授权量均居全国各省(自治区、直辖市)第二位。 在该阶

段,"十五"专利规划所设定的主要指标全部达到,浙江省专利工作呈现健康
发展的良好局面。

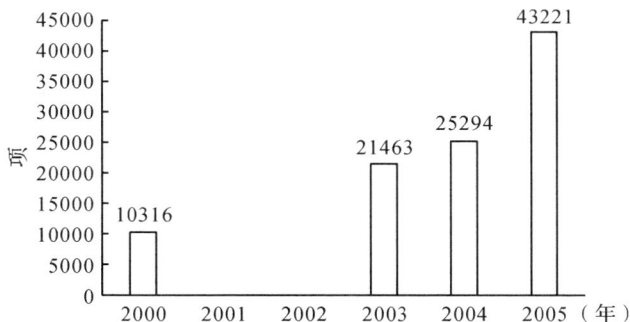

图 3-10　2000—2005 年浙江省专利申请量情况

备注:2001 年、2002 年数据缺失

3.2.2　第二阶段(2006—2010 年)

(1)国民生产总值(GDP)

如表 3-1、图 3-11 所示,在 2006—2010 年这五年间,浙江省国民生产总值
保持整体上升趋势,除 2009 年以外,浙江省每年的同比增长幅度都达到两位
数,同时也超过了同一时期全国 GDP 的增长幅度。 从增长幅度来看,受
2008 年金融危机影响,浙江省在 2009 年的同比增长幅度为近五年来最低水
平,仅仅只有 7.12%,但在 2010 年又恢复到 20.58%。 综上所述,浙江省整
体经济状况稳中向好,虽然受金融危机影响但恢复能力较强,在总体上具有较
强的柔韧性。

表 3-1　2006—2010 年浙江省 GDP 情况

年份	2006	2007	2008	2009	2010
GDP(亿元)	15718.47	18753.73	21462.69	22990.35	27722.31
同比增长(%)	17.15	19.31	14.44	7.12	20.58

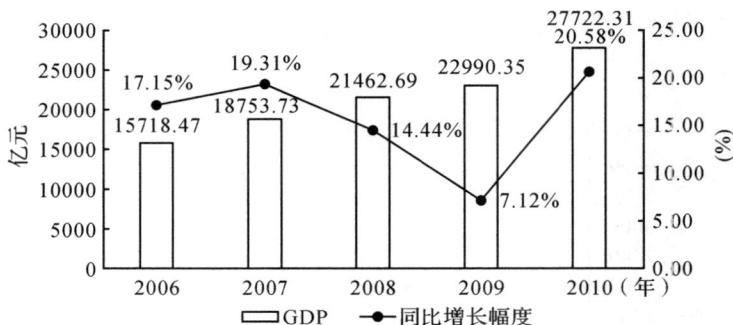

图 3-11 2006—2010 年浙江省 GDP 情况

（2）人均国民生产总值（人均 GDP）

如表 3-2、图 3-12 所示，可以看出浙江省 2006—2010 年间人均 GDP 的总体情况和增长幅度。

表 3-2 2006—2010 年浙江省人均 GDP 情况

年份	2006	2007	2008	2009	2010
人均 GDP（亿元）	31241	36676	41405	43857	51758
同比增长（%）	15.44	17.40	12.89	5.92	18.02

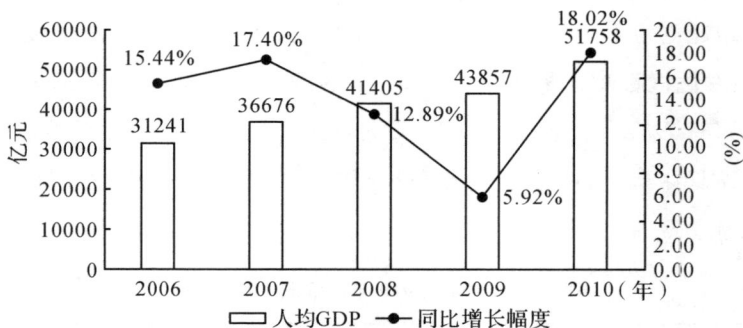

图 3-12 2006—2010 年浙江省人均 GDP 情况

在这一阶段浙江省人均 GDP 从最初的 31241 元增长为 51758 元，在五年内上涨了超过 20000 元，这种整体的增长幅度十分惊人。再将目光聚集到人均 GDP 的同比增长上，首先，该指标的同比增长除 2009 年以外都达到了两位数，从数据上看，浙江省人均 GDP 随着经济的发展而稳步推进；其次，再将这一指标的同比增长幅度与全省 GDP 增长幅度相比,不难发现,人均 GDP 的增长幅度每年都要小于全省 GDP 的同比增长幅度,差距大约保持在 2% 的水准,人均 GDP 的增长要小于全省 GDP 的增长,这一现象值得警惕。 在保持经济整体运行良好的情况下,要更加重视个体层面的经济发展,将经济发展带来的红利更加实在地分配到每一个个体。

(3)进出口总额

如表 3-3、图 3-13 所示,可以看出 2006—2010 年浙江省货物进出口总额的总体情况及其同比增减趋势。

表 3-3   2006—2010 年浙江省货物进出口总额情况

年份	2006	2007	2008	2009	2010
进出口总额(亿元)	11092.51	13448.16	14661.75	12824.17	17162.92
同比增长(%)	26.09	21.24	9.02	-12.53	33.83

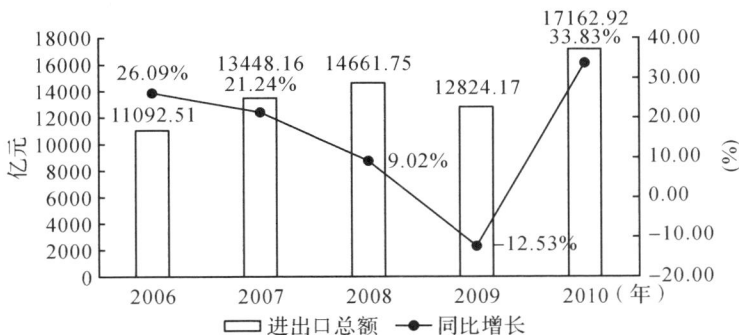

图 3-13   2006—2010 年浙江省货物进出口总额情况

浙江省一直是我国重要的出口大省,早在 2006 年浙江省货物进出口总额就已经达到了 11092.51 亿元人民币,在"十一五"规划期间,进出口总额将近增长了 50%(从 2006—2010 年),这一成绩是值得肯定的。 金融危机对我国进出口量的影响巨大,浙江省当然也不例外,进出口总额在 2008 年增长幅度急剧下降,甚至 2009 年出现了负增长,进出口经济的发展不仅扎根于本国经济、产业等发展情况,还因为世界经济全球化的深入发展,进出口业务受国

际经济的影响更加巨大。 这提示浙江省企业,尤其是进出口企业需要密切关
注国际经济的风云变幻,做好充分的准备迎接机遇和挑战。

(4)货物进出口总额

如表 3-4、图 3-14 所示的是 2006—2010 年浙江省货物进出口总额的整体
情况和增长幅度的变化趋势。

表 3-4　2006—2010 年浙江省货物进出口总额情况

年份	2006	2007	2008	2009	2010
货物进出口总额(亿美元)	1391.469	1768.563	2111.093	1877.349	2535.331
同比增长(%)	29.57	27.10	19.37	−11.07	35.05

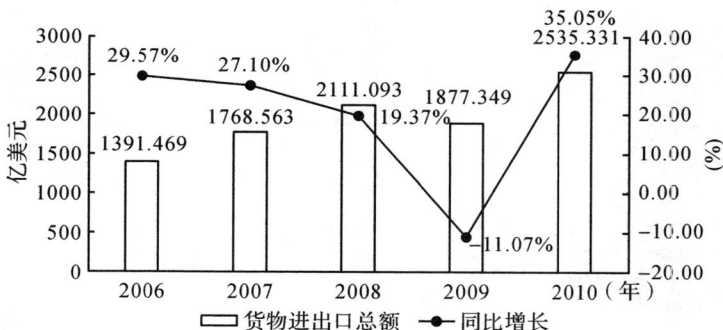

图 3-14　2006—2010 年浙江省货物进出口总额情况

与上述所有时期一样,由于受金融危机等影响,2008 年货物进出口总额
同比增长处于这一时间段内最低水平,2009 年同比增长出现负增长现象。 与
进出口总额反映的总体情况相比,货物进出口总额更加直观地反映了实体经
济的进出口情况,浙江省在这一段时间内实体经济的进出口业务表现十分强
劲,除了 2009 年以外都有达到两位数的同比增长幅度,大大超越了浙江省总
体进出口额同期的增长幅度。 实体经济是国民经济的基础,是真正创造财富
的经济形态。 所以怎样重视实体经济的发展都不为过,重视实体经济的进出
口业务将有利于浙江省进出口情况的发展,同时也能为浙江省总体经济的发
展带来贡献。

（5）三大产业结构

如表 3-5、图 3-15 所示，从产业层面观察，在 2006—2010 年的五年内，浙江省产业发展是以第二产业为主；以第三产业为辅的发展模式，其中第二产业占全省 GDP 的总比重在 50％ 以上，在三大产业中处于核心地位，符合产业结构的基本规律。 从时间层面观察，第一产业和第二产业的占比在这五年内逐渐呈现下降趋势，但这种下降幅度较小；反观第三产业，在这五年内比重呈现上升趋势，因此浙江省第一和第二产业的产能有向第三产业调整的趋势。 这一现象符合经济发展的规律。 研究表明，发达国家的第三产业比重都在 50％ 以上，浙江省这种产业结构仍然相对落后但是发展方向基本正确，产业结构总体朝着稳中向好的方向发展。

表 3-5　2006—2010 年浙江省三大产业结构情况

年份	第一产业（亿元）	第二产业（亿元）	第三产业（亿元）	第一产业比重（％）	第二产业比重（％）	第三产业比重（％）
2006	925.10	8511.51	6281.86	5.89	54.15	39.96
2007	986.02	10154.25	7613.46	5.26	54.15	40.59
2008	1095.96	11567.42	8799.31	5.11	53.90	40.99
2009	1163.08	11860.16	9975.01	5.06	51.57	43.37
2010	1360.56	14187.36	12199.74	4.90	51.13	43.97

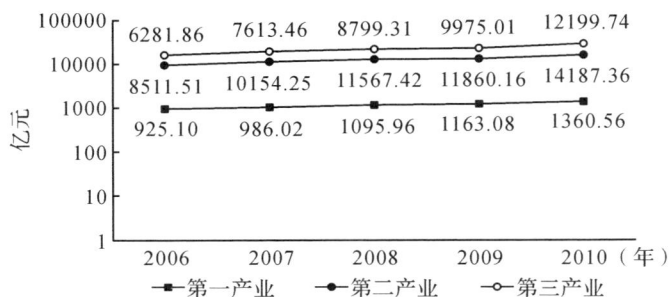

图 3-15　2006—2010 年浙江省三大产业结构情况

(6)专利申请与授权量

在"十一五"规划期间，浙江省专利申请与授权总量在五年之内翻了一番，呈现出爆发式的增长。 如表 3-6、图 3-16 所示，在 2006—2008 年的三年内，浙江省专利申请与授权总量的增长速度较快，在 2009—2010 年两年时间内，这种增长逐渐减慢。 从这一现象中可以了解到，浙江省企业在这五年内十分重视专利的申请，且政府也同样对专利的授权予以关注，申请和授权是企业、政府在激发创新上的互相合作，表明浙江省在这五年内创新能力有了很大的提高，这对企业和政府来说都十分有利。

表 3-6　2006—2010 年浙江省专利申请与授权量情况

年份	2006	2007	2008	2009	2010
合计(项)	52975	68933	89965	108563	120782
同比增长(%)	22.57	30.12	30.51	20.67	11.26

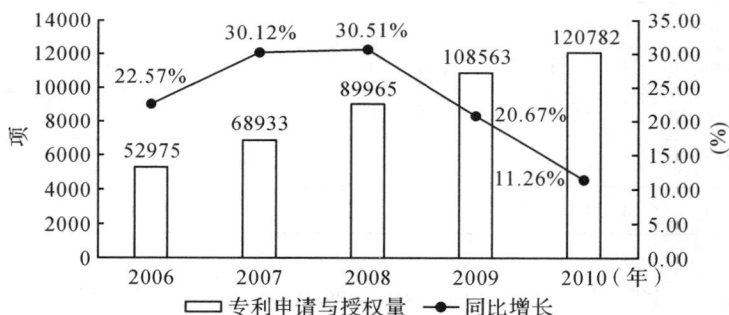

图 3-16　2006—2010 年浙江省专利申请与授权量情况

3.2.3　第三阶段(2011—2016 年)

(1)国民生产总值(GDP)

如表 3-7、图 3-17 所示，可以看到，从 2011 至 2016 年，浙江省的 GDP 一直呈现上升趋势。 从 2011 年 32318.85 亿元到 2016 年的 47251.36 亿元，短短六年的时间，浙江省的 GDP 就上升了超过万亿元人民币，由此也可以看出浙江省经济发展的迅猛势头。 同时，这也是我国经济发展的一个缩影。

表 3-7　2011—2016 年浙江省国民生产总值情况

年份	2011	2012	2013	2014	2015	2016
GDP(亿元)	32318.85	34665.33	37756.58	40173.03	42886.49	47251.36
同比增长(％)	16.57	7.26	8.92	6.40	6.75	10.18

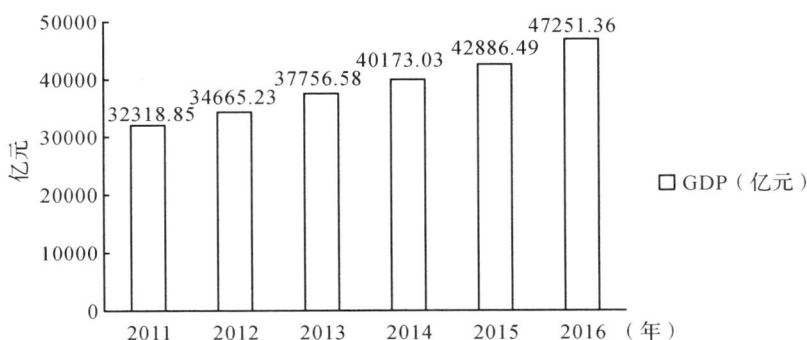

图 3-17　2011—2016 年浙江省国民生产总值情况

(2)人均国民生产总值(人均 GDP)

浙江省的人均 GDP 也是一直呈现出上升的势头。 如表 3-8、图 3-18 所示，2011 年的人均 GDP 为 59331 元，到 2016 年就达到了 84916 元，增长了2.5 万多元。 并且，从同比增长率也可以看出，2016 年的增长幅度是最大的，涨幅超过了 9％。

表 3-8　2011—2016 年浙江省人均国民生产总值情况

年份	2011	2012	2013	2014	2015	2016
人均 GDP(元)	59331	63508	68805	73002	77644	84916
同比增长(％)	14.63	7.04	8.34	6.10	6.36	9.37

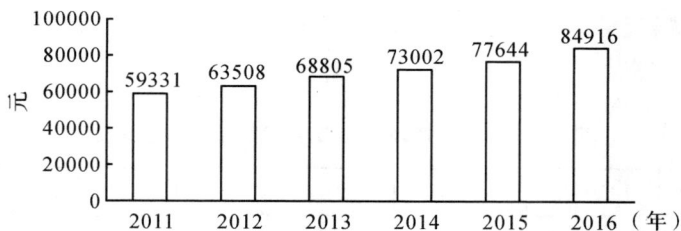

图 3-18　2011—2016 年浙江省人均国民生产总值情况

（3）进出口总额

浙江省一直在大力发展对外贸易，不过涨幅不稳定，个别年份贸易额会上升，而有的年份会下降。 如表 3-9、图 3-19 所示，2011 年进出口总额为19982.09 亿元，2015 年进出口总额为 21562.18 亿元。 在这五年中，总体呈上升趋势，但是在 2012 年和 2015 年都出现了负增长趋势。

表 3-9　2011—2015 年浙江省进出口总额情况

年份	2011	2012	2013	2014	2015
进出口总额（亿元）	19982.09	19720.42	20794.72	21816.81	21562.18
同比增长（%）	16.43	−1.31	5.45	4.92	−1.17

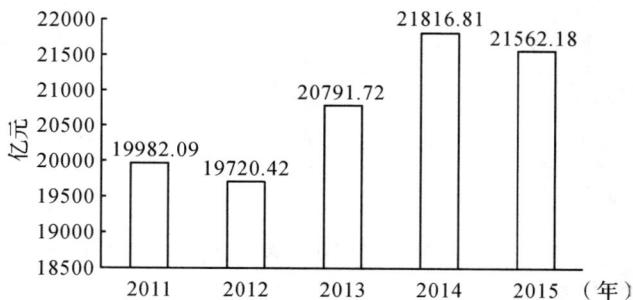

图 3-19　2011—2015 年浙江省进出口总额情况

（4）货物进出口总额

2011—2015 年浙江省货物进出口总额的总体趋势呈现出上升趋势。 如表3-10、图 3-20 所示，从 2011 年的 3093.778 亿美元到 2015 年的 3474.079 亿美元，其中 2011—2014 年货物进出口总额都在逐年递增。 但是相比于 2014

年，2015 年的货物进出口总额出现了下降的趋势，这也是这五年来首次出现货物进出口总额下降。

表 3-10　2011—2015 年浙江省货物进出口总额情况

年份	2011	2012	2013	2014	2015
货物进出口总额(亿美元)	3093.778	3124.028	3357.887	3550.489	3474.079
同比增长(%)	22.03	0.98	7.49	5.74	2.15

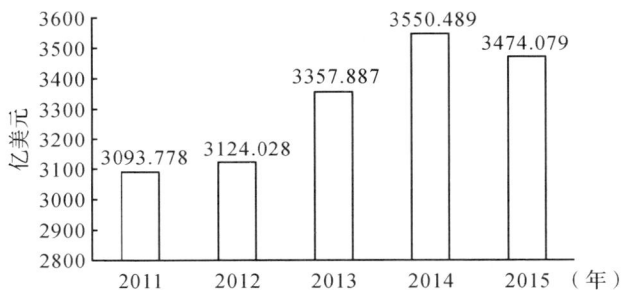

图 3-20　2011—2015 年浙江省货物进出口总额情况

(5)工业总产值

关于浙江省 2011—2016 年工业总产值的变化情况，如表 3-11、图 3-21 所示。从统计图可以看出，这几年浙江省的工业总产值总体呈现上升趋势，但是上升幅度较小，尤其是 2014—2016 年。2011 年浙江省工业总产值为 56406.06 亿元，2016 年为 68953.4 亿元。其中 2015 年出现了负增长，也是这几年中唯一出现负增长的一年。

表 3-11　2011—2016 年浙江省工业总产值情况

年份	2011	2012	2013	2014	2015	2016
浙江省工业总产值(亿元)	56406.06	59124.16	62980.29	67039.78	66818.95	68953.40
同比增长(%)	9.75	4.82	6.52	6.45	3.29	3.19

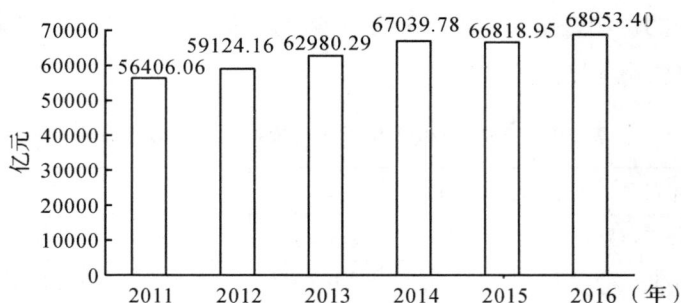

图 3-21　2011—2016 年浙江省工业总产值情况

(6)农林牧渔业总产值

如表 3-12、图 3-22 所示，连续六年来浙江省农、林、牧、渔业总产值都呈现出上升的趋势，其中涨幅最大的是 2013 年，同比增幅为 6.72％，几乎为 2014 年、2015 年、2016 年 3 年增长幅度的总和。 当然，相比于浙江省的工业生产总值，农、林、牧、渔业总产值对于 GDP 的贡献相对较小。

表 3-12　2011—2016 年浙江省农林牧渔业总产值情况

年份	2011	2012	2013	2014	2015	2016
浙江省农、林、牧、渔业总产值(亿元)	2534.90	2658.66	2837.39	2844.59	2933.44	3038.49
同比增长(％)	16.66	4.88	6.72	0.25	3.12	3.58

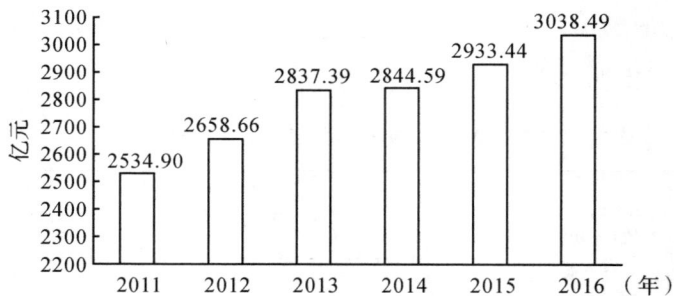

图 3-22　2011—2016 年浙江省农林牧渔业总产值情况

(7)三大产业结构

关于浙江省三大产业的生产总值，如表 3-13、图 3-23 所示。 相对于第二产业和第三产业，第一产业占比明显特别低，并且这七年来第一产业一直是占比最小的。 在 2011—2013 年，第二产业占比是三个产业中最大的，但是这三年来，第三产业和第二产业的差距一直在缩小。 2014—2017 年，第三产业在三大产业中的占比最大，并且它和第二产业的差距一直在拉大。 综合这几年情况来看，第一产业在三大产业中占比一直是最小，并且其占比逐年递减，第三产业在三大产业中的占比一直在增大，从 2011 年占比不足 45％到 2017 年占比超过 50％。 这种现象也在向我们展示浙江经济结构的转型，从第二产业逐步向第三产业过渡。 当然，第二产业和第三产业一直都是浙江省经济的主要来源。

表 3-13　2011—2017 年浙江省三大产业结构

年份	第一产业（亿元）	第二产业（亿元）	第三产业（亿元）	第一产业占比（％）	第二产业占比（％）	第三产业占比（％）
2011	1583.04	16331.27	14449.07	4.89	50.46	44.65
2012	1667.88	17000.09	16071.16	4.80	48.94	46.26
2013	1760.34	18047.52	17948.72	4.66	47.80	47.54
2014	1777.18	19175.06	19220.79	4.42	47.73	47.85
2015	1832.91	19711.67	21341.91	4.27	45.96	49.77
2016	1965.18	21194.61	24091.57	4.15	44.86	50.99
2017	1933.92	22232.08	27602.26	3.74	42.95	53.31

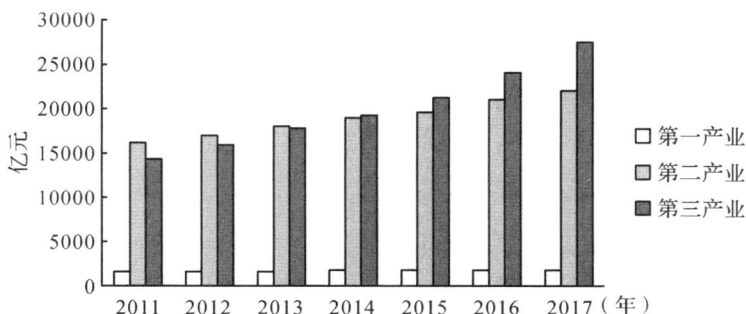

图 3-23　2011—2016 年浙江省三大产业结构情况

(8)专利申请与授权量

浙江省是一个研发大省,其创新能力在中国名列前茅,专利申请数量就是其创新能力的一个重要体现。 如表 3-14、图 3-24 所示,2011—2017 年,浙江省专利的申请数量总体呈现出上升趋势,其中 2016 年专利申请数量最多,达到了 393147 项。 2011 年涨幅最大,超过了 46%。 2014 年和 2017 年这两年出现了负增长的现象,但是 2017 年的专利申请数量依然很多,仅次于 2016 年。 申请专利的兴起,说明浙江省的自主创新能力正在逐步增强,专利保护意识也在逐步增强。

表 3-14　2011—2017 年浙江省专利申请情况

年份	2011	2012	2013	2014	2015	2016	2017
申请量合计(项)	188081	249373	294014	261434	307263	393147	377115
同比增长(%)	46.61	40.82	17.9	−11.08	17.53	27.95	−4.08

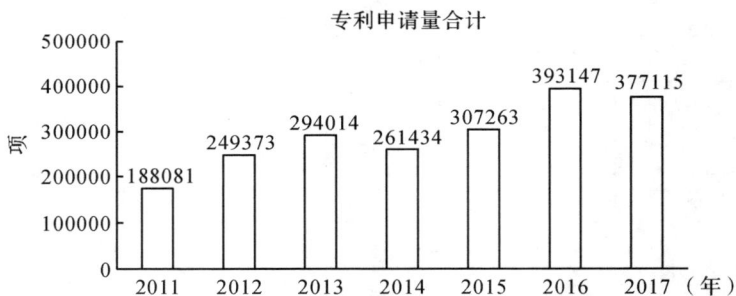

图 3-24　2011—2017 年浙江省专利申请情况

3.3　浙商海外直接投资的政策环境

根据政府政策资料的可得性,我们主要对 2002—2016 年浙江省在推进浙商海外直接投资方面的政府政策进行了梳理。 考虑到时间跨度较大,我们主要以五年规划为阶段划分标准,最终细分为三个阶段,即 2002—2005 年、2006—2010 年、2011—2016 年。 如表 3-15 所示,对于政策环境分析,我们主要利用 2002—2016 年《浙江省商务年鉴》所提供的政策文献及相关的讲话，通过词频分析方法进行文本分析①。 在具体文本选择方面，我们重点选择了相关政策文件的标题为内容分析的原始材料，并根据文本分析所归纳的关键词来判断三个阶段浙江省政府政策的聚焦点和发力点。

表 3-15 2002—2016 年《浙江省商务年鉴》资料分析结果

2002—2005 年			2006—2010 年			2011—2016 年		
关键词	次数	频率	关键词	次数	频率	关键词	次数	频率
外经贸	61	1.8609	发展	37	1.9372	企业	43	1.5346
发展	58	1.7694	工作	33	1.7277	发展	40	1.4276
工作	55	1.6779	外资	24	1.2565	服务	40	1.4276
经济	37	1.1287	出口	23	1.2042	外贸	39	1.3919
出口	35	1.0677	建设	23	1.2042	工作	38	1.3562
投资	31	0.9457	外经贸	23	1.2042	跨境	37	1.3205
提高	27	0.8237	加强	20	1.0471	电商	36	1.2848
产品	25	0.7627	服务	19	0.9948	走	34	1.2134
外资	25	0.7627	提高	19	0.9948	出去	34	1.2134

注：基于 2002—2016 年《浙江省商务年鉴》资料，由作者通过文本分析法整理所得。

3.3.1 第一阶段（2002—2005 年）

自从 2001 年中国加入世界贸易组织，中国经济与世界经济变得息息相关、相辅相成。 浙江省作为发展大省不可避免地会受到加入世贸组织的影响，在这样的大环境下不断促进经济发展。 在第一个阶段，浙江省主要是强调保持外贸出口的增长趋势，通过出口增加推动国民经济的高速发展。 因为外贸出口是拉动国民经济发展的主要动力之一，是浙江经济持续增长的关键，事关浙江经济发展的全局。 浙江经济要想能够在未来更加高效高质地发展，外贸出口必须承担起挑大梁的重任。

首先，强调完善软环境。 对软环境的完善，集中体现在对外贸易出口的

① 本部分数据主要来自《浙江省商务年鉴》，由于资料引用较多，就不再一一注明。

政策扶持力度上，政府部门及时制定和完善有利于对外开放、对外贸易发展、促进国民经济增长的相关政策。 国家和各相关部门不断完善对外贸易发展促进政策，优化政策结构，突出扶持重点；并且要积极向国家争取有利于外贸发展的政策，努力在提高出口退税率、稳定人民币汇率、降低出口规费等方面做好建议和推动工作。 同时积极与相关部门沟通协调，加大对外贸稳定发展的支持力度，减轻与出口企业密切相关的部分税费负担，优化外贸促进政策，以企业普遍受惠为原则完善外贸促进政策体系。 此外，加强政策宣传至关重要，继续深化开展政策宣讲和送服务活动，指导企业用好用足各类政策，才能切实帮助企业渡过难关，力保外贸平稳较快增长，防止出口出现更大的回落。

其次，强调加快调整出口商品结构。 出口商品结构调整对浙江省对外贸易发展至关重要，因此政府对这种调整予以高度重视，积极促进外贸发展逐步从"量的扩张"向"质的提高"转变。 对轻纺、服装等劳动密集型传统产品，着力提高质量和档次，培植出口知名品牌，增强国际市场竞争力。 对机电产品、高新技术产品和农产品，加快产品升级换代，增加出口商品附加值，尤其是机电产品出口在全省出口中的地位举足轻重，应切实加强机电产品出口生产体系建设。 为了进一步促进浙江省机电产品出口，相关部门提出了发展意见：坚持以质取胜和科技兴贸战略，推动机电产品出口企业调整出口商品结构；强化机电产品出口生产体系建设，促进机电产品生产企业国际竞争力的提高；转变政府职能，继续改善机电产品出口的体制环境等。

最后，强调改善经营环境。 自从中国加入世贸组织以来，浙江省遭受的贸易摩擦案件数量在不断增长。 因此，积极应对贸易摩擦，建立贸易壁垒预警和应对机制是当务之急，这也是实现外贸出口持续增长的重要保证。 一方面，要有防患于未然的远见，加强贸易预警机制建设，对于重要的敏感的进出口商品要保持警惕，必要的时候对重点贸易摩擦进行全程跟踪，推动建立公平信息交流平台，及时向企业发布重要信息。 另一方面，对于已经发生的贸易摩擦，引导各类企业、商（协）会积极参与对外贸易摩擦解除工作，加强与主要贸易伙伴的协调，争取用磋商的方法解决贸易争端和摩擦。

3.3.2　第二阶段(2006—2010 年)

2006 年中国开始了第一个"十一五"计划,浙江企业积极贯彻落实科学发展观,始终把发展放在重要位置,依然强调通过出口拉动经济增长,但是这一阶段外资在浙江经济发展中的作用发挥得越来越明显,如何提高利用外资水平已成为首要问题。 在新的利用外资理念指导下,浙江在全国首创量质并举利用外资工作长效机制,推出了一系列工作创新。 第一,注重扩大对外开放的力度。 一方面,不断推进实施对外开放政策,只有开放的政策才能吸引到越来越多的外资企业前来投资,也才能不断甄别和筛选出优良的投资,提高利用外资的水平。 另一方面,要想引进优质的投资,首先必须自身变得优秀。 浙江企业不断学习并且积极借鉴国外的先进技术和成功的管理经验,在不断摸索的过程中形成独特的经济优势,从而加快产业升级,实现经济增长方式从量的扩张到质的提高的改变。

加强投资环境建设。 进一步加强外商投资环境建设是扩大利用外资的重要前提条件,只有投资环境良好,利用外资的规模才有可能更大。 对于投资环境的建设主要包括"硬环境"(物质环境)和"软环境"(社会环境)这两个方面,其中"硬环境"主要强调基础设施建设,但是在硬件设施差距逐渐缩小的今天,招商引资更重要的是依靠服务。 也就是说,服务水平越高效优质,就越能吸引外来投资者,因此"软环境"建设显得尤其重要。 具体包括:打造公平公正的法制环境,要坚决杜绝一切不合法的行为,保证行政执法的公开透明,强化社会治安保证企业稳定,使投资者"投资放心""工作舒心";着力营造诚实守信的投资环境,政府要防止出现官僚主义现象,各企业要秉承诚信经商的原则,避免破坏投资环境等。

3.3.3　第三阶段(2011—2016 年)

2008 年,波及全球市场的次贷危机的爆发,导致全球市场的持续低迷,对外产业也进入了一段严冬期。 经过近两年时间的发展,对外经济逐渐重回正轨,重新踏上快速发展之路。 2011 年中国开始了"十二五"计划,浙江企业积极响应政府的政策号召,创新对外发展形势。

(1)跨境电商

纵览 2011—2016 年浙江省商务厅发布的相关政策及重要文件，几个关键词频频出现。首要的便是跨境电商。浙江省的对外经济发展顺应时代潮流，搭上了电子商务的快车，以阿里巴巴为首的一批民营企业瞄准了跨境电商这一蓝海。以阿里巴巴的速卖通为典型代表，目前浙江省从事跨境电商的经营主体有 3 万多个，在各大跨境电商平台上开设的各类网店已超过 30 万家，如 eBay 有 2 万家左右的中国大陆卖家，其中 30% 是浙江企业；在阿里速卖通平台上的卖家主要集中在浙江和广东，其中活跃的义乌卖家就有 1.7 万家。

同时，浙江省各地的产业集群使得发展电商优势巨大。2015 年，国务院批复设立中国（杭州）跨境电商综合试验区；2016 年，宁波列入第二批跨境电商试验区，余杭区、义乌市等省内 25 个县（市、区）已根据当地产业特色，与速卖通、亚马逊等平台合作推进跨境电商业务，发动上、下游产业链开展跨境电商零售，使更多的浙江企业通过跨境电商来拓展销售渠道，将浙江制造和浙江品牌推向世界。

截至 2017 年，浙江省实现跨境电商零售进出口总额 603.9 亿元，增长 49.6%，其中：跨境电商零售出口 438.1 亿元，增长 37.2%；跨境电商零售进口 165.8 亿元，增长 96.6%。从主要地区看，金华市、杭州市、宁波市等三地的跨境电商零售出口额居全省前三，占比分别为 55.1%，19.3%，9.1%，占全省跨境网络零售出口的 83.6%。（数据均来源浙江省商务厅）

(2)对外服务贸易

服务贸易是一国的法人或自然人在其境内或进入他国境内向外国的法人或自然人提供服务的贸易行为，主要指不涉及具体产品的贸易输出，其中以文化产业、教育产业、软件信息等为典型代表。

浙江省服务贸易的发展起步于 20 世纪 90 年代中期，近二十年来一直保持稳步增长。当前，随着信息时代的发展，互联网经济将成为未来发展的重中之重。浙江省顺应时代发展潮流，提出将大力发展以数字经济为核心的新经济，为计算机和信息服务出口这一浙江服务贸易第一大出口领域打开更大的空间。

同时,浙江省也在大力推进服务贸易改革创新。 从典型来看,当前浙江省拥有杭州服务贸易创新发展试点,杭州和宁波这两个国家级服务外包示范城市,正通过制度创新、模式创新为服务贸易的发展提供强大动力。 教育服务是浙江服务贸易蓬勃的新兴领域中的一大代表。 相比于传统的运输、建筑等领域的平稳发展,近年来,以教育领域为代表的一些新兴领域的发展令人惊喜。 2017 年,文化服务、国际海事服务等新兴领域平均增幅超 20%,占比更已超全省服务贸易总量的 40%。

浙江省服务贸易的快速发展,也带动了制造业的转型升级。 越来越多的企业意识到制造业正在从"卖产品"转变为"卖服务",只有通过服务不断增加附加值,才能提升企业竞争力,加快转型升级。

(3)境外经贸合作园区

面对境外市场瞬息万变的特征,企业想要在充分预测的基础上实现对其变化趋势的把握,必须明确知晓该国的商贸政策体系、市场需求特征、文化习俗,甚至是政治环境,进而通过与相关部门、企业的交流而实现资本的入驻。 仅凭一个企业单打独斗,是难以真正融入境外市场的,更是无从谈及对境外市场份额的有效占据。 在这种需求的催生之下,境外经贸合作区应运而生。 境外经贸合作区借鉴国内特区发展经验,主张改变传统的任由单一企业单打独斗式的投资模式,取而代之以"抱团"发展,增强企业融入东道主市场的能力和风险抵御能力,强化了企业在国际市场的话语权。 浙江省通过近几年的政策引导与支持,形成了以泰国泰中罗勇工业园区为代表的一批发展势头迅猛的境外工业园区,开创了抱团出海的企业走出去新模式。

截至目前,浙江省已经审批核准的境外经贸合作区数量达 7 个,其中:国家级 4 个,分别是俄罗斯乌苏里斯克经贸合作区、泰中罗勇工业园区、越南龙江工业园和墨西哥中国/宁波吉利工业经济贸易合作区;省级 3 个,分别是越美/尼日利亚纺织工业园、乌兹别克斯坦鹏盛工业园和博茨瓦纳经贸合作区。 综合来看,浙江省设立的境外经贸合作区多选择在经济不太发达、土地闲置、文化相似的国家和地区。 目前设立的境外经贸合作园区的定位主要是以利用当地要素优势，建成中国优势产业在当地的产、供、销集群中心为主。

以泰国泰中罗勇工业园区为例，泰中罗勇工业园区的定位是建成中国传统优势产业在泰国的产业集群中心与制造出口基地，最终形成为集制造、会展、物流和商业生活区于一体的现代化综合园区。这些工业园区的发展将有利于加快浙江省优势产业的国际化进程，推动境内外产业优化重组和浙江产业结构的转换升级，有效提升浙江省产业竞争力。

3.4　本章小结

本章重点分析了浙商国际化发展的文化背景、经济基础和政策特点。在文化维度，我们重点分析了浙商所面临的特有区域文化，以及在其影响之下的浙商行为逻辑；在经济维度，我们重点分析了浙江区域经济发展所形成的经济基础；在政策维度，我们重点分析了浙江省政府在推进浙商国际化发展中所推出的主要政策。主要结论有三。

第一，在浙学传统这一文化基因的影响下，浙商行为表现为市场逻辑与社区逻辑的统一。浙学传统是浙江区域文化的重要组成部分。已有研究把浙学传统归结为义利兼顾、包容创新与知行合一（具体见丛书总序）。在这一社会文化系统的影响之下，浙商表现出市场逻辑与社区逻辑相统一的行为模式。市场逻辑强调市场利益的目标导向和效率手段，而社区逻辑强调社区的共同价值以及社区资格、社区规范的重要作用。综合市场逻辑和社区逻辑，浙商在目标维度上，追求市场利益与实现社区价值的统一；在手段维度上，追求低调务实与开拓创新的统一。这种行为逻辑揭示了浙商行为中的抱团性、务实性和创新性等特点。

第二，浙江省经济发展的良好态势为浙商海外直接投资奠定了坚实的产业基础和知识基础。本章分三个阶段详细展示了浙江经济总量、结构变化以及专利规模的发展，表明浙江经济总量的持续提升、第三产业的崛起、专利技术的持续扩张，为浙商进行海外直接投资提供了坚实的经济基础。

第三，浙江省通过政策工具助推浙商从对外贸易到海外直接投资的转型。

对《浙江省商务年鉴》的内容分析显示，在 2002—2005 年阶段，浙江省政策的重点放在对外贸易上，而在 2011—2016 年阶段，把政策的重心开始放在跨境电商、对外服务贸易、境外经贸合作园区上。 特别是在境外经贸合作园区方面，浙江省形成了以泰国泰中罗勇工业园区为代表的一批发展势头迅猛的境外工业园区，开创出抱团出海的企业走出去新模式。 这种抱团出海的模式，无疑契合了浙商的行为逻辑。 当然，由于境外经贸合作园区还处于发展的初级阶段，所以目前境外经贸合作园区的区域布局还相对集中在经济相对不发达的区域，这也契合了浙商以海外设厂为主要形式的直接投资特点。

4

浙商海外直接投资的历史演变与发展现状

第三章分析了浙商海外直接投资所面临的宏观环境，本章进一步揭示浙商海外投资的微观表现，对浙商海外投资的区位分布、主要合作情况进行了梳理。

4.1 浙江省境外投资前十个国家（地区）分析

依据现有数据，以我国的五年规划为依据，将浙江省近年来境外投资前十名国家（地区）划分为三个阶段。这三个阶段分别是：2002—2004 年（2005年数据缺失），此阶段对应我国的"十五"规划期间；2006—2010 年，此阶段对应我国的"十一五"规划期间；2011—2016 年，此阶段对应我国"十二五"规划期间。由于我们所分析的数据截止到 2016 年。2016 年为我国第"十三五"规划的开头阶段，就不做单独分析，且把它并入"十二五"规划进行一道分析。2002—2004 年如表 4-1 所示。

表 4-1 2002—2004 年浙江省境外投资前十名国家（地区）　单位:万美元

2002 年		2003 年		2004 年	
国家(地区)	总投资额	国家(地区)	总投资额	国家(地区)	总投资额
美国	10280	美国	13310	美国	15191

2002 年		2003 年		2004 年	
国家(地区)	总投资额	国家(地区)	总投资额	国家(地区)	总投资额
中国香港地区	5020	中国香港地区	5419	中国香港地区	10170
印度尼西亚	4124	印度尼西亚	4154	印度尼西亚	4207
泰国	1913	泰国	2419	英属维尔京群岛	2808
加拿大	1663	意大利	1596	泰国	2558
澳大利亚	992	德国	1492	意大利	2096
俄罗斯	953	阿联酋	1448	俄罗斯	2058
德国	863	俄罗斯	1424	澳大利亚	1970
日本	847	澳大利亚	1322	德国	1881
巴西	727	巴西	914	越南	1650
合计	27382	合计	33498	合计	44589

2002—2004 年，我国正处于努力完成"十五"计划的历程之中。"十五"计划是 21 世纪的第一个五年计划，也是中国新千年第一次置身于全球化背景之下的经济计划，其实施过程中所面临的国际环境可谓是机遇与挑战并存。随着中国加入世界贸易组织，经济全球化为中国进一步融入世界经济体系、深化改革开放提供了难得的机遇，WTO 所推行的市场经济运行体制有利于我国加快市场化改革进程，全球性的资源配置有利于国内经济结构的调整和优化，促进产业升级。"十五"计划的主要任务是：正确处理改革、发展、稳定的关系；遵循速度和效益相统一的原则，推进经济增长方式的转变；充分发挥市场机制的作用；坚持可持续发展战略；逐步缩小地区间的发展差距。

浙江省牢牢抓住全球化这一背景，全力推进本省的对外贸易。从表 4-1 可以看出，对于美国的投资，连续三年位列第一；并且总投资额连续三年都在递增，2004 年对美国的总投资额最多，为 15191 万美元。排名第二的便是中国香港，对中国香港的投资连续三年排名第二，仅次于美国；投资额也是逐年增加，但是远低于对美国的投资额，投资额最多年份为 2004 年，投资总额为 10170 万美元。印尼则连续三年排名第三，但和对中国香港的投资总额差距却不是很大；投资总额也呈现逐年递增的现象，但增长幅度很小，每年均增加

了几十万美元，2004 年浙江对其投资总额最多，为 4207 万美元。 处于 4～10
名的国家，排名会有变动，但是变动总体趋于稳定，排在前十名的国家变动并
不多，其中泰国、俄罗斯、澳大利亚和德国虽然在排名上会有一定的变动，但
它们一直都排在前十名之中。 这三年，对这 10 个国家的投资总额也是逐年增
加，并且每年的增长额度都超过 10 亿美元；其中 2004 年投资总额最多，为
44589 万美元。 2006—2010 年如表 4-2 所示。

表 4-2　2006—2010 年浙江省境外投资前十名国家(地区)　　　单位:万美元

2006 年		2007 年		2008 年		2009 年		2010 年	
国家(地区)	总投资额	国家(地区)	总投资额	国家(地区)	总投资额	国家(地区)	总投资额	国家(地区)	总投资额
中国香港地区	7458	中国香港地区	16111	中国香港地区	25803	中国香港地区	109605.44	中国香港地区	2181200
美国	4236	美国	6882	越南	10365	美国	47179.52	英属维尔京群岛	295139
俄罗斯	3688	刚果	6347	俄罗斯	6628	越南	28653.37	美国	172885
澳大利亚	3647	尼日利亚	5106	美国	6351	俄罗斯	22795.63	投资性公司	92604
英国	3051	泰国	4969	巴西	5032	泰国	14046.33	中国台湾	89975
德国	1848	加拿大	4308	博茨瓦纳	5000	澳大利亚	13855.98	日本	75119
尼日利亚	1398	越南	3427	德国	2837	刚果	12994.27	萨摩亚	58099
柬埔寨	1267	俄罗斯	1750	瑞典	2078	蒙古	12446.76	新加坡	43805
加拿大	1267	柬埔寨	1732	秘鲁	2049	德国	12330.37	英国	40308
刚果	1180	埃塞俄比亚	1666	蒙古	2033	尼日利亚	10195.2	韩国	31432
合计	29040	合计	52298	合计	68176	合计	284102.9	合计	3080566

2006—2010 年正属于我国"十一五"规划期间。"十一五"规划是我国在
社会主义市场经济条件下、经济全球化进程中全面建设小康社会的新的中长
期规划。"十一五"计划提出中国要坚定不移地执行互利共赢的开放战略，加
强国际区域合作，积极参与全球化。 在此期间，浙江省牢牢贯彻全球化理
念，积极主动开展对外贸易。 相对于 2006 年以前，美国已经不再占据投资总
额第一的位置，第一的位置已经被中国香港所取代。 浙江省对中国香港的投
资总额连续五年排名第一，并且投资总额每年都在上升，且涨幅巨大。 在
2007 年投资总额突破 10 亿美元大关，2009 年突破 100 亿美元大关，2010 年
突破 1000 亿美元大关，增长速度令人惊叹。 这一数据也充分展示了浙江省经

济发展的速度。 对于美国，浙江省对其投资在 2006 年、2007 年和 2009 年排名第二，在 2008 年和 2010 年分列第四名和第三名。 但是对美国的投资总额已经远远落后于对中国香港的投资总额，对美国投资总额最高的年份为 2010 年，投资总额为 172885 万美元。 2008 年对美国投资总额降至第四名的原因，大概与 2008 年美国爆发的次贷危机有关。

和 2006 年之前不同的是，在这一阶段浙江省加大了对非洲国家的投资力度。 在 2006 年以前，没有一个非洲国家排名进入前十的，但是在 2006 年，浙江省对刚果的投资总额排名第十。 这也说明浙江省对非洲国家投资的大门已经彻底打开。 并且在 2010 年浙江省对投资性公司的投资总额也已经排进前十名，这是首次对于投资性公司的投资排进前十。 投资性公司类似于一种金融中介机构，它将各个投资者的资金集中起来，由专业经理人对这些资金进行运作，经分析后将收集的资金投资于众多证券以及其他资产，以获取一定的收益。 在这一阶段，浙江省的投资也开始逐渐向亚洲国家偏离，对柬埔寨、韩国、日本、越南、新加坡等国家和中国台湾地区的投资均有排名前十的表现。 经济的全球化，世界各国的经济联系越来越紧密。 所以 2006 年以前浙江省对亚洲国家的投资金额较少，对非洲国家更甚。 但从 2006 年开始，浙江省对亚洲和非洲国家的投资额在逐渐增加。

2011—2015 年正属于我国"十二五"规划期间。"十二五"时期，世情国情继续发生深刻变化，我国经济社会发展呈现新的阶段性特征。 浙江省立足当下，从实际出发，积极响应"十二五"规划，进一步加大对外开放力度。 相比于 2006—2010 年，这几年的对外投资额又有了一个质的飞跃。 如表 4-3 所示。 最为突出的便是 2013 年，其对中国香港的投资总额超过 8000 亿美元。 从 2011 年到 2016 年，在对外投资总额上，浙江省对中国香港的投资总额在 2011—2014 年连续四年排名第一，2015 年浙江省对美国的投资总额最多，金额为 1133698 万美元，2016 年浙江省对中国香港的投资总额最多，金额为 1639135 万美元。 对美国的投资总额在 2012—2014 年连续三年排名第二。 有趣的是，在 2011 年，浙江对瑞典的投资总额排名第二，打破了以往中国香港和美国这两个国家（地区）包揽前二的记录。 浙江对瑞典的投资也比较多，这六年之中投资总额一直排名比较靠前。 另一个让人印象深刻的国家便是开曼群岛了。 在这六年中，除了 2013 年，浙江省对开曼群岛的投资均排进了前十，并且在 2014—2016 年这三年均排进了前四。 开曼群岛是离岸的金融中心和"避税天堂"，浙江省加大对开曼群岛的投资可能与避税有关。

表 4-3　2011—2016 年浙江省境外投资前十名国家（地区）　　单位：万美元

| 2011 年 | | 2012 年 | | 2013 年 | | 2014 年 | | 2015 年 | | 2016 | |
国家（地区）	总投资额	国家（地区）	总投资额	国家（地区）	总投资额	国家（地区）	总投资额	国家（地区）	总投资额	国家（地区）	总投资额
中国香港地区	342684	中国香港地区	518204	中国香港地区	8437366	中国香港地区	1047201	美国	1133698	中国香港地区	1639135
瑞典	144474.9	美国	226814	美国	307090	美国	405025	中国香港地区	1076058	美国	1558694
美国	120659.5	瑞典	149534	瑞典	151134	开曼群岛	151767	开曼群岛	303432	印度尼西亚	695452
德国	59912.6	德国	103355	德国	132603	瑞典	151221	瑞典	200121	开曼群岛	422613
开曼群岛	45076.9	阿联酋	57823	阿联酋	60113	新加坡	85656	印度尼西亚	172072	英属维尔京群岛	321841
越南	33948.2	开曼群岛	52652	越南	54216	德国	80093	新加坡	168183	澳大利亚	241578
卢森堡	33567.7	俄罗斯	45429	卢森堡	51700	印度尼西亚	78349	澳大利亚	120386	瑞典	200231
俄罗斯	29559.2	越南	45036	俄罗斯	48311	澳大利亚	64381	墨西哥	93214	新加坡	199534
澳大利亚	23387	泰国	41646	泰国	42546	墨西哥	62089	加拿大	90674	德国	175420
刚果（金）	34615.15	卢森堡	33568	柬埔寨	36605	加拿大	58117	德国	75460	比利时	114024

观察表 4-3 的数据，我们可以看出浙江省的对外投资越来越多元化，合作的国家遍及各个大洲，不再是和以往一样以欧美国家为主。 这也是经济全球化所带来的结果，全球各国共建共享、互惠互利、合作共赢。

4.2　浙江省实际对外投资分地区分析

商务年鉴的数据记录只有 2013—2016 年，我们以这四年的数据来进行一个大概的分析。 如表 4-4 所示。

表 4-4　浙江省实际对外投资分地区情况　　单位：万美元

| 2013 年 | | 2014 年 | | 2015 年 | | 2016 年 | |
国家（地区）	当年累计	国家（地区）	当年累计	国家（地区）	当年累计	国家（地区）	当年累计
北美洲	239887	北美洲	69404	北美洲	208674	北美洲	302677
加拿大	4508	加拿大	1212	加拿大	292	加拿大	754

2013 年		2014 年		2015 年		2016 年	
国家（地区）	当年累计	国家（地区）	当年累计	国家（地区）	当年累计	国家（地区）	当年累计
美国	42340	美国	68192	美国	208382	美国	301923
大洋洲	4387	大洋洲	9619	大洋洲	8063	大洋洲	7775
澳大利亚	1934	澳大利亚	6953	澳大利亚	6377	澳大利亚	5858
萨摩亚	280	巴布亚新几内亚	200	巴布亚新几内亚	6	新西兰	1480
新西兰	369	萨摩亚	1791	萨摩亚	1357	斐济	437
巴布亚新几内亚	1108	斐济	91	新西兰	282	非洲	7491
斐济	696	新西兰	584	斐济	40	埃及	1809
非洲	8323	非洲	5514	非洲	9570	埃塞俄比亚	21
南非	382	安哥拉	35	埃塞俄比亚	1550	加纳	55
毛里塔尼亚	815	埃塞俄比亚	43	加纳	2	肯尼亚	30
埃塞俄比亚	18	乌干达	5	加蓬	40	利比里亚	8
尼日利亚	101	津巴布韦	635	南非	280	马里	500
津巴布韦	494	利比里亚	635	坦桑尼亚	7698	毛里塔尼亚	81
安哥拉	100	南非	2436	拉丁美洲	82562	南非	1882
埃及	3666	坦桑尼亚	991	阿根廷	5	尼日利亚	3100
坦桑尼亚	78	加蓬	1080	巴西	48	坦桑尼亚	5
刚果	1695	加纳	5	哥伦比亚	14	拉丁美洲	25017
阿尔及利亚	13	毛里塔尼亚	135	开曼群岛	77748	阿根廷	5
多哥	119	赞比亚	50	墨西哥	2053	巴西	2780
喀麦隆	120	拉丁美洲	9049	英属维尔京群岛	2594	哥伦比亚	19
乌干达	20	阿根廷	6	欧洲	17839	开曼群岛	4420
拉丁美洲	3220	巴西	158	爱尔兰	48	秘鲁	6
秘鲁	20	英属维尔京群岛	7064	比利时	514	墨西哥	2630
巴西	248	哥伦比亚	10	冰岛	1400	英属维尔京群岛	15158

续　表

2013 年		2014 年		2015 年		2016 年	
国家(地区)	当年累计	国家(地区)	当年累计	国家(地区)	当年累计	国家(地区)	当年累计
墨西哥	622	开曼群岛	1000	德国	9903	欧洲	127653
阿根廷	6	墨西哥	704	俄罗斯	0	爱尔兰	30
开曼群岛	740	乌拉圭	108	法国	118	奥地利	7500
英属维尔京群岛	1255	欧洲	26515	荷兰	1819	比利时	7500
智利	329	德国	11355	卢森堡	237	丹麦	438
欧洲	22841	瑞典	1012	罗马尼亚	1440	德国	83010
德国	10958	瑞士	222	葡萄牙	289	法国	2400
瑞典	3858	比利时	605	瑞典	13	荷兰	16551
比利时	1618	荷兰	451	瑞士	246	卢森堡	994
荷兰	649	爱尔兰	67	塞尔维亚	392	罗马尼亚	100
捷克	14	意大利	2433	匈牙利	64	瑞士	282
西班牙	339	匈牙利	82	意大利	839	塞尔维亚	199
意大利	129	法国	4304	美国	517	斯洛文尼亚	1093
法国	99	卢森堡	4159	亚洲	188518	西班牙	423
英国	429	西班牙	114	阿拉伯联合酋长国	87	匈牙利	5
瑞士	171	英国	272	巴基斯坦	147	意大利	1961
卢森堡	2598	俄罗斯	114	菲律宾	131	英国	14778
塞尔维亚	831	波兰	129	韩国	2348	亚洲	587741
爱尔兰	192	匈牙利	4	吉尔吉斯斯坦	2974	阿拉伯联合酋长国	1145
葡萄牙	544	白俄罗斯	688	柬埔寨	713	巴基斯坦	83
俄罗斯	413	罗马尼亚	220	老挝	40	韩国	279
亚洲	154267	葡萄牙	135	马来西亚	525	吉尔吉斯斯坦	182
中国香港地区	118890	塞尔维亚	149	蒙古	164	柬埔寨	812
印度尼西亚	5169	亚洲	228218	孟加拉国	95	老挝	104

2013 年		2014 年		2015 年		2016 年	
国家(地区)	当年累计	国家(地区)	当年累计	国家(地区)	当年累计	国家(地区)	当年累计
老挝	103	中国香港地区	197328	缅甸	125	马来西亚	388
蒙古	416	印度尼西亚	2903	日本	822	蒙古	76
新加坡	2697	黎巴嫩	8	沙特阿拉伯	110	孟加拉国	77
越南	16602	印度	2619	斯里兰卡	49	缅甸	405
柬埔寨	4535	新加坡	6395	塔吉克斯坦	33	日本	25767
日本	162	越南	8977	中国台湾地区	4201	沙特阿拉伯	837
马来西亚	491	柬埔寨	589	泰国	3745	斯里兰卡	80
泰国	605	日本	2138	土耳其	151	中国台湾地区	2
文莱	5	马来西亚	399	乌兹别克斯坦	1135	泰国	6195

从数据中可以看出，浙江在亚洲、非洲、大洋洲、拉丁美洲、欧洲和北美洲均有投资。在亚洲投资的国家数量最多，并且这四年中，每年的国家数量都超过 20 个。数据显示，浙江在亚洲地区的投资总额在 2013 年最少，2016 年最多。四年的数据表明，在香港投资最多，并且每年都是。对日本的投资呈现出增减交替的局面。投资金额最少的是 2016 年的中国台湾，仅为 2 万美元。

在 2013—2016 年这四年中，浙江对澳大利亚的投资最多，对其投资额最高的年份为 2014 年，投资额为 6953 万美元。在非洲投资的国家数量较多，四年均对南非、埃塞俄比亚和坦桑尼亚进行了投资，2015 年对非洲投资的国家数量最少，但是投资总额最多。从对拉丁美洲的投资数据中可以看出，每年都对开曼群岛和巴西进行了投资，但对拉丁美洲总体投资的国家数量并不多，而且投资总额也相对较少。对欧洲的投资仅次于对亚洲，无论投资国家数量还是投资金额都比较多。

4.3 浙江省国外经济合作情况

作为外向型经济先发地区，浙江省大力发展对外劳务事业，实施"走出去"战略后取得的成果显著，如表 4-5、图 4-2 所示。

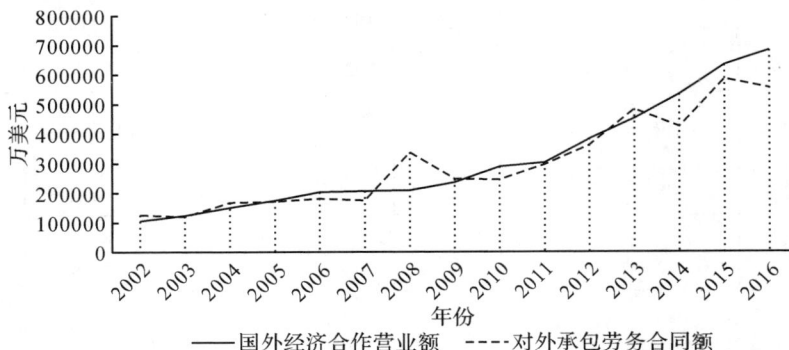

图 4-1 2002—2016 年浙江省国外经济合作营业额和对外承包劳务合同额情况

2002—2016 年，浙江省国外经济合作完成营业额（包括对外承包工程营业额和对外劳务合作实际收入总额）整体上保持着快速增长势头。 至 2016 年，全省国外经济合作营业额达 683295 万美元，相比于 2002 年涨幅达 548%，且整体发展情况较稳定，波动性小。 相比之下，浙江省对外承包劳务合同额，也称为国外经济合作合同额（包括对外承包工程合同额和对外劳务合作合同工资总额）在十五年间增长幅度也不小，但整体发展情况波动较大。

如图 4-2 所示，在第一阶段（2002—2005 年），浙江省国外经济合作营业额稳步上升，对外承包劳务合同额变化较大。 在 2003 年与 2005 年，国外经济合作营业额和对外承包劳务合同额水平相当。

如图 4-3 所示，在第二阶段（2006—2010 年）浙江省对外承包劳务合同额与国外经济合作营业额拉开了较大差距，两者发展水平不一致。 2008 年，浙江省对外经济合作业务在全球经济危机的阴影下逆势而上，实现了营业额和合同额的新突破，两者均创历史新高；尤其是对外承包劳务合同额涨势迅猛，成绩显著，并且始终保持着增长态势。 相比之下，对外承包劳务合同额发展波动较大。

表 4-5　2002—2016 年浙江省国外经济合作情况汇总表

内容＼年份	2002	2003	2004	2005	2006	2007	2008	2009	2010	2011	2012	2013	2014	2015	2016
国外经济合作营业额（万美元）	105483	125056	152510	176000	203847	208451	209313	239345	291076	302693	382974	451331	533922	633353	683295
境外项目（企业）投资总额（万美元）	6363.67	9658	16760	19598	39117	66177	92044	134071.8	402049.4	373214.7	474621.5	571861	643502	1921131	2093168
境外项目（企业）中方投资额（万美元）	5131.92	8513	15175	16776	30044	60606	86088	123490.9	336007.9	344551.4	389235.6	551648	581489	1398828	1689363
对外承包劳务合同额（万美元）	127900	122250	168000	173433	181163	174753	336265	247103	246106	295438	361220	480092	423539	587412	553693
期末在外人数（人）	28325	25228	26387	27728	26978	24462	25054	23504	26261	17836	27149	27923	31279	32234	33921
外派人次	8905	8947	9408	9778	9519	12387	16838	8814	13446	9835	20020	24285	19472	19929	20396
"两个推动"带动出口（万美元）	92228	139321	196222	302782	240065										

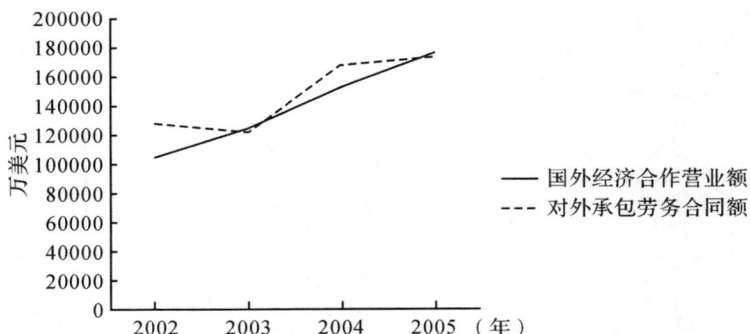

图 4-2　2002—2005 年浙江省国外经济合作营业额和对外承包劳务合同额情况

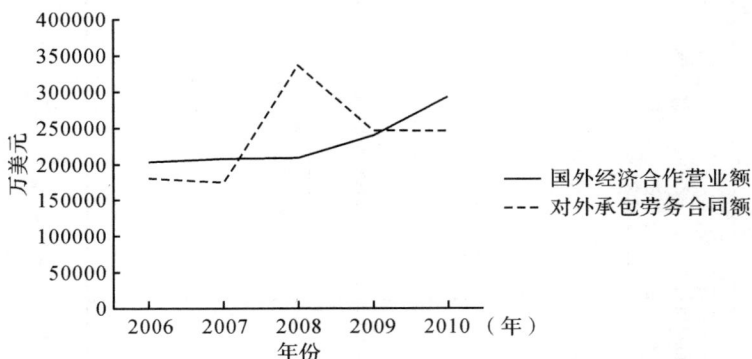

图 4-3　2006—2010 年浙江省国外经济合作营业额和对外承包劳务合同额情况

　　如图 4-4 所示，在第三阶段（2011—2016 年）国外经济合作营业额保持稳定增长的形势下，对外承包劳务合同额变动较大。 在 2014—2016 年，浙江省对外承包劳务合同额均低于国外经济合作营业额水平，并且在 2016 年，即过

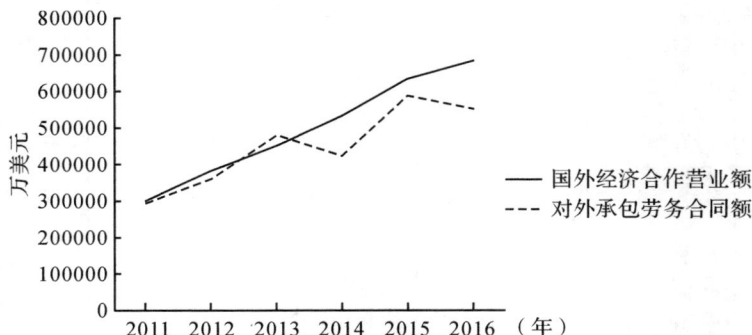

图 4-4　2011—2016 年浙江省国外经济合作营业额和对外承包劳务合同额情况

渡到"十三五"规划的第一年,两者差距进一步变大。

如图 4-5 所示,可以看出,在 2002—2016 年,浙江省境外项目(企业)总投资额与境外项目(企业)中方投资额不断加大,且近年来两者增速惊人,尤其在 2014—2015 年间,总投资额两年累计差额约为 1277629 万美元,同比增长 198.54%;中方投资额两年累计差额约为 817338 万美元,同比增长 140.56%。

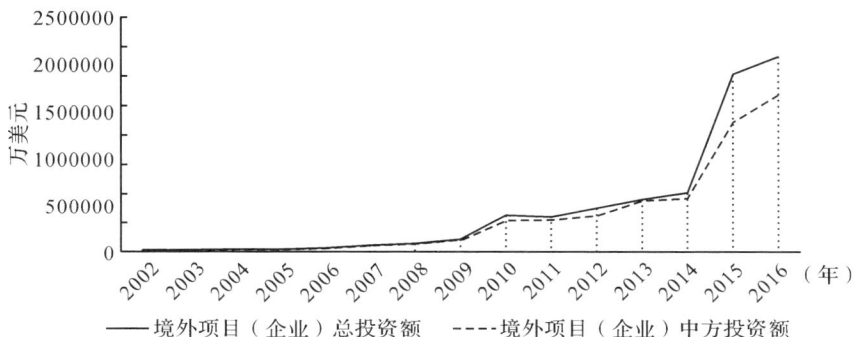

图 4-5 2002—2016 年浙江省境外项目总投资额和境外项目中方投资额情况

分阶段来看,在第一阶段(2002—2005 年),如图 4-6 所示,浙江省每年境外项目总投资额与中方投资额数据较为接近,两者均稳步攀升,保持在相当的水平上。 2005 年浙江省境外企业总投资额达 19598 万美元,同比增长 17%;境外企业中方投资额为 16776 万美元,同比增长 11%。

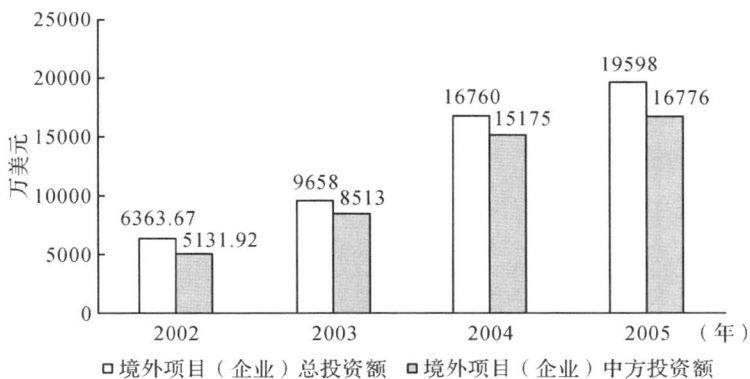

图 4-6 2002—2005 年浙江省境外项目总投资额和境外项目中方投资额情况

如图 4-7 所示,在第二阶段(2006—2010 年),前四年发展趋势与第一阶段相似,在"十二五"规划的最后一年(2010 年)总投资额与中方投资额实现质的突破，中方投资额超过 300000 万美元，总投资额高达 402049 万美元。
与此同时，在该阶段中，总投资额与中方投资额水平开始出现较为明显的差
异，最大差距出现在 2009 年，约有 10581 万美元。

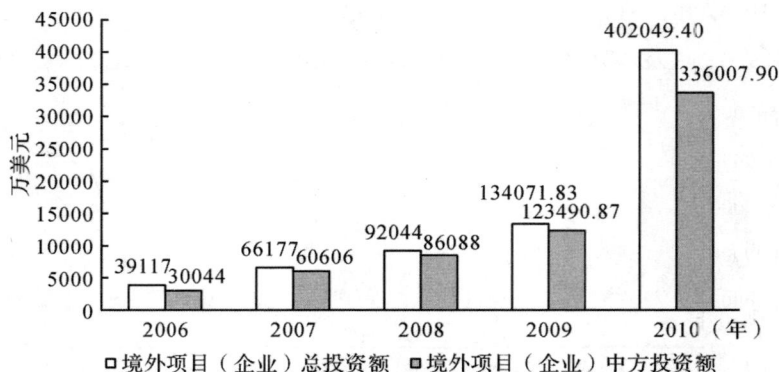

图 4-7　2006—2010 年浙江省境外项目总投资额和境外项目中方投资额情况

　　如图 4-8 所示，在第三阶段（2011—2016 年），浙江省境外项目总投资额
与中方投资额持续走高。 在 2014 年后，两者差距进一步拉大，即使双方都保
持着增长态势，但境外项目（企业）中方投资额的增长速度显然跟不上总投资
额的增长速度。 换句话说，中方投资额在总投资额中比重明显下降。 在
2015 年两者差距创历史新高（差额约 522303 万美元），2016 年差距有所缩小
（差额约 403805 万美元）。

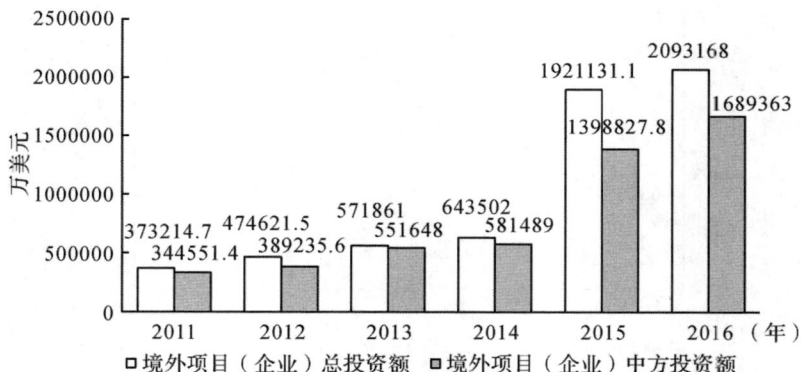

图 4-8　2011—2016 年浙江省境外项目总投资额和境外项目中方投资额情况

　　在世界经济影响和众多复杂因素叠加的情况下，浙江省对外劳务合作业
务发展承受着一定的压力，从 2002—2016 年，全省对外劳务合作业务慢慢发

展壮大，形成了一定的规模。

如图 4-9 所示，分阶段来看，在"十五"计划与"十一五"规划发展时期，浙江省整体期末在外人数发展结构类似——呈现出"中间低、两边高"的特点。在"十二五"规划的开局之年（2011 年），浙江省期末在外人数（17836 人）为十五年内最低，同比下降 32％。此外，与前两个阶段不同，在第三阶段，期末在外人数整体发展趋势持续走高，年均期末在外人数超过28000 人，在 2016 年达到 33921 人，同比增长 5％。

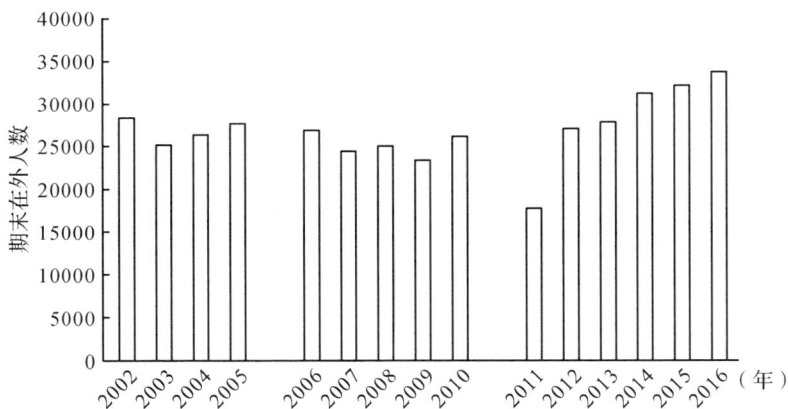

图 4-9　2002—2016 年浙江省期末在外人数分阶段对比情况

如图 4-10 所示。数据显示，在"十五"计划发展时期，浙江省外派人次规模发展较为稳定，保持平稳增长趋势。在"十一五"规划发展时期，各年外派人次差异较大，在该阶段中，2009 年外派总量为 8814 人次，创 2002—

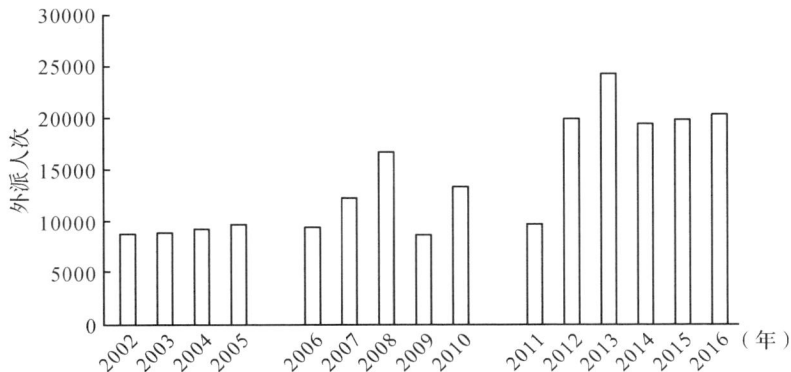

图 4-10　2002—2016 年浙江省外派人次分阶段对比情况

2016 年最低外派人次水平。 在"十二五"规划发展时期,2013 年外派总量达 24285 人次,创历史新高,2014 年后外派人员规模回稳,2012—2016 年间年均累计外派总量在 20000 人次以上。

2016 年是"十三五"规划发展的开篇之年,浙江省贯彻落实"走出去"发展战略,推动全省外派劳务工作进一步发展。 在我国对外劳务合作业务外派人员规模和期末在外人员规模同时出现同比下降的情况下,浙江省无论是外派人员规模,还是期末在外人员规模上都仍能保持增长趋势,全省外派劳务工作成效显著。

1999 年,浙江省为应对经济全球化趋势,顺应世界发展潮流,进一步促进全省工业结构优化升级,省外经贸厅提出了"两个推动",即推动本省制造业等优势产业到境外投资,积极开展加工贸易;推动省内商品专业市场到境外设立分市场,开展跨国经营。 根据《浙江省商务年鉴》,如图 4-11 所示,在 2002—2006 年间,年均"两个推动"带动出口超 190000 万美元,2005 年是"十五"计划的收官之年,"两个推动"带动出口高达 302782 万美元,同比增长 54%,在带动出口方面作用明显,推动着浙江省"走出去"战略向更高水平发展。 2006 年"两个推动"带动出口 240065 万美元,相比于 2005 年下降 21%。

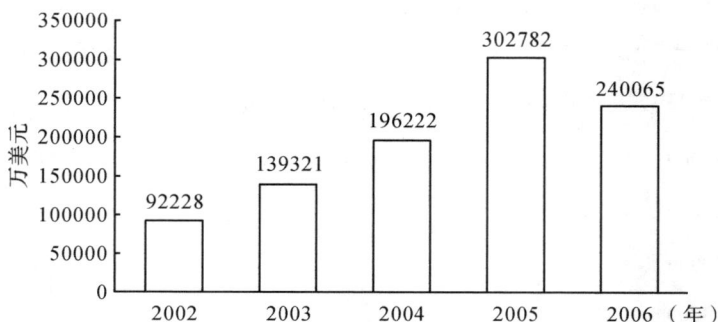

图 4-11　2002—2006 年浙江省"两个推动"带动出口情况

4.4 本章小结

本章重点分析了浙商海外直接投资的演变历史与发展现状，通过数据分析得到以下三个主要结论。

第一，2002—2016 年，浙江省境外项目（企业）总投资额与境外项目（企业）中方投资额不断加大，且近年来两者增速较快。

第二，2002—2016 年，浙江省国外经济合作完成营业额（包括对外承包工程营业额和对外劳务合作实际收入总额）整体上保持快速增长势头。 至 2016 年，全省国外经济合作营业额达 683295 万美元，相比于 2002 年涨幅达 548％，且整体发展情况较稳定，波动性小。 相比之下，浙江省对外承包劳务合同额，也称为国外经济合作合同额（包括对外承包工程合同额和对外劳务合作合同工资总额）在十五年间增长幅度也不小，但整体发展情况波动较大。

第三，指向欧美的跨国并购与指向东南亚的海外生产基地建设，成为浙商海外直接投资的两个重要表现。 浙商海外直接投资在区位选择方面表现出两种趋势，分别是指向欧美的跨国并购与指向东南亚的海外生产基地建设。 特别是随着中美贸易争端的升级，驱动一些浙商企业加快在东南亚的海外生产基地建设。 欧美是传统发达国家，也是全球性高端技术资源、品牌资源集中的区域。 特别是自 2010 年以来，浙商开始通过跨国并购的方式获得欧美的全球资源来实现跨越式成长。

5

来源国劣势与浙商海外并购的合法性
获取

浙商作为新兴市场跨国公司，在进入东道国时面临外来者劣势、后发者劣势与来源国劣势三大劣势，其中来源国劣势是新兴市场跨国公司面临的重大挑战。本章重点分析来源国劣势（LOR）所带来的合法性困境及其对浙商企业跨国并购的影响，并通过理论分析和案例研究提出来源国劣势场景下浙商海外并购的合法性获取策略。

5.1 来源国劣势、合法性困境与跨国并购

随着"一带一路"倡议的持续推进，我国企业"走出去"的步伐逐渐加快。越来越多的中国企业开始投身于海外直接投资的浪潮，并试图通过跨国并购扩大市场渠道，提高企业知名度，打造国际品牌，获取技术与创新能力，增强企业核心竞争力，尤其是浙商的国际化相对较早，部分企业如吉利汽车、万向集团、均胜电子等通过跨国并购开拓了海外市场，实现了技术的积累与创新，并成长为世界级的大企业。尽管部分企业逐步实现了目标，但作为来自新兴市场的浙商企业，海外并购之路并非一帆风顺，尤其是与发达国家的海外并购相比，"新兴市场企业"的身份，使浙商无论是在跨国并购前的审核与谈判阶段，还是在完成交易后的并购整合阶段都面临着重重困难。例如，发达

国家政府与企业通常会认为来自新兴市场国家的跨国公司"技术落后""品质低下""管理能力差",他们将这些标签贴在来自新兴市场的企业身上,加剧了企业跨国并购的难度。 Bartlett 和 Ghoshal（2000）、Ramachandran 和 Pant（2010）等学者提出了"来源国劣势"的概念,来解释新兴市场国家在跨国并购中所面临的独特困难与挑战。 魏江和杨洋（2018）认为,来源国劣势的本质为东道国政府、企业、顾客等对来自新兴市场国家企业"想当然的、污名化的刻板印象",而这种刻板印象使企业在东道国陷入合法性危机,加大了浙商在跨国并购中的谈判、交易与整合的成本。

浙江省的经济发展离不开浙商的国际化扩展,而跨国并购在浙商的国际化中扮演着重要角色,尤其是高质量的跨国并购对提升企业国际化经营能力、推动浙江省经济转型升级至关重要。 本章节将介绍 LOR 的构成维度,探讨 LOR 影响浙商跨国并购的机制,在此基础上结合浙商跨国并购的案例,提出来源国劣势下浙商在跨国并购中的合法性提升策略。

5.1.1　来源国劣势

近年来,来自中国、印度等新兴市场的对外直接投资日渐成为全球商业格局中的一个突出趋势。 而传统的 IB 理论,主要基于发达国家企业的国际化发展而来,并不符合新兴市场企业国际化的实际。 Hymer 作为跨国公司理论之父,指出与当地企业相比,跨国公司在国际化时会遇到一些不利因素,而拥有企业垄断优势使跨国公司能克服这些不利因素,从而成为跨国公司进行国际化的前提（Hymer,1960）。 Hymer 关于跨国公司垄断优势的主张为后续企业国际化理论的发展奠定了基础。 例如 20 世纪七八十年代的内部化理论（Buckley,Casson,1976）、折中理论（Dunning,1979,1988）都把企业垄断优势视为核心概念,强调垄断优势帮助企业克服因为外来者身份而带来的额外成本,是企业进行国际化的根本原因。 之后的研究,也延续了对企业垄断优势的探讨,而忽略了对企业国际化过程中的不利因素及其对企业国际化战略影响的关注（Madhavan,Gupta,2017；Ramachandran,Pant,2010）。

20 世纪 90 年代,以 Zaheer 为代表的学者开始关注跨国公司海外投资中的不利因素,提出外来者劣势（LOF）的概念（Zaheer,1995；Zaheer,Mosakowski,

1997），掀起了 IB 领域关于 LOF 对跨国公司国际化战略影响的探讨（牟宇鹏等，2017；吴冰等，2018；杜晓君等，2015；Kostova, Zaheer, 1999；Kronborg, Thomsen, 2009；Miller, Eden, 2006）。 与本土企业相比，LOF 加剧跨国公司在东道国开展业务的成本，增加企业海外投资的风险与难度。 但是，已有研究在探讨 LOF 时没有特意区分发达国家跨国公司与新兴市场跨国公司（EMNE），在一定程度上忽略了 EMNE 在国际化进程中存在特殊不利因素的事实。

众所周知，与发达国家跨国公司相比，EMNE 的国际化有其特殊性。 例如，不同于乌普萨拉模型预测的渐进式国际化路径，中国等来自新兴市场的 MNE 更倾向于跨国并购等高投入的进入模式（Hennart, 2018；Li et al., 2019；Madhavan, Gupta, 2017），而在这些"跳跃式"的海外投资中 EMNE 往往会遇到 LOF 以外的困难与挑战。 这些困难不是来自外来者的身份，而是起源于这些企业的"国籍"。 基于此，Bartlett 和 Ghoshal（2000）首次提出 LOR 概念，他们指出 EMNE 由于国际化程度较低，缺乏国际经验，当被置于全球竞争的大环境下，他们往往过分自信或是对潜在的风险视而不见，而造成企业海外经营绩效不佳。 Ramachandran 和 Pant（2010）对 LOR 进行了较为系统的研究，将引起 LOR 的源头分为母国情境不利因素、东道国情境不利因素与组织情境不利因素。 母国情境下的 LOR 主要是指因为母国制度真空与管理人才缺失而引起的劣势，东道国情境下的 LOR 主要是指顾客对来自某个国家的企业产品或是服务的歧视与政府在政策上对某个企业的歧视与忧虑，组织情境下的 LOR 主要是指因为企业国际化经验不足而引起的劣势。 该理论研究的另一大贡献在于对 LOF 与 LOR 进行了较为系统的比较，指出 LOF 起源于"Where they are not from（因为没有来自哪里）"，而 LOR 起源于"Where they are from（因为来自哪里）"。 其次，LOF 概念中只涉及特定东道国市场与特定海外子公司，因此分析 LOF 时可以明确将母国因素排除在外；而 LOR 中包含特定母国、跨国公司与特定东道国，因此分析 LOR 时母国因素必不可少。 而且，LOF 的分析单位为海外子公司，MNE 可以通过经验学习增加海外子公司与东道国成员之间的双向理解来消除 LOF；而 LOR 的分析单位为 MNE 母公司，MNE 主要通过消除东道国成员对母国的想当然的刻板印象来应对 LOR。

在 Ramachandran 和 Pant 之后，部分研究探讨了 LOR 对企业国际化的影响机制。 Hong 和 Kim（2017）以在韩美国与中国企业为研究对象，探讨 LOR 对 MNE 人才招聘难易度的影响。 Marano，Tashman 和 Kostova（2017）以母国制度真空衡量 LOR，分析 LOR 与海外子公司 CSR 报告使用强度的关系，指出母国制度缺失越严重，MNE 海外子公司越倾向于加强使用 CSR 报告。 Madhavan 和 Gupta（2017）以印度企业的跨国并购为研究对象，将 LOR 分为实际缺乏能力（国际经验、官僚限制）与被认为缺乏能力（合法性缺失、身份）两部分，分析 LOR 与跨国并购成功率的关系。 另外，魏江和杨洋（2018）从组织身份的视角探讨 LOR，认为 LOR 最终体现在并购双方的身份不对称上，探讨了组织身份与跨国并购整合战略选择的关系。

5.1.2　来源国劣势与浙商合法性困境

上文提到，LOR 主要可以分为母国情境下的 LOR、东道国情境下的 LOR 与组织情境下的 LOR，而已有的关于 LOR 的研究主要基于制度理论来探讨 LOR 及其效应。 制度理论认为组织结构受外部制度环境所影响，处于制度环境中的组织会受到周围文化规范（Cultural norms）、象征性的符号（Symbols）、信念（Beliefs）和仪式（Rituals）等制度环境的制约，而这种制约被视为组织合法性（Legitimacy）的判定标准。 合法性是指在一个由社会构建的规范、价值、信念和定义的体系中，一个实体的行为被认为是可取的、恰当的、合适的一般性的感知和假定，其本质上是环境中各个利益相关者对组织遵循和支持环境规范与否及其程度的感知与判断，代表着环境对组织的总体接受程度（Suchman，1995）。 简而言之，组织合法性能加强外部环境中利益相关者对组织的认可与信任，帮助组织从外部环境中获取技术、原材料等组织发展必不可少的资源，因此组织合法性对于组织的长远发展来说至关重要。

然而，已有研究表明，LOR 会使 MNE 在海外市场陷入合法性缺失的困境。 首先，一般认为 EMNE 通常遭遇母国金融市场不发达及母国缺乏国际化人才等问题。 新兴市场国家的金融体系仍然处于不发达状态，这严重限制了 MNE 获取用于企业国际化资本的能力，尤其是新兴市场国家经济的高风险性

与高波动性，使资本在这些国家变得更加昂贵。 与此同时，相比于欧美发达
经济体，亚洲等新兴市场中的风险投资机构数量较少，大大加剧了跨国公司，
尤其是新创企业与天生国际化企业获取国际化资本的难度。 另外，新兴市场
对外开放起步较晚，这些国家的企业大多是面向国内市场的，缺乏国际化的经
验。 然而，当 EMNE 进入发达国家市场时，却需要配备具有在成熟市场经济
体工作和跨国经营技能和经验的管理人员，国际化人才的缺失增加了新兴市
场企业国际化的成本，阻碍了企业国际化的进程。 例如，由于缺乏跨国人
才，跨国公司垄断资源的转移以及母公司与海外子公司之间的协调将变得非
常困难，这将大大影响企业海外经营的绩效。

其次，EMNE 同样会遭遇东道国情境下的 LOR。 当这些企业进入东道
国市场时，由于负面的国家产品形象，当地顾客会抵制他们的产品，而倾向于
支持当地企业。 一方面，EMNE 品牌与信誉的建立，会受到负面国家产品形
象的影响，并且这些影响并不是短期内能得到改善的；另一方面，东道国情境
下的 LOR 很大一部分来自东道国政府的政策或是政府对来自某个国家或地区
的企业存在疑虑。 例如，早在 20 世纪六七十年代，发展中国家，甚至是一些
欧洲国家对美国跨国公司心存疑虑，因为他们认为美国跨国公司是美国政府
行使权力的渠道与工具。 如今，在以美国为首的发达国家也出现了抵制华为
等中国高科技企业的现象，以此来遏制中国企业的发展。

最后，EMNE 同样会遭遇组织情境下的 LOR。 上文提到，EMNE 大多
国际化程度较低，普遍缺乏国际经验，当这些企业进入海外市场时，较弱的资
源开发与部署能力使他们并不能很好地适应外部环境的变化。 此外，由于文
化、行政、地理和经济距离与发达国家相差甚远，EMNE 形成了一套独特的
认知框架，这大大限制了其在发达国家竞争力的发展与培养。 这些企业的管
理者在机遇、风险和资源方面的看法非常不同，他们可能会将这些认知框架带
入其他海外市场，从而导致两种截然不同的判断错误。 一方面，由于国际化
程度较低，与海外竞争者接触不多，导致他们低估海外业务的风险，盲目制定
国际化计划；另一方面，新兴市场的企业中，较少有成功实施国际化的企业，
导致员工对企业的国际化计划缺乏信任。

上述三种情境下 LOR 的存在，使 EMNE 进入海外市场尤其是进入发达

国家市场时被贴上"母国制度真空""缺乏国际化人才""技术落后""品质低下"等标签，加剧了 EMNE 在国际化过程中面临合法性缺失的可能，进而影响了 EMNE 的海外经营绩效。 另外，与大型企业相比，中小型企业更加缺乏资金与国际化所需要的资源，在国际化过程中更易遭受 LOR 的威胁，而中小型企业是浙商的重要组成部分，在浙商国际化中扮演着重要角色。 因此，LOR 对浙商国际化的影响尤为重要。

5.1.3 来源国劣势、合法性困境与浙商跨国并购

上文中我们提到，LOR 带来 EMNE 在海外市场上的合法性危机，进而影响 EMNE 在海外市场的经营绩效，尤其是越来越多的 EMNE 试图采用跨国并购的方式获取海外的先进技术和品牌，以期快速进入国际市场并实现技术升级。 尽管部分企业通过跨国并购实现了企业目标，但是更多企业在跨国并购的过程中步履维艰，难以实现突破，甚至不得不放弃跨国并购。 与西方发达国家 MNE 相比，由于 LOR 的存在，EMNE 在海外市场面临合法性与信誉缺失的挑战，这加剧了跨国并购实施的难度。 Li, Li 和 Wang（2019）指出，在跨国并购中，被并购企业的利益相关者尤其关注并购方的能力（Ability）与动机（Motives）。 前者主要是指并购方是否有能力完成并购后的整合及实现企业的持续发展，该问题与被并购方员工、客户及当地政府的利益息息相关。 后者主要是指并购方的并购动机，在大多数并购中，利益相关者往往缺乏并购方动机的相关信息，担心并购会对东道国国家经济和安全造成威胁。 而 LOR 带来的 EMNE 合法性缺失，会加剧东道国利益相关者对于并购方能力与动机的质疑。 例如，东道国利益相关者会质疑并购方没有能力完成跨国并购的整合工作，进而导致员工失业，地方税收收入下降，进而抵制收购。 此外，东道国政府会对收购方的并购动机心存疑虑，从而对收购方进行重重审查，甚至驳回并购方的收购计划。 这些大大加剧了跨国并购谈判、交易与并购后整合工作的难度，从而降低了新兴经济体国家企业跨国并购的成功率。

综上，EMNE 在国际化过程中会遭受 LOR 劣势。 与 LOF 不同，LOR 的产生是因为企业"来自哪里"，这种"标签式歧视"使 EMNE 在海外市场陷

入合法性困境，进而加剧了企业海外并购的难度。 本章节围绕"来源国劣势如何影响浙商海外并购中的合法性获取，进而影响浙商跨国并购的成功率"这一问题，结合浙商海外跨国并购的案例，探讨来源国劣势下浙商海外并购的合法性获取战略，以期为浙商国际化提供参考。

5.2　来源国劣势下浙商海外跨国并购案例分析

5.2.1　案例一：吉利集团并购沃尔沃轿车业务

（1）并购方简介

浙江吉利控股集团（以下简称"吉利"）始建于 1986 年，创始人李书福以生产冰箱配件为起点创建该公司①。 1997 年吉利进入汽车行业，一直专注于技术创新和人才培养，公司从无到有、从小到大，现已发展成为一家拥有多个国际知名品牌，集汽车整车、动力总成和关键零部件设计、研发、生产、销售和服务于一体的全球汽车集团。 该集团现资产总值约 3300 亿元，员工总数超过 12 万人，2018 年，吉利控股集团旗下各品牌车型累计销量超 215 万辆，同比增长 18.3％，四年销量翻番，实现跨越式发展，连续七年进入世界 500 强，连续十五年进入中国企业 500 强。

浙江吉利控股集团总部设在杭州，在台州、宁波、兰州、湘潭、济南、成都等地建有汽车整车和动力总成制造基地，拥有 Geely、沃尔沃和伦敦出租车等品牌。 其中，吉利汽车在中国上海、宁波，瑞典哥德堡，英国考文垂，西班牙巴塞罗那，美国加州建有设计、研发中心，研发设计、工程技术人员超过 2 万人，拥有大量发明创新专利，全部产品拥有完整知识产权。 吉利控股集团通过并购等手段使自己完成了转型，成为高、中、低端全面发展的汽车企业。 在国际市场上，举世瞩目的跨国并购沃尔沃汽车公司则是吉利汽车跨入

---

①　本部分数据主要来自吉利集团官方网站，http://zgh.com/。

高端豪华轿车的关键一步。 这次收购打破了中国汽车业迄今海外收购的最高规模纪录，成为包括吉利在内的汽车产业海外战略的全新起点。

（2）被并购方简介

沃尔沃为瑞典著名豪华汽车品牌，公司创立于 1927 年，总部位于瑞典哥德堡，为北欧最大的汽车企业，在全世界拥有超过 19000 名员工。 该公司在瑞典、比利时、中国和马来西亚设立了生产厂和组装线，在全世界超过 100 个国家和地区设立了销售和服务网络，拥有 400 多家销售网点。 沃尔沃车型分成轿车、商务旅行车、SUV 和敞篷车/双门轿跑车 4 个系列。 作为与 BBA（奔驰、宝马、奥迪）齐名的国际豪华汽车品牌，沃尔沃的品牌价值与技术含量远远超过萨博。 已有九十三年历史的沃尔沃，是瑞典人引以为豪的汽车品牌，被誉为"世界上最安全的汽车"。 该企业在汽车安全和节能环保方面，也有许多独家研发的先进技术与专利。 沃尔沃轿车公司是沃尔沃集团旗下的子公司，沃尔沃轿车生产豪华车型，具备全球最安全品牌的称号。

1999 年，美国福特汽车花了 64.5 亿美元收购了沃尔沃集团的轿车业务。福特收购沃尔沃轿车后，虽增加了投入，但沃尔沃的销量并未因此增加反而逐年减少，并且一直处于亏损状态。 且福特本身由于品牌过多且特色、战线过长，在与日系、欧系汽车品牌的竞争中渐处下风，从 2005 年开始连年陷入巨亏状态。 后来，福特公司为了降低成本、减少债务、改善财务状况，重新实现盈利，决定出售沃尔沃的全部股份，重点发展福特品牌。

(3)项目收购过程

2002 年，吉利开始关注沃尔沃，当时吉利刚刚拿到汽车生产许可证，所以当李书福在一次公司会议中提及想要收购沃尔沃时，公司员工都感觉是"天方夜谭"，但是李书福对收购沃尔沃是认真的。 2007 年 5 月，李书福与 80 家经销商联合发布了"宁波宣言"，以此为标志，吉利开始实施转型策略，为收购沃尔沃做好全面准备①。 在李书福眼里，沃尔沃技术成熟、原创能力强，

---

① 央广网. 吉利董事长李书福：宁波是实现企业家梦想的乐园。http://m. cnr. cnnews20181116/t20181116_524417511. html,2018 年 11 月 16 日。

是海外收购的最佳对象。 他多次提及收购沃尔沃，向公司全体员工表达了收购的决心，使公司上下能在收购事件上保持一致，集中资源应对沃尔沃收购项目。 2007 年，在李书福的牵头下，吉利成立"V 项目"——即沃尔沃项目团队（王千马、梁冬梅，2018），但是团队成立大半年时间，项目毫无进展。 吉利在收购沃尔沃的过程中，遇到了来自美国福特董事会、沃尔沃工会的反对。

2007 年 9 月，李书福通过收购团队写了一封英文信，发给了美国福特汽车总部迪尔伯恩，表达了吉利想收购沃尔沃的意愿。 对方很快给了吉利正式回复，拒绝将沃尔沃出售给吉利。 其实，福特董事会内部对于出售沃尔沃是有异议的，尤其是福特家族第四代比尔·福特，十分喜欢沃尔沃安全环保的核心理念，因此反对出售沃尔沃。 面对这样的情况，李书福也没有放弃，通过各种方式接触福特管理层，但是事情一直没有进展。 直到 2008 年上半年，金融危机蔓延全球，美国汽车市场销量大幅下滑，而中国汽车市场却表现出逆市上扬，并有一家独好之势，与美国市场形成鲜明对比。 在这一背景下，著名的投资银行法国洛希尔银行董事会在经历了几番争论与讨论后，最终决定接受吉利"沃尔沃项目"，这对于吉利和李书福来说无疑是个天大的好消息。 与此同时，吉利内部也在抓紧建设和完善"V 项目"收购团队，以随时应对收购过程的各项事务（王千马、梁冬梅，2018）。

2008 年 10 月，福特汽车 CFO 道恩·雷克莱尔退休，由之前负责福特欧洲和沃尔沃汽车董事长的刘易斯·步斯接任 CFO。 2009 年 1 月，李书福在洛希尔银行沃尔沃项目的核心成员汉斯-奥洛夫·奥尔森等人的陪同下，到达福特总部见到了新上任的 CFO 比尔·福特和阿兰·穆拉利。 在此次会面中，李书福讲述了自己早年与波音打交道的故事，讲述了自己多年来对沃尔沃的追求及收购沃尔沃后的长远规划，这在一定程度上缓解了福特高层对年轻的汽车公司吉利的疑虑，并得到了比尔·福特和阿兰·穆拉利的认可。 这次李书福的美国之行发挥了重要作用，吉利在 2009 年 3 月正式向福特提交了第一轮标书，在国内吉利也拿到了国家发改委的备案通知书，沃尔沃收购项目成功进入谈判阶段。

尽职调查结束后，吉利并购项目团队向福特提交了第二轮标书。 谈判期间，项目组成员随时与李书福直接电话连线，没有时差，没有时间概念，沟通收购事宜。 经过一段时间的努力，2009 年 9 月 30 日，吉利迎来了收购沃尔沃的一个关键节点，福特汽车终于公开宣布，吉利成为沃尔沃的首选竞购方。紧接着，等待"V项目"团队的是围绕核心知识产权进行的更为紧张与激烈的谈判。众所周知，中国企业在海外并购过程中，对于涉及知识产权的问题，海外企业或政府在面对中国企业并购时总会通过媒体大肆渲染关乎国家经济安全等问题，使围绕知识产权的谈判总是出现问题，尤其是关于有限授权部分的知识产权，比如福特拥有，沃尔沃需要可以使用，但是绝对不能向吉利公开的知识产权，这部分是吉利最在乎的，也是谈判最费力的部分。2009年12月23日，吉利与福特同时宣布，双方就收购沃尔沃的主要商业条款达成一致。

　　除此之外，吉利围绕收购价格问题，与福特汽车的高层及董事会也展开了长期的谈判。福特汽车给沃尔沃的最初报价是60亿美元，比十年前收购沃尔沃汽车时少了4.5亿美元。在尽职调查结束以后，洛希尔银行给了李书福一个建议收购价格35亿美元，在此基础上李书福递交了新一轮标书。2009年9月底，李书福率领"V项目"团队集体奔赴哥德堡，第一次会见沃尔沃的高管。通过此次会面，让吉利的报价降低了17亿美元，将报价由原来的35亿美元更改为18亿美元。但在这期间，并购又出现了小插曲。交易金额的重大变化，使谈判项目中断了一个月，而且，到了2009年年中，全球市场有回暖迹象，此时，皇冠突然加入竞购，导致沃尔沃并购项目变得扑朔迷离。但最终，李书福团队还是获得了福特汽车董事会的肯定，通过了吉利的新报价。为了建立吉利及沃尔沃收购团队的国际化形象，让更多的相关主体认可吉利，李书福让"V团队"的成员公开面对媒体，接受采访。

　　至此，李书福的"V项目"团队经过不懈的努力，从被拒绝、不被认可，慢慢得到了福特汽车董事会及高层的认可。然而，还有一个棘手的问题在等待着李书福团队，那便是沃尔沃工会。此次的沃尔沃收购项目，除了美国福特公司及沃尔沃高层外，显然也涉及沃尔沃普通员工的利益。2009年8月，沃尔沃工会来全国总工会告状，希望总工会能够出面制止吉利对沃尔沃的收购。事发后第二个星期，李书福直接带着团队去了瑞典和比利时，先后拜访了工会的领袖与相关的政府部门，尤其是在拜访沃尔沃在比利时根特的工厂时，李书福的一句"I Love You"俘获了不少员工的心。

随后沃尔沃高管及工会成员又来到吉利汽车宁波生产基地参观，通过交流，促进了双方的了解，此时沃尔沃工会对吉利收购沃尔沃的态度也基本变成了"不反对"。

在收购过程中，另外一个大问题便是项目融资。要上演"蛇吞象"的一幕，资金必然是大问题。李书福刚开始想通过银行贷款，获取收购资金，但还是远远不够，而且也没有成功从其他企业获取资金。最后，李书福团队只能尝试通过与地方政府合作的方式获取资金。李书福团队边与福特汽车进行谈判，边与国内政府进行谈判，先后与上海、四川等地方政府达成共识，解决了融资问题。

到 2010 年 8 月正式完成交割，吉利成为沃尔沃的新老板。从 2007 年 6 月成立"V 项目"团队，李书福用了三年时间终于完成了对福特旗下沃尔沃轿车公司全部股权的收购。因为是全资收购，意味着吉利拥有了沃尔沃轿车商标所有权、使用权、10963 项专利和专用知识产权、10 个系列可持续发展的产品及产品平台、两大整车厂约 56 万辆的生产能力和生产设施、1 家发动机公司及 3 家零部件公司。更重要的是，通过此次收购，吉利获得了整车关键零部件开发独立数据库及 3800 名高素质科研人才的研发体系和能力，以及分布于 100 个国家及地区的 2325 个网点的销售服务网络等①，这些有形和无形的资产，对于吉利汽车的长远发展，意义重大。

（4）案例总结

从 2007 年首次提出收购意愿被拒，到 2010 年正式收购沃尔沃，作为新兴市场经济体国家企业的吉利成功地完成了所谓的"蛇吞象"，我们从 LOR 视角总结该起跨国并购情形。

首先，作为新兴市场跨国公司，吉利在收购过程中遭遇了来自东道国情境的 LOR，使吉利在收购过程中遭遇合法性与信誉赤字，加剧了收购的难度。在福特汽车、沃尔沃汽车及瑞典当地政府看来，中国汽车产业整体处于刚起步

---

① 中国青年网："汽车疯子"李书福终成奔驰最大股东,他曾为收购沃尔沃赌上性命。http://book. youth. cn/zx/201803/t20180302_11463106. htm,2018 年 3 月 2 日。

阶段，吉利作为年轻的汽车企业，技术实力与管理能力薄弱，根本无法管理好沃尔沃。 在此情况下，吉利收购沃尔沃，很容易被当地政府与被收购方解读为吉利纯粹是为了获取技术而开展跨国并购，收购并不利于沃尔沃的长远发展。 面对此情况，以李书福为首的"V 项目"团队，积极向福特高管及董事会表达收购沃尔沃的诚意，拿出沃尔沃的长远发展法案，消除被收购方的疑虑；与此同时，李书福让沃尔沃项目成员接受媒体的采访，努力打造收购团队的国际形象；面对沃尔沃工会的反对，李书福团队通过参观交流的方式促进双方的了解，缓解工会成员的不安。 吉利通过上述方式，打破了东道国市场各个主体对于新兴经济市场国家企业技术与管理能力差，收购只为技术，忽视收购后企业长远发展的刻板印象，从而获得了来自东道国利益相关者的合法性。其次，作为新兴市场经济体国家企业，由于母国金融市场还不够完善，企业国际化的项目融资往往成为问题。 李书福团队不仅仅依赖银行贷款，还通过与地方政府合作的方式，获取了跨国并购所需的资金，为并购谈判增加了筹码。最后，2006 年，吉利作为刚起步的汽车企业，产品与业务主要面对国内市场，员工对于企业国际化，尤其是对"蛇吞象"式的跨国并购缺乏信心，李书福多次在公司会议上表达收购沃尔沃的决心，并快速成立"V 项目"收购团队，用实际行动表明收购沃尔沃的决心，有利于集中员工力量，获取组织内部合法性。 综上，吉利作为 EMNE，在跨国并购中遭遇了 LOR，但在李书福的带领下，吉利通过自身的努力消除了 LOR 的影响，获取了合法性，取得了此次并购的成功。

5.2.2 案例二:万向集团公司并购美国 A123 案例

(1)并购方简介

万向集团公司（以下简称"万向"）创建于 1969 年，从鲁冠球以 4000 元资金在钱塘江畔创办农机修配厂开始，以年均递增 25.89% 的速度，发展成为营收超千亿元、利润过百亿元的现代化跨国公司①。 万向是国务院 120 家试

---

① 本部分数据主要来自万向集团官网,http://www.wanxiang.com.cn/。

点企业集团之一，和国家 520 家重点企业中唯一的汽车零部件企业，是中国向世界名牌进军具有国际竞争力的 16 家企业之一，被誉为"中国企业常青树"。 万向以汽车零部件制造与销售为主，与国内主要的汽车厂商一汽、二汽、上汽、广汽等建立了稳定的合作关系，主导产品市场占有率在 65% 以上。另外，万向在美国、英国、德国等 10 个国家拥有近 30 家公司，40 多家工厂，海外员工超过 16000 人，是大众、通用、福特、克莱斯勒等国际主流汽车厂配套合作伙伴，主导产品市场占有率高达 12%。 万向在发展汽车零部件业务的同时，也不断地在新能源、资源等产业上进行投入。 其中，万向新能源业务始于 1999 年，公司大力发展电池、电动汽车、天然气发电、风力发电等产业，累计投入数十亿元。 目前，万向覆盖了汽车零部件、新能源、资源、金融等多个产业领域。

万向集团的国际化始于 20 世纪 80 年代初期。 1984 年，万向节首次进入美国市场，这是中国汽车零部件首次进入"汽车王国"，此事在当时引起了不小轰动，国内外媒体纷纷进行了报道，从此万向走上了跨国经营的道路。 万向国际化的一个重要节点是 1994 年在美国成立了万向美国公司，成为万向海外"总部"，后来为万向向海外投资与并购的主体。 在收购美国 A123 前，从 2000 年开始万向美国先后并购了美国舍勒公司、纳斯达克上市公司 UAI、英国 AS 等相关领域的著名企业。 可以说，万向在并购 A123 之前已经具备了比较丰富的经验。

(2)被并购方简介

美国 A123 系统公司（以下简称"A123"）于 2001 年在 MIT 实验室成立，并于 2009 年在纳斯达克交易所上市，在美国有近 2000 名员工。 A123 是一家交通运输、电网和商业市场的锂铁电池和电池系统的生产商，且该公司提供的锂电池以高功率和高能量密度、寿命长和较高的安全性能领先于市场，其技术面向的产品领域为下一代交通运输、电网储能和消费应用产品。 A123 自成立后陆续从美国能源部拿到 2.5 亿美元资助，最重要的是还与美国通用，德国宝马、奔驰以及上汽集团等主流汽车制造厂商保持了稳定的供应关系，是锂电池行业最大的黑马。

A123 原本是一个以研发为主的公司，但在 2009 年奥巴马政府推出新能源政策之后，公司开始尝试转型。 A123 为了获得奥巴马政府的全额补贴，从韩国购进生产设备开始生产汽车电池。 但是由于前期测试准备不充分，A123 电池发生了多次事故，不得不耗资召回有问题的电池，致使 A123 产生了严重的财务问题。 而且，外界认为 A123 是被宠坏的小孩，奥巴马政府的新能源法案，使 A123 获得了美国政府及州政府的巨额补贴，但是美国政府有严格的规定，这些补贴只能用于公司扩张、建造设施以提高就业[①]。 A123 将从政府获得的资金拼命用于扩大产能，大量招聘新员工，大量建设生产线，从而造成了 A123 生机勃勃的假象。 实际上，A123 这些超额的产能从来没有被充分使用过，因为外部市场环境并非十分理想。 A123 的市场主要指汽车电池市场，而在全球经济不景气的大环境下很少有人愿意为了新能源的概念为同等性能的汽车多付出一笔钱。 况且，A123 生产的汽车电池凭借其产品更稳定、更酷、更小巧，一般以普通锂电池 2~3 倍的价格出售，被视为电动汽车中的奢侈品代表，其主要购买商就是以生产奢侈轿车出名的菲斯克。 由于外部经济环境不景气，菲斯克没能让它的新产品及时进入市场，因此削减了对 A123 电池的订单。 A123 由于产品质量问题付出大量赔偿金，加上订单量减少，在没有获取预期收入的情况下，A123 工厂也只能被迫裁员，并不得不关闭部分生产线，这些都为日后的破产埋下了伏笔。

(3) 万向与 A123

万向与 A123 渊源可以追溯到 2010 年上海世博会。 作为世博会清洁能源汽车电池供应商，万向集团参加了世博会。 万向集团董事长鲁冠球在和某企业洽谈合作时，首次接触到了 A123，当时就对该企业颇为心动。 然而，当时 A123 在奥巴马政府的支持下发展势头强劲，对于万向集团来说并不是并购的最好时机。 在并购 A123 之前，万向与美国电池制造商 Enerl 合资建立了全自动化电芯及电池系统生产基地，接着又投资 1 亿美元与美国史密斯电

---

① 财经国家周刊，http://www.cs.com.cnssgsgsxw/201301/t20130104_3804916.html，2013 年 1 月 4 日。

动汽车公司成立合资企业。 在这个过程中，万向拓宽了在美国动力电池领域的战略，也进一步了解了美国行业内对 A123 公司的认可度。 2012 年开始，自上市以来就持续出现的亏损使得 A123 积重难返，当年 3 月的电池召回事件致使其 2012 年上半年净亏损超过 2 亿美元，成为压垮其资金链的最后一根稻草。 到了 2012 年 5 月，A123 开始聘用财务顾问寻找潜在的买家，万向得知后立即展开了行动，并委托老伙伴盛德国际律师事务所代表万向跟 A123 协商。

(4)项目收购过程

2012 年 8 月，经过多轮的商谈，万向和 A123 签订了战略合作协议，协议分为三个阶段进行实施。 第一阶段是过桥贷款，总额度是 7500 万美元，分两笔支付，第一笔 2500 万美元，第二笔 5000 万美元，其中第二笔须满足前提条件方可支付。 第二阶段，万向购买 2 亿美元的 A123 可转债，前提依然是要满足一定的既定条款。 第三阶段，万向有权购买 1.9 亿份公司权证，而最后剩余的 5000 万美元贷款是在所有审批和前提条件都基本满足时才会支付，这些条件包括交易最终获得美国外资投资委员会（CFIUS）的审批和中国政府的审批，以及 A123 股东大会的通过。 如果上述三个阶段都顺利完成，万向最终会以 4.65 亿美元收购 A123 公司 80％的股份。 但是，执行过程中却出现了意外。 2012 年夏天，万向第一笔投资 2500 万美元打进 A123 的账户后不久，这份运筹了四个月的原始方案就宣告流产。 2012 年 10 月 16 日，A123 发布公告称，由于预计到期债务和利息无法偿还，公司向美国破产法院递交破产申请，原始方案难以再执行下去。 A123 发布公告称与中国万向集团签订谅解备忘录遭遇许多阻力，决定终止和万向的收购事宜，改与江森自控集团（Johnson Controls, Inc.，以下简称江森自控）达成一项 1.25 亿美元的资产收购协议。

万向的高明之处在于提前锁定这层风险，最初签订的战略协议，使万向成为 A123 的第一债权人身份，即使江森自控在竞拍中胜出，也需与万向谈判优先偿债事宜。 对于万向来说，眼前面临的最大问题是解决美国国会的反对一事。 因为就算万向在破产法庭中标后，也必须通过 CFIUS 的批准。 而当时美国的舆论一边倒，十多个美国国会议员发联名信，一大批将军和行业里的专家也发公开信，强烈反对将 A123 卖给万向，他们认为 A123 是美国政府重点企业，且有一小部分业务和军方直接关联，将 A123 卖给一家中方企业，不仅会造成就业机会流失，甚至一些至关重要的国际基础设施和军事硬件技术会转移到中国，影响美国国家安全；而且，收购 A123 之时正值美国总统大选之年，A123 作为奥巴马政府重点扶持过的企业，万向收购美国 A123 自然被蒙上了一层政治色彩。在后续的并购操作中，美国相关部门屡屡以"国家安全"为由，阻挠万向收购 A123。更糟糕的是，破产法庭的介入，突然冒出 8个竞争者，跟万向竞购 A123，竞争对手中不乏美国江森自控、日本 NEC 与德国西门子等企业，但这些企业始终只愿意购买 A123 的部分业务，不像万向始终承诺整体收购 A123。

面对上述情况，万向采取了温柔的曲线反抗的应对策略。通过采取"更多的就业机会"和"主动规避敏感区域"的方式，赢得了美国各方的支持。上文也提到，在收购 A123 之前，万向在美国市场耕耘已久。自 1994 年万向美国成立以来，万向在美国开展了一系列的业务，拥有雇员 1 万多人，合法经营，履行职责，信誉良好。因此，美国当地银行也愿意贷款给万向，而且万向在美国也积累了比较丰富的并购经验，这些都有助于万向加快与 A123 的并购谈判。此外，万向美国成立之初，就以"向美国主流社会开拓"为导向开展一系列的业务活动，致力于将集团业务在美国市场上做大做强。公司管理人员与美国管理高层保持了良好的关系，强调对美国当地社会的贡献，这使得万向在美国社会树立了良好的形象。这些在美国积累的人脉、声誉对万向完成 A123 的收购有很大的帮助。例如，A123 的最大客户兼债权人 Fiske 汽车公司也支持万向并购，Fiske 出面向法院申请，将拍卖延期一个月。而且，万向也得到了密歇根州政府的支持，由于竞争对手江森自控自己在美国就有生产基地，所以收购后必然要关掉密歇根等地的生产基地，这显然对当地经济和就业是不利的。密歇根州长 2012 年 9 月到访中国，还特别到万向杭州总部参观，并表示非常希望万向加大在密歇根州的投资。此外，为了平息美国国内有关涉及国家安全的反对声音，万向剥离了在并购中涉及美国安全审查的敏感技术和产品，并剔除了包括军工合同在内的所有政府合同，明确表达 A123

供美国军方使用的技术不在此次收购范围内。

通过上述努力，2012 年 12 月 6 日，万向集团在 A123 的竞拍现场，击败美国江森自控、德国西门子、日本 NEC 三家世界 500 强企业，最终以 2.566 亿美元成功竞购 A123 除政府及军工业务以外的所有资产。最重要的是，2013 年 1 月 28 日，在美国首都华盛顿，CIFUS 正式批准万向收购美国 A123。

（5）案例总结

作为国际化较早的企业，与其他企业相比，万向在收购美国 A123 之前已经具备比较丰富的跨国并购经验，其所遭受的 LOR 主要是来自东道国利益相关者。作为来自新兴市场的跨国公司，万向在收购 A123 时遭遇了当地政府的阻挠，尤其是 A123 作为高科技新能源企业，其部分业务涉及政府及军工合同，美国国会认为敏感技术会流入中国，甚至认为中国企业的跨国并购背后往往会有中国政府势力的存在，卖给中国企业会威胁到美国的国家安全。在中、美政治关系不稳定的情况下，更会加剧美国国内对于该起并购的阻挠。万向用自己的方式化解了来自美国国内的歧视，在当地获取了合法性，最终顺利完成并购。首先，万向在美国扎根已久，多年来强调对美国当地社会的贡献，树立了良好的社会形象，积累了大量的人脉和社会资源，这些都为后来收购 A123 时获得相关支持奠定了基础。其次，此次收购涉及军工等敏感业务，而万向主动将敏感业务部分剥离，消除了美国国内的疑虑，顺利通过了 CIFUS 的审批。

5.3　来源国劣势下浙商 MNE 合法性提升策略

越来越多的 EMNE 开始走向国际舞台，成为企业国际化的主角。然而，不同于发达国家企业，EMNE 在海外市场会遭遇 LOR，使企业在海外市场陷入合法性赤字和信誉危机，影响企业的海外经营绩效，尤其是在 EMNE 收购发达国家企业的过程中，企业更容易遭受 LOR，并直接影响并

购完成。 本部分介绍了 LOR 的类型及其作用机制，在此基础上探讨了浙江
跨国公司吉利集团和万向集团的跨国并购案例。 从上述案例的成功中，我
们可以总结出来源国劣势威胁下企业如何获得合法性，提高海外跨国并购成
功率的策略。

第一，树立企业良好形象，打消刻板印象，弱化东道国情境下 LOR 对跨
国并购的影响。 东道国利益相关者，尤其是发达国家作为东道国，普遍对来
自新兴市场的跨国公司存在"缺乏技术和管理实力"的刻板印象。 在吉利并
购沃尔沃的案例中，吉利遇到的一道难题是沃尔沃认为中国汽车产业整体实
力薄弱，吉利作为刚起步的年轻汽车企业根本无法好好经营沃尔沃。 因此，
起初美国福特汽车的管理高层毫不犹豫地拒绝了李书福的并购请求。 但是，
李书福团队多次向福特汽车公司表达收购的诚意，并提出切实可行的后续经
营方案，经过多次的沟通与交流，向福特汽车及沃尔沃汽车高层展现了吉利集
团的实力，让他们将吉利纳入考虑对象。 除了企业高层，吉利的收购项目也
遭到了沃尔沃工会的反对，李书福团队通过双方互访，以及对沃尔沃团队的耐
心解释，最终获得了工会的信任与支持。 此外，在万向并购美国 A123 的项
目中，美国国内认为并购会减少就业岗位，且会威胁到美国国家安全，尤其是
中、美的政治关系加剧了美国国内对中国企业的顾虑，因此 A123 的并购项目
受到了阻挠。 万向运用多年在美国经营积累的人脉及信誉资源，获得了 Fiske
汽车等当地企业及地方政府的支援，削弱了美国国内对中国企业跨国并购的
负面印象，最终赢得了并购的成功。

第二，主动剥离敏感技术与产品，消除东道国疑虑。 东道国情境下 LOR
的另一大来源为东道国政府对来自特定国家的投资的顾虑。 近年来，作为新
兴市场国家的中国发展迅速，尤其是来自中国企业的跨国并购数量较多，这引
起了以美国为首的发达国家的警惕，他们往往认为中国企业的跨国并购背后
隐藏了中国政府力量，将企业卖给中国企业会培养竞争对手，甚至影响国家安
全。 在万向并购美国 A123 的案例中，万向主动剥离敏感技术和产品，削弱
了美国国内的疑虑，获取了当地合法性。

第三，坚定收购目标，成立专业团队提高收购成功率。 组织情境下的
LOR 导致跨国公司内部对跨国并购缺乏信心，或是低估跨国并购的风险，

盲目制定并购计划。 在李书福初次提出并购沃尔沃的想法时，全体员工都
觉得不可思议。 但李书福多次向员工表明收购的决心，坚定员工收购沃尔
沃的信心。 为了应对沃尔沃谈判，李书福成立"Ｖ 项目"专业团队，聘请
专业人员参与并购谈判。 此外，浙商的跨国并购中，如果缺乏专业人才，
也可以依赖海外的会计师事务所、律师事务所、知名咨询公司等协助完成跨
国并购。

第四，获取国内政府支持，利用母国优势。 母国情境下 LOR 起源于母国
金融市场不完善、国际化人才缺失等问题，尤其是浙商的跨国并购中民营企业
占很大一部分，在跨国并购中承受很大的压力。 此时，获取地方政府对于跨
国公司的支持极其重要。 吉利收购沃尔沃的项目中，融资问题成为并购谈判
能否成功的重要一环，而获得当地政府的支持成为吉利融资成功的关键。 为
了提高浙商跨国并购的成功率，浙江省政府应该积极为企业出谋划策，协调联
系国家发改委和商务部，协助企业赢得跨国并购的成功。

5.4　本章小结

通过理论分析和案例研究，本章分析了来源国劣势所带来的合法性困境
及其对浙商企业跨国并购的影响，得到如下研究结论。

第一，来源国劣势及其所带来的合法性困境是浙商成功实现海外并购的
重要约束。 EMNE 进入海外市场，尤其是进入发达国家市场时被贴上"母国
制度真空""缺乏国际化人才""技术落后""品质低下"等标签，加剧了 EMNE
在国际化过程中面临合法性缺失挑战的可能，进而影响了企业海外经营绩效，
即来源国劣势。 吉利集团并购沃尔沃轿车业务、万向集团公司并购美国 A123
两个典型案例，均表明来源国劣势所带来的合法性困境成为浙商企业海外并
购的关键要素。

第二，来源国劣势下合法性困境的消除，需要群体性努力和个体性努力协
同并进。 在理论分析和案例研究的基础上，我们发现来源国劣势所带来的合
法性困境的消除，一方面，需要浙商企业甚至是中国企业持续的形象管理，打

破针对中国和中国企业的刻板印象；另一方面，针对具体并购案，浙商企业需要综合考虑全球同形规范、并购标的企业诉求、东道国利益相关者诉求，以实现有序稳健的海外并购。 例如，树立企业良好形象；主动剥离敏感技术与产品，消除东道国疑虑；坚定收购目标，成立专业团队提高收购成功率、获取国内政府支持等。

6

双元制度环境与浙商 MNE 海外子公司的响应机理

来源国劣势所带来的刻板印象的破解需要群体和个体的协同努力。对于个体企业而言，还需要进一步打开所面临制度环境的黑箱以做出有效的战略响应。本章聚焦于浙商跨国公司海外子公司所面临的复杂制度环境，分析双元制度环境下浙商跨国公司海外子公司的响应机理。

6.1 浙商 MNE 海外子公司所面临的制度困境

面对来自东道国和母国之间的制度差异及其所带来的逻辑冲突，MNE 海外子公司如何响应才能获得双边合法性？ 单方面顺从母国或者东道国是最直接的答案，但是也存在巨大的合法性风险。 例如，Stevens、Xie 和 Peng（2016）对比研究谷歌中国和雅虎中国的案例发现，谷歌中国由于坚持反对中国政府的内容审查，而退出中国市场，让谷歌蒙受了重大损失，但是却获得美国媒体的褒扬；而雅虎中国由于顺从中国政府的内容管制而获得在中国的发展，但是却受到美国媒体的批评。 例如，中国 MNE 到泰国投资会面临是否允许成立工会的重大决策。 因为在中国民营企业基本上没有工会，国有企业虽然存在工会，但其主要职能和运作方式也与西方式工会截然不同。 那么，海外子公司是要成立工会，还是禁止工会成立？ 面对冲突性制度要求，MNE 海外子公司如何做出有效的制度响应以获得双边合法性？ 单边顺从策略无疑存在巨大的合法性风险，除此之外是否还有第三条道路？ 如果有第三条道路，那么如何找到这第三条道路？ 这就要求我们深入探讨复杂制度环境影响 MNE 海外子公司的微观机理，进而揭示海外子公司多样化的东道国卷入策略。

对此，已有的 IB 制度研究主要从制度差异的角度来解释 MNE 及其海外子公司所面临的制度冲突，以及由此形成的海外子公司响应战略。 从国家制度差异的角度，已有研究提出了制度距离、制度真空、制度质量、来源国劣势等概念，强调了东道国与母国制度差异所产生的冲突，以及由此带来的以单边顺从为主导的制度响应策略，即"制度距离—单边顺从"框架。 这一研究范式被 Jackson 和 Deeg（2008，2019）称为简化式（Thin）IB 制度研究：在宏观层面假定制度各个维度的独立性，忽略了一国之中不同制度子维度的关联及其互动所带来的制度演化特征；强调了母国与东道国的制度差异，而较少探究制度差异影响海外子公司的微观机制。 所以，在简化式 IB 制度研究范式下，MNE 海外子公司被视为原子化的黑箱，差异化的制度之间难以在 MNE 海外子公司层面建立关联和互动，所以海外子公司只能通过单边顺从为主导的策略做出被动响应，即或者顺从母国制度，或者顺从东道国制度。 所以，从国家制度差异的角度，我们虽然能够看到海外子公司所面临的来自母国与东道国差异带来的制度冲突，但是却难以看到海外子公司应对并解决制度冲突的可行路径。 这就要求我们有效界定国家制度体系的内在结构、打开 MNE 海外子公司的黑箱，解析制度冲突作用于海外子公司的微观机理，以及海外子公司响应冲突性制度压力的不同策略。

对此，一些学者从新制度主义理论，特别是多重制度逻辑理论来分析二元制度环境下海外子公司所面临的内部逻辑冲突以及相应的响应策略，推动了更具厚度（thick）的 IB 制度研究。 Kostova et al. 学者首先提出制度双元性框架，认为母公司制度和东道国制度之间的冲突是构成海外子公司所面临的复杂制度环境的根本来源，开了基于新制度主义的 MNE 海外子公司复杂制度响应战略研究的先河（Kostova，Roth，2002；Kostova，Zaheer，1999）。 之后，多重制度逻辑理论的兴起，为透视制度双元性及其在海外子公司所带来的内部逻辑冲突，为揭示海外子公司多样化的响应策略提供了新的分析工具。

因为多重制度逻辑理论认为，制度复杂性来自不同制度逻辑之间的兼有互补与冲突的辩证关系（Seo，Creed，2002），从而可以克服简化式 IB 制度研究框架的静态性问题；多重制度逻辑理论关注复杂制度环境影响内部逻辑状态的微观机制（Besharov，Smith，2014；Pache，Santos，2010），从而可以揭示海外子公司的微观响应机制；多重制度逻辑理论认为，复杂制度环境下组织可以通过顺从、妥协、混合等不同策略做出响应（Pache，Santos，2013；Reay，Hinings，2009），这就为复杂制度环境下海外子公司破解制度冲突的第三条路径，即东道国卷入的双边混合策略。

因此，结合多重制度逻辑理论和 IB 场景，以多重制度逻辑为视角把国家制度环境解构为多重制度逻辑并行并彼此关联的制度逻辑集，把海外子公司所面临的制度冲突界定为 MNE 母公司逻辑与东道国企业逻辑之间的差异，以及由此引发的母公司逻辑与东道国社区逻辑、东道国国家逻辑之间的冲突；并且外部制度冲突通过社会化和资源依赖两种机制映射进入组织内部形成内部逻辑冲突，由此引发海外子公司差异化的制度响应策略。主要以中策、盾安泰国子公司为对象开展对比案例研究，揭示制度双元环境下海外子公司所面临制度冲突的来源与表现，进而明确制度冲突映射进入组织内部所形成的内部逻辑冲突，及其所带来的差异化制度响应策略。本章研究价值在于两个方面：一是基于多重制度逻辑开展更具厚度的 IB 制度研究，揭示 MNE 母公司逻辑与东道国逻辑的双元制度互动机理，从而为海外子公司制度响应的微观机制研究提供基石；二是认为内部逻辑冲突在制度双元环境与海外子公司东道国卷入策略之间的中介作用，从而揭示海外子公司多样化制度响应策略的形成机理，特别是基于混合的双边卷入策略。

6.2　多重制度逻辑下 MNE 海外子公司的东道国卷入机理

6.2.1　多重制度逻辑视角下的双元制度环境

随着全球化的推进，制度性因素逐步成为跨国公司海外扩张不可回避的核心因素（Cantwell et al.，2010）。由于制度本身的复杂性和广泛性，IB 学者采用不同的制度概念和制度框架开展研究，具体可以分为三大制度流派，分别是社会学、制度经济学、政治学传统（Aguilera, Grøgaard, 2019；Meyer, Peng, 2016）。 其中，制度经济学认为，制度的本质是一种影响代理人效用最大化的激励结构，以市场机制为中心的正式与非正式制度通过交易成本机制影响了组织决策（North, 1991）。 政治学传统下的制度研究包括历史制度主义、比较资本主义、理性选择等不同的支脉（Aguilera, Grøgaard, 2019）。 与此不同的是，社会学传统下的制度研究强调合法性对组织的影响，具体分为旧制度主义理论和新制度主义理论（Mizruchi, Fein, 1999）。 旧制度主义强调实践背后的价值的重要性，认为组织可以通过为实践赋予价值来管理组织，强调了组织的能动性；而新制度主义则强调外在社会层面的价值/意义决定了组织实践，即制度决定论。

结合新制度主义理论和 MNE 场景，Kostova 和 Zaheer（1999）、Kostova 和 Roth（2002）提出了著名的"制度双元性"概念，即东道国制度和母公司制度共同通过合法性机制影响海外子公司实践采纳。 制度双元性概念的提出，事实上已经指出了多重制度逻辑对于海外子公司实践的影响；但是这一概念并没有在 MNE 海外子公司研究中得到更多的关注。 大部分学者把注意力放在合法性的概念上，特别是新组织制度所提出的制度同形框架，结合 MNE 海外投资的区位选择和进入模式选择两个经典问题，以"模仿同形"为核心框架来解释海外投资在区位选择和进入模式选择上的趋同性。 十年之后，Kostova, Roth 和 Dacin（2008）指出，必须综合旧制度主义所强调的组织能动性和新制度主义强调的制度决定论来推进 IB 领域的制度研究，既强调外在制度的影响，同时也强调 MNE 作为能动主体的价值，以此来推动复杂制度环境下的 MNE 制度响应战略研究。 特别是随着多重制度逻辑理论的兴起，这一理论开始成为剖析 MNE 及其海外子公司复杂制度环境以开展更具"厚度"的 IB 制度研究的重要理论视角。

基于多重制度逻辑理论，已有研究初步探讨 MNE 海外子公司所面临的复杂制度环境的结构，主要表现为国别维度和内容维度两个方面。 一是在国别维度上，已有研究重点关注了同类型制度逻辑在不同国家的差异性对 MNE 海外子公司制度响应的影响。 制度逻辑并非静态、固化地存在，而是在与其他制度逻辑互动的过程中，在具有主体性组织创造下而不断演化，故而表现出国家差异性。例如，Faulconbridge 和 Muzio（2016）对比研究了英国和意大利的专业逻辑，发现两者在目标和手段方面的界定截然不同。同样是指导企业社会责任行为的 CSR 逻辑，在新兴市场国家与发达国家之间存在截然不同的强度要求，这也是很多发达国家 MNE 通过海外子公司向新兴市场国家传递社会非责任实践，导致很多发展中国家成为污染天堂的重要原因；也是发达国家 MNE 在母国和东道国采用不同质量标准和客户服务标准的重要根源（Surroca et al.，2013）。在这里必须说明的是，多重制度逻辑理论认为制度逻辑的国别差异性，虽然看似与制度距离框架下各个子维度的国别差异性相同，但是多重制度逻辑理论认为这种差异性来自特定制度逻辑与其他制度逻辑的互动所致，而制度距离框架则视子维度的差异性为外生的差异。

二是在内容维度上，已有研究聚焦于母公司逻辑与东道国逻辑的冲突及其对海外子公司的影响。MNE 母公司逻辑来源于母国的企业逻辑，并同时受到母国与东道国制度逻辑的影响（Newenham-Kahindi，Stevens，2018），所以作为母公司逻辑与东道国逻辑所构成的制度双元环境，其背后反映了母公司逻辑、东道国逻辑、母国制度逻辑三者之间的复杂关系，这也成为融合多重制度逻辑、开展更具厚度的 IB 制度研究的最大难点（魏江，王诗翔，2017；Stevens，et al.，2016）。首先，母公司逻辑与东道国逻辑之间的冲突构成了海外子公司所面对的直接制度环境。例如，Newenham-Kahindi 和 Stevens（2017）通过在非洲撒哈拉区域矿业跨国公司的案例研究发现，MNE 海外子公司需要同时面对东道国的经济交易逻辑、文化逻辑、宗教逻辑和家族逻辑。因此，东道国逻辑是由多个制度逻辑构成的制度集。其次，母公司逻辑在相当大程度上是母国逻辑的产物，所以母公司逻辑与东道国逻辑之前的冲突反映了背后母国逻辑与东道国逻辑之间的差异。例如，发达国家和新兴市场国家 MNE 母公司逻辑存在显著差异，表现为差异化的国际化的动因、进入模式以及进入后成长（Meyer，Peng，2016）。典型研究如 Stevens，Xie 和 Peng（2016）针对谷歌与雅虎在中国发展的对比案例研究发现，雅虎中国顺从中国的企业逻辑，但却导致其被母国媒体所声讨；而谷歌中国遵循自身的母公司逻辑而导致其在中国被审查，虽然退出中国市场，但却获得了母国媒体的褒扬。 对比案例研究表明，同样的实践可能获得了母国的合法性，却会丧失在东道国的合法性；反之，获得了东道国的合法性， 却引起了母国合法性的丧失。

6.2.2 双元制度环境下 MNE 海外子公司的东道国卷入策略

面对母公司逻辑与东道国逻辑之间的冲突，MNE 海外子公司如何开展有效的制度响应？ 对于海外子公司而言，其制度响应策略集中在东道国卷入决策上。 已有研究初步揭示了 MNE 海外子公司的两种东道国卷入策略，结合多重制度逻辑理论框架，我们把这些策略归结为东道国卷入的单边策略和双边混合策略。

第一，东道国卷入的单边主导策略。 东道国卷入的单边主导策略对应多重制度逻辑理论的竞争策略（A or B），即顺从主导逻辑、压制边缘逻辑的制度响应战略，也就是经典的全球化/当地化分析框架所指出的全球化和当地化策略，具体包括两种形式的单边策略：顺从母公司逻辑的全球化策略和顺从东道国逻辑的当地化策略。 早期对于进入模式选择的研究就强调了顺从东道国逻辑的东道国卷入策略，即模仿东道国实践以获得东道国的合法性（Belderbos et al.，2011）。 但是，之后的一些学者开始发现盲目顺从东道国制度逻辑会难以获得母公司和母国的合法性认可（Stevens et al.，2016），继而开始强调顺从母公司制度逻辑以获得母公司，甚至是母国的合法性认可。例如，Faulconbridge 和 Muzio（2016）发现，面对东道国和母国之间在专业逻辑上的差异，发达国家 MNE 的海外子公司会选择坚持母公司制度逻辑；Edman（2016）提出外来者优势理论，基于花旗银行的案例研究发现，发达国家 MNE 海外子公司更倾向地选择顺从母公司制度逻辑以强调全球化，维持其少数派身份来弱化东道国卷入以有效规避来自东道国的制度压力。 与之不同的是，在来源国劣势的作用下，新兴市场 MNE 则更倾向于顺从东道国制度逻辑以获得母国的合法性（魏江，王诗翔和杨洋，2016）。 例如，Fiaschi，Giuliani 和 Nieri（2017）发现来源国劣势下，EM-MNEs 海外子公司为了获得在东道国的合法性，会弱化其在东道国的社会非责任行为（CSiR），特别是当东道国具有更高的舆论自由时，会对 CSiR 产生更强的压制效应。

第二，东道国卷入的双边混合策略。 这一策略对应于多重制度逻辑理论的混合策略（A and B），强调同时满足东道国制度逻辑与母公司制度逻辑，以获得双边合法性。 Husted，Montiel，Christmann（2016）通过比较研究MNE 海外子公司和当地企业的认证标准选择决策，结果发现 MNE 海外子公司更倾向于选择东道国标准以获得东道国的合法性；而国内企业则选择全球标准以克服当地化劣势（disadvantages of localness），从而呼应了 Pache 和Santos（2013）所强调的多重制度逻辑下的选择性耦合策略以获得双边合法性。 Newenham-Kahindi 和 Stevens（2018）把 MNE 海外子公司所面临的制度环境解构为母公司逻辑和所在地逻辑（domicile logic），认为母公司逻辑和所在地逻辑之间的冲突难以通过单边策略或者简单的妥协战略获得，必须通过双边混合策略来获得双边合法性，其中双边嵌入中介起到重要作用。 从组织身份视角，Pant 和 Ramachandran（2018）以印度联合利华为对象，通过四十七年的历史研究，发现海外子公司面对母公司制度逻辑和东道国制度逻辑的内在张力，会通过逻辑排序和逻辑桥接两种机制有效建立和维持企业的双边身份，获得双边合法性。

以上分析表明，多重制度逻辑理论和 IB 理论的交叉，推动了二元制度环境下 MNE 海外子公司的东道国卷入策略研究的深入，但是已有研究还是存在两个研究缺口。 一是，虽然已有研究强调了东道国逻辑的重要性，但是东道国逻辑的具体结构还存在较大模糊性。 那么，从多重制度逻辑视角，东道国逻辑与多重制度逻辑理论所强调的七大通用性制度逻辑之间的关系如何？能否使用通用性的制度逻辑内在一贯地建构国家逻辑，并以此明确双元制度环境的结构维度？ 二是，虽然已有研究基于多重制度逻辑理论初步揭示了单边主导策略和双边混合策略，但是二元制度环境如何影响海外子公司的具体响应策略？ 特别是在同样的二元制度环境下，不同 MNE 海外子公司是否会存在差异化的响应策略？ 已有研究初步识别了二元制度环境下海外子公司的响应策略，但是具体影响机制还有待进一步揭示。 对以上两个缺口，本文把多重制度逻辑理论所提出的七大通用性制度逻辑视为一阶制度逻辑，把国家制度逻辑界定为由相互关联互动的通用性制度逻辑构成的集合，即二阶制度逻辑，从而建立由通用性制度逻辑构成的内在一贯的 IB 制度分析框架。 在此基础上，借鉴多重制度逻辑的基本分析框架，认为外在制度逻辑映射进入 MNE 海外子公司形成感知的内部逻辑冲突，进而影响了海外子公司的东道国卷入策略。 下面通过中策和盾安的泰国子公司进行比较案例研究。

6.3 案例描述

本章重点以中策、盾安两家企业开展案例研究。 通过案例剖析海外子公司所感知的内部逻辑冲突及其形成机理，以及针对逻辑冲突的东道国响应策略。 案例资料主要来自两家企业的官网，以及我们 2018 年对两家企业的实地访谈。

6.3.1 中策泰国案例描述

中策橡胶是中国排名第一、全球排名第十的集轮胎研发、生产、销售以及汽车后市场服务于一体的大型轮胎企业①。 中策橡胶的前身是 1958 年成立的杭州海潮橡胶厂，1992 年更名为杭州中策橡胶有限公司。 其在浙江杭州、江苏常州、泰国罗勇工业园区等城市和地区拥有 12 家大型生产基地，业务聚焦在轮胎行业，形成了以朝阳、威狮、好运、全诺、雅度、ARISUN 等著名品牌为核心的品牌群，并于 2011 年荣列世界轮胎行业十强。 到 2018 年，已经拥有 3 万余名员工和 2000 余名工程技术人员。

随着改革开放的推进，中策橡胶在抢占中国市场的同时也在持续推进全球化发展。 一方面，持续推进生产与产品的国际认证，提升中策产品的品质和全球品牌，以国际贸易实现全球扩张。 1995 年，获得 BVQI、ZQCA 的 ISO 9002 认证，打开国际市场；2003 年，与美国库珀轮胎签订供货协议，并获得巴西、印度尼西亚、印度及海湾地区国家的进口质量认证；2012 年，生

---

① 本部分数据主要来自中策橡胶官网（http://www.zcrubber.com/index.php）、中策泰国官方微信。

产的绿色环保轮胎通过美国环保署 Smartway 认证，达到了国际先进水平。
这一系列的认证为中策橡胶的全球化发展提供了坚实的质量背书。 特别是
2008 年以来，中策橡胶相继在海外设立海潮贸易，美国、巴西、德国贸易分
公司成为中策橡胶贸易全球化的重要支点。 另一方面，随着中国国内要素
成本的提升，通过生产基地的全球布局，有效利用自身的技术优势和全球的
要素资源，实现快速扩张。 生产基地全球化布局的关键一步就是成立泰国
生产基地。

2014 年 7 月启动泰国生产基地建设，迈出了中策橡胶生产全球化的第一
步。 选择泰国作为全球生产基地，中策橡胶主要基于两个方面的考虑：一是
利用泰国当地丰富的橡胶资源，并以泰国为基点拓展东南亚 6 亿人口的庞大
市场；二是利用泰国的市场经济国家地位，规避来自欧美的贸易壁垒和反倾销
压力。 经过十个月的努力，10 万平方米的厂房、设备的安装与调试、基建工
程等全部顺利完成，彰显了中策速度，成为全球轮胎企业建厂的一个奇迹。
2015 年 5 月，首个海外生产基地——中策橡胶（泰国）有限公司（下文简称中
策泰国）第一条轿车子午线轮胎成功下线。 2015 年 6 月，中策泰国正式开业
投产，开业当年就做到了产值 2 亿元人民币，营业收入 1 亿元人民币。

与其他制造企业仅仅把泰国作为规避贸易壁垒的做法不同，中策泰国被
母公司中策橡胶赋予了很高的战略定位，即作为重要的全球生产基地和东南
亚市场拓展基地，因而中策泰国的价值链较为完整，涉及技术开发、生产制
造、市场拓展等重要环节；产品布局也较为全面，涉及了中策橡胶的主要产品
品类。 2015 年 5 月，第一条半钢子午线轮胎成功下线；2015 年 12 月，第一
条全钢子午线轮胎成功下线；2016 年 9 月，第一条斜交轮胎成功下线；2017
年 5 月，第一条斜交工业胎和摩托车胎成功下线；2018 年 9 月，第一条全钢工
程胎成功下线。 在生产本土化的同时，中策泰国也依托威狮品牌与泰国本土
合作伙伴 ITAC 公司的运作之下，实现了在泰国当地市场的迅速扩张。 2018
年下半年，中策泰国也开始启动第三期的建设。 截至 2018 年年底，中策泰国
成为泰国罗勇府最大的中资企业，拥有员工 3500 人，营业收入也达到了中策
橡胶集团总收入的十分之一。

6.3.2　盾安泰国案例描述

浙江盾安人工环境股份有限公司（下文简称盾安环境）于 2004 年在深圳证券交易所上市，主要业务涵盖零部件制造、装备制造、智控元件、新能源汽车热管理系统关键零部件、节能业务等领域。前身是创建于 1987 年的"诸暨店口振兴弹簧厂"，1998 年开始进入中央空调领域。经过二十多年的发展，盾安环境成为全球制冷配件行业的龙头企业，中国第一家为核电站配套生产核级冷水机组且拥有自主知识产权的企业，国内具备核电暖通系统总包资质并具有实际业绩的两家企业之一；国内具有影响力的节能服务品牌之一。盾安环境下辖 40 余家子公司，在美国、泰国、日本、韩国、德国等 8 个国家设有研发中心、制造基地和海外子公司。近年来，盾安环境积极向高端装备制造和智能制造转型，推进制冷配件向工业、汽车等智能控制领域拓展，成功切入核电暖通领域，是国内核电 HVAC 产品最齐全、产品技术含量最高的核心供货商之一。

2008 年 4 月在泰国罗勇府泰中罗勇工业园区内设立盾安金属（泰国）有限公司（下文简称盾安泰国），注册资本 260 万美元，其中母公司出资 259.48 万美元，占 99.8％。经过增资，2010 年，盾安泰国的注册资本达到 5371 万美元。一期建设截止阀生产基地项目。随后，2010 年二期管组生产项目、2015 年储液器生产项目、2016 年管组二期投资扩能项目相继完成建设。盾安泰国工厂总占地面积约 62254.40 平方米。

盾安泰国是盾安国际化发展的第一步。选择泰国的主要目的有二：一是利用泰国市场经济地位优势，规避来自欧美贸易壁垒和汇率影响，提升自身在全球市场的抗风险能力和竞争力。所以，母公司的很多订单都转移到盾安泰国基地方面，因而在泰国运营初期表现出较良好的业绩，营业收入不断增长，在 2014 年营业收入达到近 2.7 亿元人民币，营业利润在 2010 年达到 1005.49 万元人民币，2011 年达到顶峰 9278.19 万元人民币。二是以泰国市场为桥头堡，拓展东南亚空调市场。随着东南亚地区的经济发展，逐步成为空调消费的重要区域，泰国更是一个年产近千万台空调的大市场，一批国际和国内知名品牌开始在泰国投资建厂。作为空调行业重要的零部件供应商，盾安需要跟随这些空调品牌商的投资步伐，保持并提升国际市场占有率。截至 2017 年已取得泰国本地全部空调客户的订单,实现了批量生产。

但随着 2015 年盾安环境美国田纳西州孟菲斯生产工厂的建设,盾安泰国在规避贸易壁垒方面的战略地位开始下降,而重点开始放在开拓泰国当地市场和东南亚市场方面,这就带来了更高的市场建设投入,所以营业利润也开始下降,甚至在 2017 年出现亏损。为此,盾安泰国一方面通过加强营销投入来扩展泰国当地和东南亚市场;另一方面,大力降低内部的运营成本,其中一个重大举措就是大幅压缩国内外派员工,大量提拔和利用泰国当地员工。

6.4 案例讨论

6.4.1 母公司逻辑与东道国逻辑之间的潜在冲突

双元制度环境是 MNE 海外子公司所面临制度环境的核心特征。根据比较资本主义理论和多重制度逻辑理论,我们认为 MNE 海外子公司所面临制度冲突直接表现为母公司逻辑与东道国企业逻辑之间的差异;进而这种差异引发了东道国社区逻辑、东道国国家逻辑的介入,从而表现为母公司逻辑与东道国社区逻辑、东道国国家逻辑的潜在冲突。根据案例情况,我们发现两家子公司存在以下四个方面的制度冲突。如表 6-1 所示。

表 6-1 双元制度环境下中资泰国子公司所面临的制度冲突

	母公司逻辑	东道国企业逻辑
员工加班	当公司有需求时,员工需要加班来支持公司的发展;并且员工也渴望通过加班获得额外报酬和支持公司发展	面对公司提出的加班要求,员工有权利选择不加班;并且员工在获得基本工资的基础上,并不愿意加班
成立工会	中国企业没有成立西方式工会的要求,中国企业也不倾向于成立西方式工会	工会至少由 10 个以上成员组成,但是只有当至少 20% 的员工都为工会成员时,工会才能对其雇主提出要求
社区卷入	社区卷入的程度较低	社区卷入和承诺较高
政治关联	通过政治关联来获得防止政府的不利影响,获得政府的各项政策优惠	政府的影响力较小,企业不需要开展政治关联行为

第一，泰国企业需要遵守法律赋予员工的权利，特别是不加班的权利；而中资企业的传统则认为员工应当努力工作，甚至加班为企业做出更大贡献。一方面，泰国员工根据劳动法拥有在加班事项上的自主权，可以选择不加班；另一方面，泰国员工在当地文化的影响下而不愿意加班。中国制造企业的经验是员工应该根据企业发展的需求而努力付出，应当、应该积极响应公司的要求而加班。所以，很多中资企业到泰国经营的第一反应是认为泰国员工太懒，即使提高工资也不愿意加班。例如 2000 年，最早来泰国投资的华立就碰到这一问题，当华立泰国的负责人通知员工晚上加班，却发现到了加班时间只有中方员工按时加班，而泰国员工却没有出现。同样，刚刚来到泰国的中策泰国和盾安泰国都碰到类似的问题。"中策泰国在泰国建厂的时候，十个月就建成一期项目，体现了中策速度。这一速度背后体现的是集团母公司的支持，体现了中方外派员工的极大付出。"

第二，泰国企业需要按照法律，允许员工成立工会以保障自身的权利；而中资企业的传统则是不希望成立或者认为没有必要成立西方式工会。泰国劳工法赋予员工成立工会维护自身权利，即当泰方员工达到一定规模时，就可以向相关政府部门来成立工会；当泰方员工参加工会人员达到一定比例时，就可以跟资方进行谈判。泰国企业包括日资跨国公司，通常都会遵守这一法规，允许员工在内部成立工会，并就员工利益与资方进行谈判。而中资企业的传统则相反，更习惯不成立工会或者说不习惯成立西方式工会，认为员工不需要成立工会：员工如有诉求，可以直接向资方提出，而不需要建立西方式工会来强化彼此之间的对立性。所以，针对工会问题，中资泰国子公司之中泰方员工与中方管理层会产生较为明显的冲突。

第三，泰国企业需要关注企业行为对社区存在的各种影响，并积极投身于社区做出应有的贡献；而作为新兴市场国家跨国公司，中资企业的传统则相对忽视其对社区的影响，对社区的卷入程度也较低。受到泰国旅游产业的影响，泰国法律对于环保有较高的要求，所以泰国企业也会比较关注企业对于社区存在的各种不利影响，同时由于员工多为当地人，所以对社区的卷入程度也较高。在中国，虽然随着"两山理论"的提出，社会效益与环保标准开始广为关注，但是这还没有形成强有力的环保意识和环保能力；与此同时，大量制造企业大多依赖于外来务工人员，所以与社区的关联性和依赖性也较低，这就造成了企业的低社区卷入实践，因而形成了中资企业的传统：对社区的关联较少、社区卷入程度较低。因此，中资泰国子公司会因为社区承诺和社区卷入问题而与当地社区产生冲突。

第四，泰国企业的政治介入相对较小，主要是在市场经济体制下依托内部资源优势获得竞争优势；受到国有经济的影响，中资企业则较为关注政治关联，强调通过建立政治关联以获得各种政策优势，进而获得竞争优势。由于泰国是市场经济国家，所以高市场竞争和低政府介入成为泰国企业经营的重要外部环境，泰国企业也就形成了与西方较为类似的经营模式，即依托自身资源和自由市场获得竞争优势，因而在政治关联方面的介入程度较低。与之不同的是，中国企业虽然通过社会主义市场经济体制改革而大大提高了市场化程度，但是政府的影响力依然巨大，因而建立政治关联就成为企业获得竞争优势的重要策略。所以，中资企业的传统就是与当地政府建立政治关联来防止可能的侵害并获得各种优惠措施。中企泰国子公司就需要明确与当地政府建立何种形式的关联。

6.4.2 内部感知逻辑冲突的形成

外部制度冲突之所以能够引起组织的内部逻辑冲突，依赖于外在制度逻辑在组织内部的载体及其话语权，依赖于组织对于外在制度逻辑制度裁判的资源依赖性（Pache，Santos，2010）。因此，我们进一步探究组织母公司逻辑和东道国逻辑在组织内部的映射及其所带来的内部逻辑冲突。如表 6-2 所示。

表 6-2 中策泰国与盾安泰国感知的双元制度压力

	中策泰国	盾安泰国
感知母公司逻辑强度 ·母公司对子公司的依赖 ·子公司对母公司的依赖 ·外派人员的结构与比例	感知母公司逻辑强度:高 ·2018 年销售额达到母公司总销售额的十分之一;并加快二期和三期建设,因而对母公司的依赖性更大 ·子公司价值链较长,技术依赖于母公司,依赖于母公司的外派技术人员的支持 ·外派人员占据了中高层管理岗位,外派员工占据约为 50%	感知母公司逻辑强度:中 ·对母公司的贡献由于 2017 年重大事件而下降,母公司把子公司定位于生产基地和销售中心 ·子公司对母公司依赖于母公司的技术转移,但是由于在当地仅仅涉及组装环节,因而对母公司技术人员的依赖性不高 ·公司外派人员占据中高层管理岗位,但是比例很低,负责人也是当地雇用和当地成长的结果

	中策泰国	盾安泰国
感知东道国逻辑的强度 ·对当地市场的依赖 ·对当地社区的依赖 ·对当地政府的依赖 ·泰方员工的比例与结构	感知东道国逻辑的强度:高 ·对当地市场依赖性高 ·由于存在污染、雇用当地泰方员工、基础设施敏感性,因而对当地社区的依赖性较高 ·对当地政府的依赖性较低 ·泰方员工比例低于 50%,泰方员工最多担任基层干部,中层和高层均为中方员工占据	感知东道国逻辑的强度:高 ·对当地市场依赖性高 ·由于雇用当地泰方员工,因而对当地社区的依赖性较高 ·对当地政府的依赖性较低 ·泰方员工比例高于 95%;即使主要高管也是当地雇用、逐步成长的结果

对于中策泰国来说,母公司对于海外子公司的掌控和影响比较大。 中策泰国的负责人为中策集团的成熟干部,忠诚于总部,在管理风格和组织文化上具有典型国企干部风格,强调对总部的忠诚、具有强大的执行力。 在公司员工结构上,外派员工的比例也较高,特别是干部岗位、关键技术岗位,均来自总部外派。 虽然这会给公司带来较高的运营成本,但是能够较好地掌控公司的运营。 值得一提的是,中策泰国在建设厂区的时候,为了保证建设速度和质量,必然要求员工加班。 在这一过程中,只有中方员工加班,泰国员工很少加班,这形成了鲜明的对比:到了下班时间,泰籍员工按时下班,而中方员工依旧热火朝天地加班工作。 并且,由于当地条件比较艰苦,中方加班员工都居住在集装箱之中,被称为"集装箱特战队";之后这批中方员工在厂区设备改进中发挥重要作用,被称为"现代化急行军",对中策泰国的快速而稳健的发展起到了重要作用。

与此同时,中策泰国对当地的依赖性也较高,具体表现为战略依赖性、市场依赖性和生产依赖性。 首先,战略依赖性主要体现在中策利用泰国的市场经济地位来规避贸易壁垒,并且 2018 年其销售额已经占据中策集团销售额的10%;在供应链上,中策接近重要的原材料橡胶;在产品品类上,中策泰国已经涉足公司的高中低等不同的产品品类。 其次,市场依赖性主要体现在中策泰国以泰国为基础拓展东亚当地市场,开发独立新品牌和营销渠道来开发东亚市场。 最后,生产环节的当地依赖性。 一方面,中策泰国的生产流程会对当地社区产生一定影响,特别是对当地环境产生影响。 另一方面,中策泰国的生产成本依赖于稳定的当地生产投入。 当地供电系统稳定性、当地泰籍工人的合作、当地社区的合作都影响了中策泰国的生产稳定性，进而影响了企业成本。 例如，2017 年没有预兆地临时停电十多次，给公司增加了极大的成本。 而一旦社区不协调、工人不合作，就会带来生产线的不稳定性，进而增加了很多成本。

对于盾安泰国，母公司一开始虽然同样把泰国作为规避欧美贸易壁垒的重大地位，但是这一地位对母公司的战略价值不断下降。 之后，为了降低海外运营成本，母公司开始大范围地去外派员工，并把盾安泰国定位于生产组装车间。 这一新的定位，降低了泰国盾安在母公司体系中的战略价值。 与此同时，作为生产组装车间的生产模式，也降低了对母公司干部和高级技术人员的依赖，使得盾安在人员模式上主要采用当地化招聘的策略。 例如，盾安泰国的中方员工比例很低，不足 5%，并且盾安泰国的负责人虽然是中国人，却来自当地招聘，对母公司总部的文化熏陶称不上深厚；且该负责人对泰国语言、文化十分熟悉，甚至被员工当成泰国人。 所以，相对于中策泰国来说，盾安母公司对于盾安泰国的管控和依赖性相对较小，所以母公司逻辑在盾安泰国的影响相对较小。

盾安泰国对泰国当地的依赖性尽管不像中策泰国那样的全方位依赖，但是也相对较高。 虽然盾安母公司下调了盾安泰国在整个公司的战略定位，但是盾安泰国利用母公司的产品优势积极拓展当地市场，成为泰国市场的重要参与者，并不断提高自身对母公司的贡献。

6.4.3 内部逻辑冲突的响应:单边卷入与双边混合卷入

面对内部逻辑的冲突性，已有研究重点关注了两种响应策略，分别是竞争战略和混合战略。 其中，竞争战略强调响应主导制度逻辑而相对边缘逻辑的策略，而混合战略则强调同时响应冲突性逻辑诉求，获得双边合法性的策略。 在 IB 场景下，已有研究强调了母国与东道国之间的制度距离所带来的逻辑冲突，并强调了母公司逻辑与东道国逻辑的共同影响，认为海外子公司会同时考虑母公司逻辑和东道国逻辑的诉求，以单边顺从或者双边妥协的策略做出响应，而较少关注双边混合策略。 通过对两家海外子公司的案例研究，我们发现两者采取了截然不同的响应策略。简而言之，中策泰国采用了双边混合策略，而盾安泰国则采用了指向东道国的单边顺从策略。如表 6-3 所示。

表 6-3　中策泰国与盾安泰国的制度响应：单边主导卷入和双边混合卷入

冲突	中策泰国	盾安泰国
	员工加班冲突：高	员工加班冲突：中
员工加班	从双边区隔到双边整合 • 一期建设阶段的双边区隔 中方外派员工加班、泰方员工不加班 • 一期建成之后的双边整合 强化泰方员工与中方员工交叉的团队任务 在基层团队中，提拔泰方干部，占到 50% 优化员工工作量核算和付酬的流程 通过各种企业文化活动，来强化泰方员工的归属感	单边顺从为主的策略 • 建立员工加班流程，充分尊重员工不加班的权利 • 认可泰方员工的工作节奏和工作风格 • 借鉴母公司方式提高员工工作效率
	成立工会冲突：高	成立工会冲突：中
成立工会	从单边顺从到双边混合 • 初期阶段的单边顺从 根据法律，暂缓员工成立工会，保持生存稳定性 • 逐步转向到双边混合 通过建立正式与非正式的劳资沟通机制，提升泰方员工的满意度 在建立内部沟通机制和工会制约机制的条件下，为成立泰方员工工会做准备	单边顺从为主的策略 • 采用泰国常用的工会管理办法，以有效控制工会对公司运营所带来的影响 • 软硬兼施，处理工会事务，保持与工会的对话，但凡违背其底线者必定坚决处理 • 借鉴母公司实践，营建内部良好的劳资关系
	社区卷入冲突：高	社区卷入冲突：中
社区卷入	从单边顺从到双边混合 • 初期阶段的单边顺从 沿袭中企传统，与社区的关联较少，但这也带来了社区的不满 • 逐步转向到双边混合 积极参与当地事务，彰显自身作为当地社区成员的一般身份，例如广泛参加当地社区的各种节日。在参与社区活动中，彰显自身作为中资企业的独特身份，服务当地社区的意愿，例如帮助当地果农解决产能过剩问题	单边顺从为主的策略 • 与泰国企业相同，积极参加当地社区的各项活动

续　表

冲突	中策泰国	盾安泰国
政治关联	政治关联冲突：中	政治关联冲突：低
	单边顺从（母国）为主的策略沿袭中企传统，与政府建立多触点的关联	单边顺从（东道国）为主的策略顺从东道国逻辑，基本与政府没有超出业务之外的关联

由于双边依赖，中策泰国主要采用双边混合策略做出响应。由于依赖母国的技术支持以及相应的外派人员支持，所以感知到母公司制度压力较高；由于依赖东道国社区、员工、政策的支持，所以感知到东道国制度压力也更大。面对二者之间的冲突，中策泰国主要采取双边混合策略来获得双边合法性。混合策略具体可以分为区隔策略和整合策略。在进入泰国市场的早期，中策泰国主要采用了单边顺从和双边区隔策略，但是单边顺从带来了对边的不满、区隔战略所带来的双重标准提高了管理成本和管理难度，从而驱动中策泰国走向双边整合策略。下面针对中策泰国所面临的具体冲突做针对性的说明。

首先，对于泰籍员工加班的问题，刚刚进入泰国市场的中策泰国主要是通过在中方和泰方员工之间分别采取不同的标准。在初期的工厂建设过程中，中策泰国为了完成工厂建设目标而采用了双重标准，要求外派的中方员工加班，而允许泰方员工按时上下班的策略。正如前文所提到的，中方外派员工在艰苦的条件下，加班加点按时完成了工厂建设目标，由于初期他们主要住在集装箱之中，所以自称为"集装箱特战队"。早期采用区隔策略虽然保证了工厂建设目标，但是企业的长期运营还必须依赖当地化的劳动供给，即泰方员工的积极投入。为此，中策泰国在采用区隔策略的同时，也开始通过混合策略来同时实现权利自由和工作加班的双重目标。具体包括以下几个策略。第一，强化泰方员工与中方员工交叉的团队任务。这既包括正式的工作团队安排，也通过各种非正式的企业文化项目，建立泰方与中方员工的交叉团队，以强化泰方员工与中方员工的交流与合作，促进对彼此工作价值观和工作方法的了解和合作。值得一提的是，在各个部门内部，一般同时配备懂泰文的中方员工和懂中文的泰方员工，实现有效沟通。第二，在基层团队中，提拔具有开放思维、能力优秀的泰方员工，使之成为沟通中方员工与泰方员工的中介，这些被提拔的泰籍员工以及部分安家泰国的中方员工，成为凝聚双方共识的重要力量。 这些被提拔的泰方员工大多为基层干部，基本占到了子公司基层干部的 50％。 第三，优化员工工作量核算和付酬的流程。 当中国企业面临波动性订单而带来的加班需求时，企业往往通过发加班通知、事后计算工作量和加班薪酬，就可以实现。 但是，这一员工管理办法并不适用于泰方员工。 为此，中策泰国进行了流程优化：一是在加班之前充分征求员工意见；二是对加班工作进行实时计量，让员工感知到加班所带来的价值。 第四，通过各种企业文化活动，来强化泰方员工的归属感。 这体现在很多方面，这种文化活动不仅仅包括针对员工的内部企业文化活动，也包括针对社区的文化活动。 这些活动都强化了员工，特别是泰方员工对企业的归属感。

其次，成立工会的问题。 与加班问题类似，成立工会是泰国法律赋予工人的权利，工会是工人谋求自身利益的合法组织。 当然，成立工会也需要具备一定条件，只有当泰方员工达到一定规模和比例，才可以按照法律规定成立工会。 而中资企业却在应对西方式工会上存在经验匮乏的问题。 对于中策泰国来说，由于生产稳定性决定了企业的订单稳定性和企业成本，所以需要员工、特别是基层泰国员工的配合。 为此，中策泰国的应对策略从初期的单边顺从策略转向目前的双边混合策略。 一是初期的单边顺从策略。 在初期由于存在语言问题和沟通渠道问题，考虑到成立工会后极易引发劳资冲突，进而影响厂区建设和生产稳定性，中策泰国在初期的基本策略是在法律框架下暂缓内部工会的成立。 为此，中策泰国通过控制员工比例和员工规模来控制泰方员工工会的成立。 在初期，由于对中方外派员工依赖性很大，所以中策泰国的中方员工比例很高，并且依赖于中方员工进行厂区建设和生产推进。 但是，由于外派成本较高，并且随着泰方员工技术水平的提升并参与到非关键技术岗位，中方员工比例不断下降，这就带来了泰方员工成立工会的压力不断增加。 二是，为应对日益增大的泰方员工成立工会的压力，中策泰国通过建立正式与非正式的劳资沟通机制，来提升泰方员工的满意度，从而在很大程度上实现了中方和泰方的共同利益。 正式沟通机制是基于 DEI 的沟通机制，让泰方员工的意见能够及时、有效地反映到公司管理层，进而有效解决泰国员工所提出的各种问题，缓解泰方员工成立工会的动机。 非正式沟通机制是，中策泰国与泰国劳工局建立关联，以此来了解泰方员工所提出的诉求。 泰方员工也存在不直接向管理层沟通，而直接向当地劳工局进行投诉的情况。 面对这种情况，中策泰国都会做出迅速而及时的响应，争取在走向正式投诉之前把问题解决。 因此，在正式与非正式渠道的作用下，泰方员工成立工会的动机被大大弱化。 三是，在建立内部沟通机制和工会制约机制的条件下，为成立泰方员工工会做准备。 内部沟通机制的建立可以实质性解决劳资冲突，而工会制约机制的形成则可以防止工会权力的滥用。 通过努力达到这两个条件，中策泰国也考虑在合适的条件下成立内部工会，形成更为和谐的劳资关系和工会运行机制。

再次，社区问题。 面对社区更高的要求，中策泰国也是在不断地摸索中明确其社区卷入策略。 在初期面对来自当地社区的制度压力，中策泰国的处理方式相对被动，即只有面对来自社区投诉，才会做出响应。 随着内部泰国员工的介入，中策泰国管理层开始更为清晰地了解当地社区的制度诉求，从而开始主动地管理社区关系，其具体的冲突响应策略从早期基于被动响应的单边顺从策略，转变为基于社区卷入的双边混合策略。 初期的社区卷入策略相对简单，双方聚焦于社区污染问题，中策泰国的响应策略是根据国内的通常做法：满足当地的法律标准，而较少涉足当地社区事务。 这种被动响应之下，社区与公司之间难以建立充分的信任关系，所以企业与社区之间的摩擦时而发生。 例如，中策泰国的厨房食用油排放引发当地社区的投诉，令中策泰国大伤脑筋。 之后，中策泰国开始做出更为积极的社区卷入策略。 这种社区卷入策略体现在两个方面：一是积极参与当地事务，彰显自身作为当地社区成员的一般身份。 例如，中策泰国积极参与当地的儿童节、参加当地敬老院宋干节祈福活动、举办宋干节浴佛及洒水祈福活动、参加僧王放生活动等一系列活动，以获得当地社区的认可。 二是在参与社区活动中，显示自身作为中资企业的独特身份，以及由此带来的独特的社区价值创造能力。 例如，中策泰国帮助帕那尼空果农解决菠萝产能过剩、并举办"一带一路"职业与语言培训中心（中策泰国教学点）。 这些社区活动显示了中策泰国作为中资企业的特有身份。

最后，处理与政府之间的关系。 面对问题，中国企业的重要做法就是建立政治关联，其目的既包括获得政府的政策优惠，也包括防范来自政府以及其他相关者的侵害。 与之不同的是，作为市场经济国家，由于泰国政府是小政府，所以建立政治关联所能够获得的收益相对有限，所以泰国企业则主要通过市场机制来解决现实中所面临的问题，企业与政府的关系较为简单。 中策泰国延续了母公司逻辑，积极开展政治关联活动，即单边顺从的策略。 作为国企，中策泰国的管理层延续了母公司的制度逻辑，强调建立良好政治关联的重要性，认为良好的政治关联是企业获得竞争优势的重要渠道。 现实中，中策泰国通过建立良好的政治关联来确保企业防止被泰国其他主体侵害，成为重要的保护自身利益、防止当地侵害的重要防御工具。 虽然，泰国政府是小政府，但是通过政治关联可以让企业获得来自政府相关部门的信息，例如获得来自劳工局的信息，以有效了解泰方员工的意图和不满；以政府为中介建立与社区的良好关系。

与中策泰国形成鲜明对比的是，盾安泰国在应对内部逻辑冲突时，就表现出以单边顺从（母公司）为主的响应策略。 由于盾安母公司下调了盾安泰国的战略地位，并且人员采取了彻底的本土化，加之对泰国当地市场较为依赖，盾安泰国所感知的来自母公司的制度压力相对较小，内部逻辑冲突并不强烈，因而采取了以单边顺从为主的响应策略，并借鉴母公司的具体实践来应对可能的内部逻辑冲突。

第一，在员工加班问题上，采取单边顺从当地制度压力为主的策略。 对于泰国人的"懒"，盾安泰国的负责人说，"不是泰国人太懒了，而是中国人太勤快了"。 所以，盾安内部充分尊重泰方员工的权利，也充分尊重泰方员工不加班的文化与态度。 在承认泰方员工工作权利和工作态度的同时，盾安泰国也认识到泰方员工工作效率带来的问题，即虽然泰国员工的工资水平比中国国内员工水平稍微低一些，但是其工作效率也同样比中国国内员工低，因而从成本效率的角度来看，在泰国经营的成本优势并非想象中的那么大。 因此，在尊重泰方员工工作权利和工作态度的同时，也借鉴母公司的一些做法，不断提高泰方员工在企业的投入度和工作效率。 例如，2018 年举行了第一届技能大比武，针对性地提高员工的工作效率和工作技能。

第二，在员工工会问题上，盾安泰国选择单边顺从（东道国）策略。 由于盾安泰国的泰方员工比例接近 95％，按照法律必须允许泰方员工成立工会。 但是对于工会，盾安泰国却采用泰国常用的工会管理办法，以有效控制工会对公司运营所带来的影响。 例如，盾安泰国在遵从泰国劳工相关法律的同时，也明确了自身的"厂规厂纪"，确定了一些公司难以容忍的事项，约定了凡违背必辞退的若干事项，尽管不得不对辞退劳工按照规定做出赔偿。 并且，这些"厂规厂纪"在当地劳工局备案，以保证其对员工的辞退具有合法效力。 所以，虽然盾安泰国内部成立工会，但是公司对工会具有足够的控制力，以确保公司生产运营的稳定开展。 并且，盾安泰国在处理工会事务方面，具有软硬兼施的特点，一方面保持与工会的充分沟通，对于工会要求在合理范围内尽量予以考虑；另一方面，对于违背公司底线的工会成员则坚决处理。 特别是盾安泰国负责人的沟通能力和强势态度，也获得了工会的认可，形成了较为平衡的劳资关系。 其负责人提到，"我在泰国留学、工作多年，对于泰国企业和泰国工人的想法十分熟悉，能够完全理解对方的态度、想法，一些泰方员工甚至把我当成泰国人来对待"。 在进行有效控制内部工会的同时，盾安泰国也不断借鉴母公司的一些做法来营建和谐的内部劳资关系。 例如，面对泰方员工碰到的私人问题，盾安泰国会通过公司内部帮扶的方式来实现员工援助。

第三，社区卷入问题。 在社区卷入方面，盾安泰国也主要是顺从泰国当地企业的做法，积极参与社区的各种活动，特别是宗教活动，以强化自身作为社区成员的身份。

第四，政治关联问题。 与中策泰国截然不同，盾安泰国表现出明显的"政治不关联"特点，表现出明显的单边顺从（东道国）策略。 盾安泰国负责人提到，"在泰国，政府是小政府，依靠政府虽有小惠，但无大利"。 所以，"我很少跑当地政府相关部门，即使处理一些政府相关事务，有专门人员负责就行了，我根本不知道政府工作人员的名字，也不用知道"。

6.4.4　总体模型

制度双元环境、内部逻辑冲突与海外子公司的响应策略总体模型如图 6-1所示。

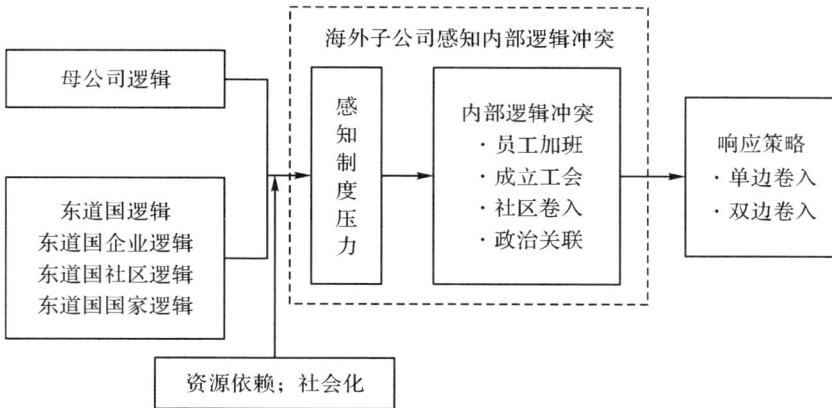

图 6-1 制度双元环境、内部逻辑冲突与海外子公司的响应策略

6.5 本章小结

面对冲突的双元制度环境，MNE 海外子公司如何做出响应以获得双边合法性？本文把东道国逻辑解构为由相互关联的通用性制度逻辑构成的集合，分析了母公司逻辑与东道国逻辑之间的冲突，及其对海外子公司东道国卷入策略的影响，并以中策、盾安在泰国海外子公司的对比案例开展分析，得到以下三个方面的研究结论。

第一，母公司逻辑与东道国企业逻辑之间的差异构成海外子公司内部逻辑冲突的直接来源，而具体表现为母公司逻辑与东道国社区逻辑、国家逻辑之间的冲突。具体而言，母公司逻辑与东道国企业逻辑之间的差异构成了海外子公司所感知内部逻辑冲突的直接来源。中企的母公司逻辑在很大程度上是在中国场景下与母国国家逻辑、母国社区逻辑互动所形成的母国特有的企业逻辑；东道国企业逻辑是在东道国情景下与东道国国家逻辑、东道国社区逻辑互动所形成的东道国特有的企业逻辑。所以，母公司逻辑与东道国逻辑之间的冲突的直接来源就是母公司逻辑与东道国企业逻辑之间的差异，这种差异导致了东道国国家与社区的介入，进而表现为母公司逻辑与东道国社区逻辑、东道国国家逻辑之间的冲突。结合两个案例，本文重点关注四个方面的逻辑冲突，分别是员工权利、成立工会、社区卷入、政治关联等。 四个方面的差异，使得企业逻辑背后的社区、国家开始浮现、介入，表现为母公司逻辑与东道国国家逻辑、社区逻辑之间的冲突。

第二，海外子公司的东道国卷入策略，取决于母公司逻辑与东道国逻辑在组织内部映射所形成的内部逻辑冲突，即海外子公司感知的内部逻辑冲突作为中介变量影响了双元制度环境与组织东道国卷入策略之间的关系。 这一映射过程具体取决于社会化机制下组织内部载体，以及组织对制度逻辑裁判的依赖性，二者共同决定了感知制度压力的强度，这又进一步形成了内部逻辑冲突。 就两个案例而言，中策泰国面对强度更高的双边依赖性，带来更高的感知制度压力和内部逻辑冲突；而盾安泰国则显示出更多的东道国依赖性，依赖当地的员工与当地市场，所以虽然有来自母公司逻辑和东道国逻辑之间的冲突，但是感知内部逻辑冲突的强度相对较低。

第三，面对内部逻辑冲突，海外子公司会做出不同的东道国卷入策略，包括单边顺从和双边混合策略。 多重制度逻辑理论认为面对内部逻辑冲突，组织可以选择竞争和混合两大典型策略。 由于双边依赖及其所带来的强度更高的逻辑冲突，中策泰国的响应策略从初期的单边顺从转变为双边混合策略。 其中，双边混合策略又进一步分为双边区隔策略和双边整合策略。 与之不同的是，盾安泰国的响应策略则因为其较为明显的单边依赖，所以主要采取单边顺从策略，即顺从东道国逻辑，并在此基础上吸收母公司的部分元素。 其中，双边混合策略的形成依赖于海外子公司对于母公司逻辑与东道国社区逻辑、东道国国家逻辑的有效把握。 因此，只有开展更具厚度的 IB 制度研究，深刻分析一国之内不同制度逻辑之间的互动关系，才能揭示出获得双边合法性的混合响应策略。 反之，如果在简化制度范式下仅仅把一国之中不同制度维度视为独立而不相关的概念，就难以找到获得双边合法性的混合策略，这也是开展更具厚度制度研究的核心价值。

本章研究的理论价值有以下三个方面。 一是把国家制度解构为通用性制度逻辑构成的集合，从而基于多重制度逻辑理论形成内在一贯的 IB 制度研究。 多重制度逻辑理论强调通用性制度逻辑及其关联与互动对于组织的影响。 而 IB 理论在海外子公司研究中强调了母公司逻辑与东道国逻辑之间的冲突。 因此，融合多重制度逻辑理论和 IB 制度研究，把东道国制度逻辑视为由各个通用性制度逻辑构成的集合，即由诸多一阶制度逻辑构成的二阶制度逻辑。 这就实现了多重制度逻辑理论与 IB 制度研究的有效结合，形成了基于一阶制度逻辑的内在一贯的 IB 制度研究。 二是我们认为，双元制度环境所形成的制度冲突来源于母公司逻辑与东道国企业逻辑之间的差异性，进而（在本案例研究中）表现为母公司逻辑与东道国社区逻辑、东道国国家逻辑之间的冲突，从而为探究 MNE 海外子公司的混合响应策略提供了分析框架。 在简化式 IB 制度分析框架，面对制度距离，MNE 海外子公司的双边合法性获取策略只能选择单边顺从的模式，而难以探寻获得双边合法性的机理。 三是我们认为，外在双通用性制度逻辑通过影响 MNE 海外子公司感知的内部逻辑冲突，进而影响海外子公司的制度响应策略，即东道国卷入策略，从而解释了双元制度环境下海外子公司差异化响应策略的内在机理，从而为复杂制度环境下组织差异化响应战略研究提供了 IB 场景的实证证据。

本章研究的现实意义主要是为 MNE 海外子公司提供了双元制度环境下双边合法性获得的策略，以及结合自身特点有效开展制度响应的决策机理。 海外子公司的合法性获取，并非简单地顺从母公司逻辑或者顺从东道国逻辑，而是要结合双元制度环境、内部逻辑冲突来开展有针对性的东道国卷入策略。 这种响应策略不仅包括单边响应策略，同时也包括双边混合策略。 其中双边混合策略体现了海外子公司的制度创新和创业。

本章也存在不足，但同时指出了未来的研究方向。 第一，本章以两家企业在泰国海外子公司为对象开展对比案例研究，未来可以采用来自不同国家的海外子公司开展案例研究和大样本统计分析，以提高本章研究结论的外部效度。 例如，可以选择指向欧美的海外子公司进行实证研究，因为逆梯度的海外子公司所面临的冲突会更为显著。 第二，结合案例情景，本章研究重点关注了东道国社区逻辑、东道国国家逻辑，而没有涉及其他性质的制度逻辑；本章重点关注了母公司逻辑与东道国社区逻辑、东道国国家逻辑之间的冲突，及其所带来的东道国卷入策略。 未来可以重点关注其他类型的制度逻辑，例如家族逻辑、宗教逻辑等，以验证本文所得到的研究结论。 第三，本章研究重点关注了社会化和资源依赖对于外在双元制度环境与海外子公司内部逻辑冲突关系的影响，未来可以进一步考虑其他企业层面变量对于外部双元制度环境与内部逻辑冲突关系的影响，例如场域位置、企业可视性、社会地位等变量的影响。 第四，本章研究重点关注的是海外子公司在组织层面的响应战略，未来可以重点关注个体层面的响应机制、组织身份的响应机制，以丰富本研究的理论框架。

7 全球化跳板与浙商高端资源获取

以上两章主要探讨了浙商海外直接投资所面临的复杂制度环境及其相应的制度响应和合法性获取策略。 本章则从资源视角探讨浙商利用全球化跳板获得高端资源的具体经验。

7.1 浙商高端资源获取的现状

7.1.1 浙江民企高质量发展的背景

从改革开放到 21 世纪初,浙江成功实现了从一个落后农业省份到经济大省的赶超,培育出了一批有相当规模的企业。 浙江的工业化是从低门槛的家庭工业、轻小工业起步,"低、小、散"的特征明显,民营企业粗放式经营比较普遍。 随着 2003 年浙江省"八八战略"的出台,政府和企业界对于摒弃粗放式增长方式,克服资源要素缺乏、生态环境压力和内外市场约束等瓶颈的制约,日益形成共识。 深入实施"腾笼换鸟、凤凰涅槃"等重要理念,推动经济结构的战略性调整和增长方式的根本性转变,成为政府和企业界面临的最紧迫任务。

浙江经济的转型在某种意义上就是直面经济的新常态,从高速增长转为中高速增长，从要素驱动、投资驱动转向创新驱动，不断优化升级经济结构。新常态的本质是复合型的，有着大视野、国际化、复合型、可持续、多样性的特征。 浙江民营企业在新常态下既要把握全球化条件下的竞争机遇，又要能够迎接全球化潮流下的竞争挑战，引领浙江经济从高投入、高消耗、高污染的粗放式增长阶段，迈向创新、协调、绿色、开放、共享理念主导的新发展征程。

2019 年 8 月 24 日，浙江省高质量发展智库论坛发布了《2019 浙江省民企高质量发展报告》。 该报告指出，浙江民营企业已实质性进入高质量发展的新阶段。 按照"'八八战略'再深化、改革开放再出发"的总要求，浙江民营企业审时度势，清醒、坚定、有作为，涌现出一批面向未来高质量发展的探路人和先行者。 浙商是浙江改革开放四十多年的推动者、记录者，更是浙江近十五年来在"八八战略"引领下，推进经济转型升级、实现创新驱动发展的实践者、传播者。 全球化智库（CCG）发布的《中国企业全球化报告（2020）》统计数据显示[①]，2018 年以来，中国企业对外直接投资中，信息传输、计算机服务和软件业占总投资案例的 15.4%，其中，阿里巴巴、网易等浙商企业都有不俗的表现。 阿里巴巴、网易等企业在电子商务领域已经取得了技术优势，随着云计算、大数据等技术的发展和应用，浙江民营互联网企业在跨境电商行业将迎来更多投资机会与发展机遇。

浙江民企的高质量发展是时代发展和经济发展的需要，也是浙商谋求长期生存和发展的内在要求和必然路径。 在全球经济一体化的背景下，越来越多的浙商走出国门，去国外寻求更广阔的市场，寻求更先进的技术，寻求更多的优秀人才。

7.1.2 高质量发展与高端资源获取的必要性

在移动互联和数字化的背景下，对于浙江传统企业来说，要想实现高质量发展，首先需要围绕实体资产构建数字化的业务形态和行业生态，加快企业创新进程；其次要高度重视传统存量领域的数字化转型，继续深化供给侧结构性

---

① https://mp.weixin.qq.com/s/KBQvHL16X7fttR5UG2_hGw.

改革，加快研究、开发、推广、应用新一代智能制造技术，抢占传统行业数字化转型发展的制高点；在传统优势领域，浙江民企应积极应对环境变化，思考如何更好地满足顾客的价值需求，充分利用"旧"资源和"新"技术，打开组织边界，强化知识交互。

浙商要实现高质量发展，需要不断获取高端资源，将这些高端资源与企业已有资源进行整合，为企业高质量发展提供必要支持。浙商企业常常采取在海外设立全资子公司、建立合资公司、兼并收购国外企业等方式进行海外扩展并获取高端资源。

浙商企业"走出去"拓展新的市场空间，既是响应浙江省政府的战略，也是践行中国政府的"一带一路"倡议。比如，义乌市天盟实业投资有限公司助推"一带一路"捷克站和义乌捷克小镇建设，促进"义新欧"从物流通道向贸易通道升级；杭萧钢构股份有限公司将节能建筑向海外扩展，在 50 多个国家和地区建设样本工程。也有相当数量的浙商企业以并购为契机，扩展了产业链，做强了价值链，提高了产业集中度和自身的核心竞争力。数据显示，2019 年上半年，浙江共有 81 家上市公司发起 96 次并购重组，涉及交易金额513 亿元。典型事例如：宁波继峰汽车零部件股份有限公司收购德国百年企业格拉默、巨星集团收购中策橡胶集团有限公司。这些收购是中国企业走向海外市场、获取市场资源、品牌资源、技术资源，实现高质量发展的必要途径。

并购事例 1：宁波继峰汽车零部件股份有限公司以 37.54 亿元收购德国百年企业格拉默。这桩收购为宁波继峰提供了更广阔的市场空间，使继峰股份的收入规模大幅度提升，同时也有助于公司加速拓展产品线及海外客户，成功地一步到位实现全球化布局。这桩收购给双方都带来了好处：继峰股份的成本控制能力有利于提升格拉默的利润水平，两者之间的协同效应对于改善双方的成长空间都大有裨益。收购事件之后，宁波继峰既保证了国内头枕扶手业务稳定发展，又实现了在欧洲市场获得豪华品牌和大众认可，其德国分公司的营业收入保持了高速增长。

并购事例 2：巨星集团收购中策橡胶集团有限公司。巨星控股集团有限公司联合旗下的杭叉集团股份有限公司、杭州巨星科技股份有限公司等收购了中策橡胶集团有限公司 46.9489％ 的股权。 在业务协同上，巨星、杭叉与中策的联系都非常紧密。 杭叉集团是中策橡胶的大客户，其生产的叉车多使用中策橡胶生产的轮胎；巨星生产的手动工具多用于汽修，在实际销售场景中常和轮胎产品搭配销售。 这桩收购可以更高效、更顺畅地推动产业自动化、数字化升级，对几家公司的高质量发展都起到推动作用。 巨星集团在海外拥有强大的实体零售渠道，与沃尔玛等大型连锁零售商保持着良好的合作关系，收购事件之后，中策橡胶可以共享巨星集团的海外销售渠道资源。 这种高端资源的获取，能帮助中策橡胶进一步打开全球市场，在全球化的道路上走得更顺畅。

7.1.3 浙商全球化进程中的高端资源获取

（1）技术资源

浙江民营经济发达，民营企业要实现高质量一体化发展，必须通过提升生产效率和能级、提高发展质量、提升产业和产品创新能力等举措。 浙江民营企业的高质量发展离不开创新驱动引领，创新是新旧动能转换的关键环节。在浙商企业的创新过程中，要坚持价值创造，特别是从高质量发展的角度，坚持增量的价值创造，敢于进入无人区，不满足于"分蛋糕"，而是想办法"做新蛋糕"。 很多浙江民营企业的技术创新，经历了从模仿到引领的历程。 创新是在一定的技术积累上进行的，要获得长期的可持续发展，企业必须重视技术资源的获取和积累。

以雄踞 2019 年浙江本土民营企业跨国经营 30 强[1]榜首的浙江吉利控股集团有限公司为例（本书第五章已有介绍）。 李书福为了实现从"造老百姓买得起的车"到"造老百姓买得起的好车、个人精品车"的转型，为了强化吉利的技术能力，于 2010 年从福特手中收购沃尔沃轿车业务。 沃尔沃是瑞典著名汽车品牌，以质量和性能优异在北欧享有很高的声誉，特别是安全系统方面。

---

[1] 由浙江省商务厅发布，http://www.zcom.gov.cn/art/2019/9/23/art_1389602_38335189.html。

沃尔沃始终以"关注人身安全"为准则,"品质、安全、环保"的核心价值铸就了其成为享誉世界的品牌,赢得了消费者的高度信任,被评为全球最安全的汽车。 沃尔沃将"以人为本"的理念贯穿于研发、生产、制造和应用的全过程,在尖端科研领域有诸多创新性研究,其无人驾驶技术处于汽车行业的前列。 收购沃尔沃轿车是吉利全球布局的关键一步,同时也体现了浙江民营汽车企业从低端品牌向中高端品牌发起冲击的决心。 通过这次收购,吉利获得了沃尔沃10900多项专利、10个系列的可持续发展的产品和产品平台,两大车厂约56万辆的生产能力和良好的设施、1家发动机公司及3家零部件公司、整车的关键零部件开发独立数据库及3800名高素质科研人才的研发体系和能力,以及分布于100多个国家和地区的2325个销售服务网点。

吉利汽车在收购沃尔沃之后,为了加快两个公司资源的融合,同时开发属于吉利自己的产品平台,实现未来十年甚至更长时间的竞争优势,在"着眼世界、欧洲设计、中国先行"的方针指导下,于2013年在瑞典哥德堡成立了中欧汽车技术研发中心(CEVT),并基于收购后的技术积累及发展,于2016年推出吉利的中高端品牌——领克。 这一品牌介于沃尔沃和吉利品牌之间,是收购沃尔沃之后实现协同效应的成果,新品牌的建立是吉利汽车和沃尔沃汽车实现双赢的典范。 领克的诞生是吉利汽车在人力资源、技术资源等方面厚积薄发的结果,也是浙江民营企业家以长期主义为导向和高瞻远瞩的体现。领克既继承了沃尔沃汽车安全的优点,又实现了互联网公司互通的优点。"生而全球、开放互联"的领克汽车首款产品的问世,是吉利向合资汽车企业发起的冲击,也是浙江民营汽车企业谋求转型、对标中高端市场合资品牌、迈向产业链、价值链高端的实践探索。

(2)市场资源

浙商全球化进程中的跨国决策,是在不断地发展知识与提升市场承诺的过程中逐渐形成的。 在国际化网络中,市场知识既可以产生自经验学习,也可以产生于企业关系网络中的交换。 市场知识不仅来自公司自身的活动,也来自网络中合作伙伴的活动。 因此,通过合资或收购股权的方式构建合作网络对于企业获取市场资源有重要作用。

以位列 2019 年浙江本土民营企业跨国经营 30 强名单的杭州巨星科技股份有限公司（以下简称"巨星科技"）为例。 巨星科技是一家智能装备企业，专业从事手动工具、激光产品、智能工具、服务机器人等产品的研发、生产和销售，是目前国内手动工具行业的龙头企业。 在公司的总体发展战略中，巨星科技关于国际市场的描述为"加强国际产业并购整合，打造高科技智能化的国际型公司"。 从 2010 年开始，巨星科技先后完成了对 Goldblatt、Pony、PT 激光、Arrow、Lista 等多个品牌的收购，获取了在国外的品牌资源、营销渠道资源及相关技术资源。

2018 年 7 月 1 日，巨星科技以 1.845 亿瑞士法郎（折合人民币 12 亿元）的交易价格，完成对 Lista Holding AG 100％股权的收购。 Lista 是 1929 年由 Lista 家族创办，产品包括零配件柜、工具柜、自动化仓储设备、全系列专业级和工业级储物设备等，是全球领先的工作存储解决方案提供商和制造商，是欧洲专业工作存储解决方案的第一品牌。 在欧洲有瑞士、德国、意大利三个生产基地，且拥有广泛的优质客户资源。 它的客户多为大众熟知的高端品牌，包括欧洲知名汽车公司如戴姆勒奔驰、大众、宝马，主流航空公司和飞机公司如空客、荷兰皇家航空、德国航空，高端工业级客户如 BOSCH 和 ABB，欧洲顶尖奢侈品牌如百达翡丽、卡地亚、路易斯威登，欧洲知名金融机构和博物馆如瑞士信贷和大英博物馆等。 Lista 的品牌影响力在欧洲深入人心，并拥有完整的欧洲分销服务体系和出色的产品制造能力，是目前极少数依然坚持欧洲制造的欧洲品牌。 通过这一收购，巨星科技获得了在欧洲深入人心的高端品牌资源和较完整的营销渠道资源。

（3）国际化人力资源

中国政府的"一带一路"倡议是新型全球化的标志，对今天的中国和世界来说具有重大意义，也给浙商企业的发展带来良好的机遇。 在浙商企业积极响应"一带一路"建设的过程中，文化和人才的流动是双向的，对打造企业和国家品牌、建设软实力尤其重要。"一带一路"战略需要具有国际视野的复合型、创新型人才。 人力资本是创新的重要投入要素，企业能在所处行业里吸引到多少顶尖的高手，决定了企业能在行业里走多远。

对于相当数量的浙江民营跨国公司而言，跨国经营的突出挑战之一是"团队成员缺乏国际化视野和工作经验"。浙江本土跨国民营企业对于人才国际化的路径已经有较高共识，面对新的挑战与新的机遇，浙商企业在走向全球市场时，需要注重国际化人才识别、培养和储备，注重跨文化领导力与敬业度管理，培养国际化人才后备梯队，提升在人力资源管理方面的全球化竞争力。同时，也要关注本土化能力。一家合格的"全球性本土公司"应该具备的属性包括：善于取长补短；为员工提供薪酬及职业发展机会；具有国际化视角的市场专家团队；熟谙不同国家文化；注重合规性，更具备公关能力。

连续两年位列浙江本土民营企业跨国经营 30 强名单的华立集团在获取海外人力资源方面，已经摸索出路径并总结出相关经验。华立集团原总裁肖琪经总结出五个方面的华立海外投资（并购）人力资源工作经验：一是国际化人力资源的储备、培训和锻炼；二是标的公司（海外公司）管理人员到中国的学习、培训；三是对中国文化和所在国文化差异、企业文化的整理总结，供标的公司管理层参考和学习；四是中方（有华人血统）人力资源管理逐步参与标的公司的管理；五是制定适合当地的薪酬体系和考核体系。

由以上分析可以看出，在整个大背景体系下，浙江民企要走向全球，既要引进国际化的复合型人才，也要培养真正的多元化综合性人才，即"外部引进"和"内部培养"两手抓，两手都要硬。内外部结合的人才培养体系既能够响应国家政策，为"一带一路"沿线国家进行投资和技术服务输出，也可以为浙商企业本身的长远发展提供不竭的内在动力和资源保障。

7.2 浙商高端资源获取的跳板：路径与模式

7.2.1 "一带一路"浙商行与高端资源的获取

2018 年，浙江省委、省政府领导密集出访，"一带一路"浙商行在非洲、东亚和中东欧等地引起强烈反响，在境外成功举办 27 个自办展，推广"品质浙货，行销天下"和"浙江服务，服务全球"。 省委、省政府领导的亲身参与，既对浙商企业产品的质量提供了背书，也为浙商企业在海外的品牌推广和营销资源获取提供了路径以及政治合法性。

2019 年 5 月 23 日，"一带一路"浙商行走进捷克：中国进出口银行浙江省分行、浙江省属企业物产中大集团、国贸集团、能源集团、交投集团、海港集团主要负责人，万向、正泰、大华、娃哈哈、海亮、泰普森等浙江知名企业代表出席。 在此次经贸科技交流会上，双方共签订 22 个合作项目，签约项目总金额 3.8 亿美元，涉及现代物流、智慧城市、能源开发、科研教育、汽车制造、文化旅游、消费品采购等领域，既体现了近年来浙江与捷克开展经贸合作取得的良好成效和未来发展的巨大潜力，也为浙商企业在"一带一路"沿线国家的市场开拓和资源获取提供了一个样板。

2019 年 9 月 10 日，由浙江省商务厅、中国进出口银行浙江省分行和南非东开普省经济发展署共同主办的"一带一路"浙商行（非洲站）之中国（浙江）—南非（东开普省）经贸交流论坛在南非东开普省曼德拉市库哈会议中心举行①。 浙江省省长袁家军、浙江省商务厅厅长盛秋平等率领由 45 家企业组成的浙江商务代表团参加，论坛总规模超 300 人。 该论坛共安排 8 个项目签约，涉及园区建设、电商培训、境外安保、智能制造、投资促进、人文交流等多个领域。 袁家军省长表示，中非、中南关系目前处于历史最好时期，浙江和东开普分别地处两国的东部沿海，区位优势相似，产业互补性强，合作前景广阔。 下一步双方将聚焦落实中非合作论坛北京峰会成果，谋划一批更具体、更务实、更有影响力的合作项目。

"一带一路"浙商行系列活动，既有浙江省委、省政府及相关部门领导的亲身参与，也有浙江企业界的中流砥柱和新生力量参与，这些活动帮助中外双方建立并维持外交关系，同时也是将浙商企业推向更广阔的海外市场，为浙商企业在所"行"之处提供政治合法性，为其获取当地政府支持、市场资源、人力资源等提供了路径，进而为浙商企业海外扩张的成功提供了较为坚实的基础。

---

① http://www.sohu.com/a/340803277_727564。

7.2.2　浙江海外经贸合作区与高端资源获取

　　海外经贸合作区是中国企业对外投资的重要平台,尤其是推进"一带一路"建设的重要抓手。商务部统计显示,中国在海外共建的境外经贸合作区累计投资已接近 400 亿美元,为东道国贡献了超过 30 万个就业岗位以及超过 30 亿美元的税费,其中,与"一带一路"沿线国共建的境外经贸合作区占比在 70% 以上。浙江省拥有 4 个国家级海外经贸合作区和 8 个省级海外经贸合作区,如表 7-1 所示[①],已初步形成贯穿"一带一路"沿线的海外经贸合作区新格局。浙商企业"走出去"的脚步从东南亚的泰国、柬埔寨、越南、文莱,到中亚的乌兹别克斯坦,欧洲的俄罗斯、捷克、塞尔维亚,乃至美洲的美国和墨西哥。这一个个"浙江驿站",成为"一带一路"上闪亮的明珠。浙江在"一带一路"沿线国家的产业投资门类日趋多元化,海外经贸合作区涉及的领域,既包括石油炼化、纺织等专业型产业园,又包括农业产业型园区和商贸物流型园区,更有针对科技研发的园区。

表 7-1　浙江省海外经贸合作区(省级及国家级)

海外经贸合作区	投资方	级别	类型
泰中罗勇工业园区(泰国)	华立集团	国家级	
乌苏里斯克工业园(俄罗斯)	康奈集团	国家级	
龙江工业园(越南)	前江投资	国家级	
鹏盛工业园(乌兹别克斯坦)	金盛公司	国家级	
越美工业园(尼日利亚)	越美集团	省级	
大摩拉岛石油炼化工业园区(文莱)		省级	大型专业型产业园
北美华富山工业园(墨西哥)	华立集团	省级	加工制造型园区
中柬国际农业合作示范园区(柬埔寨)		省级	农业产业型园区
杭州硅谷协同创新中心(简称"钱塘中心")		省级	科技研发型园区
百隆(越南)纺织园区		省级	大型专业型产业园

---

① http://zj.people.com.cn/n2/2018/1208/c186806-32384277.html。

续　表

海外经贸合作区	投资方	级别	类型
乌兹别克斯坦农林科技农业产业园		省级	农业产业型园区
捷克(浙江)经贸合作区		省级	商贸物流型园区

　　这些经贸合作区在浙商企业"走出去"的过程中发挥了枢纽作用,促进浙商企业在海外的落地、生根、发芽和成长。 海外经贸合作区改变了单一企业"单打独斗"的投资模式,代之以"抱团"发展,增强了浙江民营企业融入东道主国家市场的能力和抵御风险的能力,强化了浙江民营企业在国际市场的话语权,也有助于为当地发展提供更多新的增长点,互利共赢。 越来越多的海外经贸合作区正帮助"一带一路"沿线国家带动上下游产业发展,增加就业和税收,培养技术工人,促进经济共同发展。

　　位于曼谷附近的泰中罗勇工业园是国家级海外经贸合作区,是浙商投资泰国的一个代表。 该工业园由浙江民营企业华立集团和泰国当地政府共建,它的诞生源于浙江民营企业勇于走向国际的雄心壮志。"一带一路"沿线的诸多国家中,浙商青睐泰国并优先选择泰国,原因之一在于泰国的"地利":泰国地处中南半岛中心位置,既是丝绸之路经济带的重要节点,也是海上丝绸之路的必经之地。 泰国一直是中国的重要贸易伙伴、主要农产品进口来源国和最大橡胶进口来源国。 近年来,泰国政府提出的"东部经济走廊"发展战略恰好对接了中国政府的"一带一路"倡议,使得泰国成为共建"一带一路"的重要伙伴。 第一,东盟十国自由贸易区是一个庞大的市场,这个区域共有 6 亿人口;同时,这里也是全球经济发展高速增长地区之一。 从贴近市场和客户的角度出发,来到泰国是理所当然的。 第二,泰国是全球最大的天然橡胶生产国,原材料供应十分丰富。 第三,在东南亚地区,泰国的整体工业配套能力较好。 第四,泰国的税收政策优惠,电力、劳动力等资源相对便宜。 第五,泰国政府的稳定性和对外来文化的包容性有利于外资企业的长期发展规划。 第六,泰国政府非常重视吸引制造业投资。 外资制造业投资泰国可以100％控股,投资者在工业区购置土地可获永久所有权地契,享受国家给予的税收及非税收优惠。

北美华富山工业园是继泰中罗勇工业园区后，华立集团全球工业园战略布局的第二大项目，由华立集团、富通集团联合墨西哥当地名门望族SANTOS家族共同投资，并于2015年10月注册成立公司。 这是中国在墨西哥投资设立的第一个工业园，是一个旨在为中资企业提供"中文一站式"服务的境外优势产业转移平台。 工业园选址新莱昂州首府蒙特雷都市圈北部萨利纳斯·维多利亚城，区位优势明显，距美国得州边境口岸拉雷多市约200千米、距蒙特雷20千米，交通便捷。 园区总规划面积8.5平方千米，配套开发"七通一平"熟地、标准厂房、仓储物流和商业、生活设施。 园区根据当地产业特点、结合中国企业优势，重点招引汽车汽配、信息技术、机械设备、电子电器、轻工业、新能源新材料，以及相关法律允许的产业。 2018年8月北美华富山工业园开始全面招商，现已有多家企业入驻。 2019年3月4日，首家入园企业新坐标（墨西哥）股份有限公司正式投产开业。

境外经贸合作区的作用主要体现在引导中小浙商企业在海外抱团发展、集群发展。 以泰中罗勇工业园区为例，该工业园区在泰国罗勇府运营多年，早已是"泰国通"，它的经验和服务帮助进入园区的很多浙商企业少走了很多弯路，尤其是自2018年3月中美贸易发生争端以来，越来越多的浙商企业谋求走向海外市场，在海外直接投资，以消除贸易争端带来的劣势。 这些企业通过海外经贸合作区的枢纽作用，获取海外产业竞争情况的第一手资料，在此基础上协调企业分配海内外资源，并促进国际产能合作。

在浙江省12个海外经贸合作区的推动下，纺织业、建材业等传统优势行业的浙商在"一带一路"沿线国家布局态势良好，项目进展顺利。 一方面，可以在某种程度上应对中美之间的贸易摩擦，实现浙商企业的产地多元化；另一方面，也促进了"一带一路"沿线国家的经济发展，为浙商培育了新兴市场。

7.2.3　海外全资子公司与高端资源获取

全资子公司是浙商企业在全球范围内进行资源整合、获取海外竞争优势的重要途径。 相对于其他方式，全资子公司的优点包括：第一，当公司的竞争优势建立在对某一项技术的控制基础之上时，全资子公司可以避免机会主义行为，降低技术泄露的风险。 很多高科技公司青睐全资子公司的进入模式。 第二，全资子公司为企业提供对不同国家业务的紧密控制，帮助企业进行全球范围内的战略协调。 第三，企业可以通过全资子公司生产出标准的产品，实现区位经济和规模经济。

相对于其他几种获取海外资源的途径，企业出海建立全资子公司的成本较高，且难以分担成本和风险。 但是，海外全资子公司对于浙商企业在全球范围内实现区位经济和规模经济，实现资源的协调整合具有重要意义。 有不少浙商企业在海外建立全资子公司，将其作为实现全球化的跳板，既成功地实现了海外市场的拓展，也提高了企业内部资源的协调和使用效率。 其中一个例子是富通集团在泰国的全资子公司。

案例：富通（泰国）——富通集团实现全球化的跳板

杭州富通集团有限公司创立于 1987 年，经过三十余年的发展，已成为互联网基础传输材料光纤通信产业的全球领军企业，也是国家能源电力线缆传输产业的重要推动者，中国光纤预制棒、光纤产品和技术的国家标准制定者。 富通集团位居中国民营企业 500 强前列，下辖 30 家实体工厂（其中 15 家是国家级高新技术企业），在光纤通信产业中占中国的市场份额超过20％，占全球的市场份额达到 10％。 富通集团在 2003 年以后经历了三次转型升级：（1）从生产铁芯电话线转向生产通信光缆、数据电缆；（2）实施光纤通信产业和能源电力线缆传输产业"双主业"布局；（3）投资建设全球单体规模最大的光纤通信全产业链项目。

富通集团通过"开展贸易—建立制造基地—建立研发中心"的步骤，一步步向泰国及东南亚地区展开布局。 2012 年，富通集团在泰国罗勇工业园区建成了东盟地区规模最大、品种最完整、技术最先进的通信光缆工厂，以及东盟地区规模最大、品质最高的产品研发和检测中心。 如今，借着富通集团（泰国）通信技术有限公司，富通集团在东南亚建立了"桥头堡"。 当下，富通集团在东盟的市场份额超过 15％，在泰国的市场份额超过 40％。 利用"泰国4.0"改革和数字经济发展的机遇，富通（泰国）为服务和保障东盟地区的信息化建设贡献着力量。

富通（泰国）对于富通集团开展国际化的效果可谓立竿见影。"泰国及其他东南亚地区和国家大多处于信息产业快速发展、基础设施更新换代的节点。富通的产品早在全球有口皆碑。因此，泰国工厂当年投产当年就见效，产品供不应求，很好地服务和保障东盟地区的信息化建设。"富通（泰国）为富通集团"立足泰国、服务东盟"战略奠定了坚实基础。它是东盟规模最大、光缆品种最为完整的工厂，也是东盟地区最大的光缆产品检测中心。富通借此全面服务于包括泰国在内的东盟各国以及中东、北非乃至欧洲等地。

近两年，富通（泰国）先后承担了缅甸国家光缆干线通信工程、柬埔寨国家光缆干线通信工程等一大批有国际影响力的项目，并为泰国多家主要电信运营商供货，为"一带一路"沿线国家和地区的通信、电力基础设施建设注入了新活力，也为"中国制造"特别是"浙江制造"赢得了声誉。

7.2.4 浙商跨国并购与高端资源获取

面对全球化的竞争，部分浙商以海外并购的方式完善全球产业链布局，参与全球经济的对话和治理。作为中国经济最活跃的板块，浙江一直是资本大省、并购大省，也一直存在着"三多三少"的不足，即"传统企业多、高新企业少，小企业多、龙头企业少，大小老板多、真正的企业家少"。"野蛮生长"的时代已经过去，劳动力和原材料成本逐年提高，浙江企业面临发展瓶颈，正迈向经济转型升级的关键阶段，需求结构、产业结构、企业组织形态、商业模式等正处于重大调整和转型的十字路口。当一个行业进入产业升级或商业平衡期时，并购就显得尤为重要。

2017 年，浙江全省新增 95 家上市公司（其中 A 股 87 家），另有 189 家上市公司实施了 337 次并购。浙江省以并购形式实现的境外投资项目 118个，并购额达 53.85 亿美元，占同期对外直接投资的比重为 55.85%。大项目主要集中在汽车、医药、航空等制造业领域，美国、德国、日本、意大利等发达国家为并购热门国家。从并购项目来看，浙江企业并购的主要目的，集中在完善产业链、实现产业转型、开启国际化战略布局等方面。具有标志性意义的典型案例，如阿里巴巴入股高鑫零售、吉利汽车收购马来西亚宝腾和英国路特斯、浙民投天弘以 27 亿元收购 ST 生化。

2018 年，由于中美经贸摩擦的承压，浙江企业面临内外部挑战。 在中国以外的市场取得成功，对浙商具有战略意义。 一大批本土的跨国公司逐渐成长起来，真正去跨国布局、全球经营。 浙江民营企业发挥了自身优势，抓住有利时机，妥善化解了中美经贸摩擦的不利影响。 近年来，浙江省企业跨国并购占对外投资的比重由以前的不到 10% 增长到 50% 以上。 浙江省境外投资企业协会权威发布的 2018 年浙江本土民营企业跨国经营 30 强企业的平均跨国指数为 32.92%，明显高于全国 100 大跨国公司平均跨国指数的 15.8%。 这些跨国并购为浙商企业在境外获取了先进技术、高端品牌、稀缺资源和市场网络。

案例 1：吉利收购马来西亚宝腾汽车及其莲花品牌——以技术换市场

2017 年 5 月 24 日，浙江吉利控股集团与马来西亚 DRB-HICOM 集团（以下简称 DRB）签署协议，斥资 12 亿元人民币收购 DRB 旗下宝腾控股（PROTON Holding）49.9% 的股份，以及英国豪华跑车品牌莲花集团（Lotus Group）51% 的股份，吉利集团成为宝腾汽车的独家外资战略合作伙伴。 吉利收购宝腾，迈出了进军东南亚市场的第一步，有助于扩大吉利集团旗下品牌在亚洲和欧洲的市场份额。 吉利将和 DRB 合作推动宝腾莲花扭亏为盈，促进其可持续发展。 博越将成为吉利第一款在宝腾工厂生产和组装的车型，并使用宝腾名义进行贴牌生产，在东南亚市场生产、经营、营销以及分销博越 SUV。

这一跨国收购为吉利进军东南亚市场带来产业协同的基础，从而进一步完善吉利的全球化布局。 吉利将为宝腾输入技术及产品，以换取东南亚市场份额，将中国车企曾经的"以市场换技术"的被动局面彻底翻转，开创中国汽车业技术输出的新时代。

案例 2：万丰收购奥地利钻石飞机工业公司——成为世界通用飞机制造领导者

2017 年 12 月 21 日，万丰航空工业有限公司完成对奥地利钻石飞机工业公司（世界前三的通用飞机制造商）的收购交割，后者名下的各类飞机知识产权和强大的整机设计和生产能力全部转入万丰航空。 奥地利钻石飞机公司是集设计、制造、研发、销售等专业平台于一体的专业飞机制造商，是世界上通用活塞式飞机制造的领导者。 这次收购填补了国内通用航空飞机设计研发和生产制造的一些空白，中国的通航飞机研发和制造水平将从单一的授权生产直接上升到国际领先的自主研发和生产水平，标志着万丰真正成为世界通用飞机制造的领导者。 该项目是中奥两国建交以来最大的一次收购，为中国企业参与"一带一路"建设添上了浓重的一笔。

近年来，浙江万丰集团全面进军航空全产业链，立足于万丰航空小镇，制定了系统完整的航空产业全产业链发展规划，正在加快形成飞机制造、机场管理、通航运营、航校培训、空中保障等五大业务板块，积极建设国家级航空产业综合示范区，成为全国通航产业领导者。

案例3：仙琚制药收购意大利药企——推进原料药业务国际化

2017年11月14日，浙江仙琚制药股份有限公司出资1.1亿欧元，收购意大利纽凯姆和艾菲凯姆两家公司各100%的股权，两公司分别从事原料药研发生产、医药销售。 仙琚制药是国内甾体激素类药物龙头企业，纽凯姆是高技术壁垒的甾体药物高端原料药企业，与仙琚制药处于产业链的上、下游，双方多年的良好合作关系也为此次成功收购打下了基础。 该项目是仙琚制药海外收购的第一个全资项目，加快推进了仙琚制药原料药业务的国际化步伐，有利于进一步优化公司甾体药物产业链，提升原料药国际业务的拓展和出口业务规模，开拓新的利润增长点。

7.2.5 浙商海外联盟与高端资源获取

战略联盟作为企业的一种战略选择，重要性日渐凸显。 全球战略联盟是不同国家之间有着竞争关系或潜在竞争关系的公司之间的合作协议。 战略联盟涵盖的形式很多，从只有一两个出资者的正式合伙的风险投资，到短期的合同协议。 企业使用联盟的原因包括获得市场竞争优势、跨越企业边界接近或内化新技术和诀窍、利用规模经济和范围经济、与伙伴分担风险或不确定性等。 首先，战略联盟有利于浙商企业进入外国市场，因为当地合作者比较了解当地的经营环境和拥有良好的经营关系。 其次，战略联盟可以使浙商企业与联盟伙伴共担开发新产品和新生产线的固定成本和相关风险。 再次，战略联盟能使合作双方共享互补的技术和资产，这些技术和资产如不依靠战略联盟会很难独立获得。

浙商企业在实现全球扩张的过程中，通过建立海外联盟的方式，与合作伙伴共同承担研发、制造、市场开拓等方面的成本和风险，通过资源的协调和整合共同创造价值，并共享收益，脚踏实地推进了企业的国际化。 以盘石公司为例①，盘石是一家全球的数字新经济平台，在 2003 年作为浙大盘石计算机互联网软件事业部起步，随后推出盘石网盟并不断升级。 2014 年开始开展海外业务，并逐步把重心转向全球市场。 目前公司的一大半收入都来自海外，员工来自全球 30 个国家和地区。 盘石公司发布"盘石全球新经济平台"后，从品牌建站、精准营销、诚信、跨境、金融等多个维度，一站式、闭环式地解决中小企业互联网营销转型的难题。 目前加盟的合作网站累计超过 40 万家，已成为全球影响力最大的中文网站联盟之一。 2014 年，盘石全球移动联盟推广平台正式上线，并快速在欧洲和东南亚等地建起 20 多家分公司和办事处。2019 年 11 月，盘石集团副总裁 David 出席巴西金砖峰会，盘石以"金砖合作""一带一路"为契机，在全球部署了盘石云大规模数据中心，通过"盘石全球新经济平台"旗下 SaaS 云、内容云、营销云、信用云、电商云、教育云等云系核心服务，打造全球新经济互联网生态圈系统。

7.3 浙商高端资源获取面临的困境及破解路径

7.3.1 高端资源获取时的"形象"困境与破解路径

浙商通过全球化跳板来整合全球高端资源，但是在这一过程中却存在因为来源国劣势所带来的 "形象"困境。 随着中国的崛起以及中国企业的成

---

① https://www.adyun.com/zh-cn/newsDetail.html? id＝2581&type＝1。

长，中国跨国公司在全球化过程中通过并购来实现全球资源整合，一方面彰显了中国企业的实力，另一方面也因为"中国威胁论"而备受争议。中美贸易争端就是一个典型现象。就浙商而言，"形象"困境诚然跟东道国的刻板印象有关，与之同时也跟浙商国际化经验不足有关。

浙商企业"走出去"开展国际化经营，不能仅仅从经济角度考虑提升自身的市场绩效和财务绩效，也要从国家发展的角度，考虑中央政府"一带一路"倡议的初衷及中国的大国形象，有效带动所在国的经济社会发展，促进所在国的就业、税收和经济增长。在国外经营期间，更是需要遵守所在国的法律、法规和文化习俗，合规、合法经营，规避法律风险，树立中国企业的良好形象。有部分国家的民众可能因为对中国文化和"中国制造"的了解欠缺，而对企业有偏见，对中国的海外员工有偏见，对企业的产品/服务有偏见，这些潜在的冲突和矛盾都要通过中外员工之间、企业与海外消费者之间的交流沟通来解决。通过积极主动的宣传，让海外市场更了解浙商企业，更了解中国政府及浙江政府，以过硬的实力树立"中国制造"的良好形象，也为后续更多的浙商企业进入当地市场创造良好的商业生态，进而实现中国企业"走出去"的根本目标，通过提升企业的发展水平而提高中国在国际上的经济地位和大国影响力。

7.3.2 高端资源获取后的"整合"困境与破解策略

企业通过"走出去"战略积极利用"两个市场、两种资源"，如何推动自身的壮大发展？仅仅建设境外营销网络是不够的。从长期看，最根本的是能力的建设，既包括营销能力，也包括技术能力、管理能力等。怎样加快浙商企业的跨国经营人才和技术人才的储备工作，形成"蓄水池"，保证人才的衔接和不缺乏，进而保证技术研发能力和营销能力的提升，是"走出去"的海外浙商普遍面临的问题。

(1)技术资源的整合及技术能力提升

浙商企业从外界获取的资源需要与企业内部资源进行协同，以实现价值创造。如何将有形的以及无形的技术资源转化为企业的技术能力，对于"三多三少"的浙江民营企业至关重要,对于提升浙江企业在各个相关产业中的竞争位势也至关重要。 对于依赖联盟或收购获取高端资源的浙商企业而言,技术资源的整合需要不同创新主体的互动以及资源的交互,是一个双向协同的过程。 在这个演化过程中,联盟各主体间不断交互创造新价值,实现技术资源的价值增值、协同发展。 资源的协同整合符合自身组织系统演化的过程,即从无序到有序,周而复始。 通过技术资源的整合,提升企业自身的技术能力,需要企业各部门的协作以及组织制度资源的保障。 一个成功的例子是吉利汽车。 吉利汽车在收购沃尔沃之后,在瑞典成立了中欧汽车技术研发中心(CEVT),有效实现了双方技术资源的对接和整合;并借助这一研发中心培养技术人才,使得沃尔沃的技术被成功转移到吉利的组织边界内,并进一步嵌入吉利集团的人力资源体系中,实现了技术的有效整合和技术能力的提升。 也正是基于技术能力的提升,吉利才能推出中高端品牌领克,并进一步实现在全球高端汽车市场分得一杯羹的战略目标。

(2)营销资源的整合及营销能力的提升

顾客和外部信息是企业价值创造及竞争优势的重要来源。 企业的营销能力体现为对企业内部知识、技能和资源进行配置以满足市场需求,强调有效和充分利用内部营销资源。 营销能力是企业创造和传递价值的关键能力,其中市场感知能力及顾客关系能力被认为是核心营销能力。 浙商企业在国际化的进程中,通过建立全资子公司、建立联盟、收购海外企业的做法,获取海外的营销渠道资源、品牌资源、营销人才资源等,但是仅仅获取静态资源是远远不够的。 浙商企业面临的更大挑战是如何在跨文化的背景下,基于这些静态营销资源进行有效整合,进而通过对海外市场的已有知识,精准了解海外市场需求的变化,为其开发设计满足当地顾客需求的产品或服务,建立适宜当地的本土化营销模式,建立稳固的、长期的、良性的当地顾客关系。 浙商企业国际化的目标是全方位提升在全球竞争中的位势,而营销能力的提升是其中一个重要方面。 营销能力的提升不是一朝一夕可以完成的,而是需要在实施以上具体营销目标的过程中,通过一次又一次的企业实践活动,实现逐渐累积,螺旋式上升。

（3）人力资源的整合及管理能力提升

目前浙商的大多数企业处于国际化经营的初期阶段，要想在国际化竞争中实现长足发展，全方位的国际化人才是不可或缺的。在企业的每个部门，都需要培育相当数量的国际化人才。因此，浙商企业必须实施国际化人才战略，这将直接关系到其"走出去"战略的成效。浙商可以通过全球招聘、自身培养等方式，建立跨国经营人才储备机制。同时，加强与多级专业人才机构合作，研究制定全球人力资源解决方案，不断完善中国总部、海外子公司以及海外项目运营团队的人才结构。由于不同国家情境中文化差异的存在，在海外无论是经营全资子公司，还是接手跨国并购的公司，人力资源的整合都是非常大的挑战。跨国并购失败率居高不下的一个重要原因是人力资源的整合遇到困难。文化背景、管理方式的差异，组织结构的调整，企业文化的风格差异等都会导致浙商企业在整合海外人力资源时面临困境。浙商要真正走出国门，在全球竞争中获取一席之位，必须真正融入海外市场的文化，积极雇用当地人才，与当地的大学、科研院所、政府建立积极的关系，为当地市场储备合适人才。同时，浙商企业应选择适合当地文化的管理方式，将其在中国大陆的组织文化真正融入对海外人力资源的管理中，实现对人力资源的柔性化管理。浙商企业也可通过海外子公司和大陆总部互派员工进行学习交流等方式，促进不同部门之间人力资源的流动和良性互动。

7.3.3 高端资源获取后的"反哺"困境与破解策略

全球化发展不仅承载着浙商高端资源获取的期望，同时也承载着浙江省的"反哺"期望，即浙江省也希望全球化发展企业能够反哺浙江省的产业和经济发展。企业"走出去"开展国际化经营，要立足本土，服务本省经济发展，夯实企业发展的本土基础。"走出去"的企业也要把通过跨国并购获得的先进技术、高端项目以及境外研发孵化的相关项目引回省内发展，积极参与跨国并购产业园建设，带动国内的有效投资。由于浙江还存在一批以"低、小、散"为特征的中小型民营企业，在全球价值链体系中处于不利位置，如何利用走出去的浙商企业带动省内中小企业的转型升级，是海外拓展浙商以及政府相关部门所要解决的重要课题。 针对这一困境，浙商也初步积累了经验，具体表现为以下两种反哺路径。

路径一：加强产业链上下游合作，促进产业链整体升级

浙商企业在产业链升级过程中，面临着跨国公司的低端锁定，它们需要从低端产业链中脱离，嵌入价值位阶较高的产业链。 产业升级过程往往体现于企业在产业链中的位置变化及不断重构产业链的过程。 浙商企业的对外扩张活动在产业链重构及省内相关产业升级的过程中发挥着重要作用，其影响具有跨区域、网络化倾向。 对网络产业链中的参与企业而言，产业链中的平台领导者通过一系列策略协调产业链中各参与主体的行为，实现协同创造价值。 已经走向海外市场的浙商企业，有相当部分是产业链中的平台领导者，通过在海外获取的技术能力、研发能力、生产和营销能力，带动其价值链上下游的配套企业提高产品/服务的标准，并逐步提升其相应的能力。

路径二：浙商部分业务回归，带动相关产业发展

"浙商回归"是浙江省政府 2012 年提出的"头号工程"，浙江省希望通过此举帮助企业渡过艰难的产业转型升级期，为经济注入新的活力。 实施多年的"浙商回归"工程，吸引了众多在外闯荡的浙商回乡投资创业，成为浙江扩大有效投资的一股重要力量。"浙商回归"的根本目的是为浙江新旧动能转换提供可持续动力，带动省内产业转型升级。 已经走出国门的浙商在能力得到加强之后，可以利用业务关系，给予省内尚处于较落后水平的企业以专业指导和帮扶，通过合作或者培训的方式，帮助落后产能的企业更新技术、提升能力，带动相关产业发展。

富春控股集团的回归之路为浙商提供了一条可资借鉴的路径：立足企业自身优势，聚焦主业，紧扣浙江经济特点，让回归成为企业转型发展和地方经济提质的"活水"。 富春控股集团董事长张国标在 2018 世界浙商上海论坛上荣获"最具奉献奖"，富春案例被大会赞誉为"为回归提供了教科书式的经典案例"。 作为浙商回归的排头兵，富春控股集团打造的回归项目含金量十足,包括收购老字号"张小泉"、开发中国最大吞吐量的内河港"崇贤港"、建设东方茂商业综合体、与复星等联合打造东阳国际木雕城等。 利用富春控股强大的资金实力和在多领域的竞争力,这些回归项目可成为带动省内相关产业发展的有力抓手。

7.4 本章小结

本章重点从全球化跳板视角分析了浙商高端资源获取过程中所面临的问题与采取策略,所取得的研究结论主要包括以下三个方面。

第一,全球化发展是浙商获取高端资源的必要选择。 正如前文所指出的,浙商在本质上是民商,是民营经济的重要组成部分。 在经济新常态下,中国经济从高速增长转为中高速增长,从要素驱动、投资驱动转向创新驱动,不断优化升级经济结构。 这就要求浙商积极践行高质量发展,在全球范围内不断获取高端资源,将这些高端资源与企业已有资源进行整合,为企业高质量发展提供必要支持。 这些高端资源包括技术资源、市场资源及全球化人才资源。 例如,吉利并购沃尔沃、巨星通过系列并购收获全球高端品牌和渠道、华立通过全球化获得全球高端人力资源等都是典型案例。

第二,多元化跳板为浙商高端资源的获取提供助力。 在浙商的努力下,在利益相关者各方的协同努力下,浙商逐步形成了依托多元化全球化跳板获取全球高端资源的格局。 经过梳理,我们认为存在五种重要的全球化跳板,包括双边交流平台、境外经贸合作区、海外子公司、跨国并购、海外联盟等。其中双边交流平台和境外经贸合作区为平台型跳板,前者多为政府主导,后者多为龙头企业主导;海外子公司、跨国并购以及海外联盟为个体企业主导型跳板。 平台型跳板和个体企业主导型跳板结合在一起,相辅相成共同构成浙商高端资源获取的有力跳板,助推浙商高质量发展。

第三,浙商高端资源获取面临三大困境有待进一步破解。 我们把浙商高端资源获取中存在的问题界定为三大困境,分别是"形象"困境、"整合"困境以及"反哺"困境。"形象"困境与来源国劣势下东道国对中国和中国企业的不良刻板印象有关，也跟浙商企业国际化经验不足有关。 为此，需要浙商企业通过有效平衡一体化与当地化的关系，来持续改善中国企业的形象。"整合"困境主要来自"两个市场、两种资源"之间的制度和非制度性差异。 浙商企业可以针对所获取不同类型资源而选择不同的整合策略。"反哺"困境是指浙商全球化经营和高端资源获取之后，也同时承载作为本土的浙江省的"反哺"期望。 对此，浙商可以通过两种途径实现有效"反哺"，分别是"加强产业链上下游合作，促进产业链整体升级"和"浙商部分业务回归，带动相关产业发展"。

8

本土政府效率与浙商海外直接投资

前面三章分析了浙商实现高质量海外直接投资的合法性获取和高端资源获取机制。 在已有研究的基础上，本章进一步分析浙商海外直接投资的前因变量，即浙江省本土政府效率对浙商海外直接投资的影响。

8.1　浙江地方政府效率分析

投资、出口和消费被并称为发展经济的"三驾马车"，其中海外直接投资（OFDI）作为投资的一种形式开始在推动国民经济增长、促进技术水平提升方面扮演着越来越重要的角色。 据统计，2019 年 1 月，浙江省经备案、核准的海外企业和机构共计 81 家，海外直接投资备案额 7.70 亿美元，同比增长82.18%；实际对外投资 5.25 亿美元，同比增长 24.11%。 浙江对外投资中在"一带一路"沿线国家的项目共 29 个，境外投资备案额为 2.17 亿美元，同比增长 41.83%。 截至 2019 年 1 月，浙江省在"一带一路"沿线国家投资项目备案总额为 233.79 亿美元，占比为 25.68%。 对外投资规模持续放大、对外投资并购活动异常活跃、对外投资涉及领域不断拓宽，这些都是近年来浙江省 OFDI 呈现的新亮点。 总量和速度已经不再是主要问题，内部结构的调整才是关键，尤其在"经济新常态"和供给侧结构性改革的背景之下，政府部门提质增效、产业结构调整成为当前战略机遇时期的至关重要的任务。

8.1.1　地方政府效率的测量方式

关于政府效率测度，学界主要采用 Fareetal（1994）提出的 Malmquist-DEA 模型，通过面板数据测定全要素生产率（TFP）变化的指数。目前，测算 TFP 方法主要有计量经济学方法（Ecometric Approach）、随机前沿分析（Stochastic Frontiers Analysis，SFA）、指数法（IndexNumber）、数据包络分析（Data Envelopment Analysis，DEA）等（Coelli，1998）。初期研究估算 TFP 大多采用计量经济学方法中的索洛余值法，但是由于市场信息的不对称以及源于制度等非价格因素的生产效率损失，导致经济主体并不总处于最佳前沿技术水平上，此时采用索洛余值法估算 TFP 将是有偏的（Coelli，1998）。因此，学者们在后续的研究中开始采用 SFA（任曙明、吕镯，2014）和 DEA（张翊等，2015）来测算 TFP，而且 Malmquist 指数法与 DEA 方法通常一起被用来测算（方福前、李新祯，2008；李春顶，2009），这是由于基于 DEA 的指数法不需对生产函数的结构进行先验性假设，只需要给定投入和产出的具体数据就能测算出 TFP。

因此，这里采用基于 DEA 的曼奎斯特（Malmquist）指数法来测算浙江各市的政府效率 LGE。Malmquist 指数可以分解为规模报酬不变且要素自由处置条件下的技术效率变化指数（EFFCH）和技术进步变化指数（TECHCH）。EFFCH 衡量从时期 t 到 t＋1 每个观测对象技术效率的变动，EFFCH＞1 表示随着时间的推移，观测对象技术效率得到改善；TECHCH 衡量从时期 t 到 t＋1 每个观测对象技术边界的变动，TECHCH＞1 表示随着时间的推移，观测对象技术进步了（蒋樟生，2017）。

在投入指标的选取中，同时将劳动投入和资本投入纳入投入指标的范围，其中政府劳动投入的指标为城镇财政供养人数占城镇就业人数的比重，政府资本投入的指标为人均财政支出水平，以公共财政支出除以年末常住人口数计算得出。

在产出指标的选取中，为避免政府效率指标在测算过程中可能与 OFDI 产生潜在的内生性，将与 OFDI 直接相关的如税收、最低工资水平、土地价格等变量规避掉，并结合实际情况选取与中国地方政府行为具有紧密联系、且由于政府效率所带有的"社会属性"与人民生活息息相关的若干产出指标，六个产出指标之间不存在较大的相关性。其中：表征农业现代化水平的指标为机耕面积占比，表征社会稳定水平的指标为社会就业人口占比，表征区域经济发展水平的指标为第三产业产值占比，表征交通运输水平的指标为交通运输网密度，表征基础教育水平的指标为小学及初中在校人数占比，表征医疗保障水平的指标为卫生机构医生人数占比。测算浙江各市政府效率的投入产出指标如表 8-1 所示。

表 8-1　政府效率测算指标选取

政府效率	变量	衡量指标	计算方式
投入指标	政府劳动投入 IN1	城镇财政供养人数占比	城镇财政供养人数/年末城镇就业人员数
	政府资本投入 IN2	人均财政支出水平	公共财政支出/年末常住人口数
产出指标	农业现代化水平 OU1	机耕面积占比	机耕面积/土地面积
	社会稳定水平 OU2	社会就业人口占比	全社会就业人员数/年末常住人口数
	经济发展水平 OU3	第三产业产值占比	第三产业生产总值/生产总值
	交通运输水平 OU4	交通运输网密度	境内公路里程/土地面积
	基础教育水平 OU5	小学及初中在校人数占比	小学及初中在校人数/年末常住人口数
	医疗保障水平 OU6	医生人数占比	医生数/年末常住人口数

政府效率测量指标的描述性统计分析，如表 8-2 所示。从表 8-2 社会稳定水平 OU2、交通运输水平 OU4 和政府资本投入 IN2 的标准差相对较大一些，说明社会稳定水平、交通运输水平和政府资本投入在浙江 11 个地市之间水平差异较为显著。

表 8-2 政府效率测算指标的描述性统计分析

变量	平均值	标准误差	中位数	标准差	方差	峰度	偏度	最小值	最大值	观测数
OU1	0.141	0.008	0.131	0.088	0.008	1.410	1.215	0.018	0.413	110
OU2	0.716	0.011	0.708	0.118	0.014	−0.477	0.265	0.509	0.954	110
OU3	0.445	0.005	0.443	0.057	0.003	0.724	0.670	0.344	0.629	110
OU4	1.112	0.031	1.072	0.329	0.108	1.598	1.216	0.623	2.066	110
OU5	0.115	0.002	0.118	0.016	0.000	−0.152	−0.675	0.069	0.143	110
OU6	0.273	0.006	0.261	0.065	0.004	3.262	1.492	0.142	0.546	110
IN1	0.261	0.012	0.209	0.121	0.015	0.871	1.298	0.107	0.588	110
IN2	0.890	0.038	0.731	0.402	0.162	0.435	1.211	0.461	2.098	110

8.1.2 浙江地方政府效率的特征分析

如表 8-3 所示，2009—2017 年期间浙江 11 个地市的政府效率整体呈现波动上升的趋势。 2009—2017 年期间浙江各地市政府效率的平均值为 0.972，该值小于 1，这表明在此期间浙江各地市政府效率处于一种相对低效率状态。而且，只有宁波、舟山和杭州 3 个城市在 2009—2017 年期间的政府效率大于 1，显著高于其他 8 个城市。

表 8-3 2009—2017 年浙江各市政府效率趋势分布

年份 / 省份	2009	2010	2011	2012	2013	2014	2015	2016	2017	平均值
浙东北	0.951	0.968	0.985	1.053	0.975	0.997	0.975	1.027	1.047	0.998
杭州市	0.984	0.939	0.970	1.081	1.021	1.018	0.924	1.010	1.056	1.000
宁波市	1.022	1.064	1.025	1.045	1.055	1.070	1.066	1.080	1.099	1.058
嘉兴市	0.915	0.886	0.872	1.017	0.909	0.948	0.914	0.966	0.951	0.931
湖州市	0.909	0.903	0.925	1.110	0.902	0.898	0.906	0.978	0.950	0.942
绍兴市	0.946	0.953	1.054	0.990	0.998	0.962	0.933	0.983	1.015	0.982
舟山市	0.929	1.060	1.062	1.073	0.967	1.085	1.107	1.147	1.213	1.071
浙西南	0.900	0.913	0.943	1.012	0.929	0.953	0.908	0.943	0.975	0.942
温州市	0.898	0.912	0.928	0.995	0.938	0.960	0.949	0.949	0.924	0.939
金华市	0.875	0.862	0.950	0.949	0.915	0.947	0.859	0.946	1.046	0.928

年份 省份	2009	2010	2011	2012	2013	2014	2015	2016	2017	平均值
衢州市	0.855	0.957	0.935	1.170	0.911	0.930	0.904	0.941	0.961	0.952
台州市	0.934	0.884	0.946	0.979	0.927	0.954	0.926	0.963	0.969	0.942
丽水市	0.937	0.951	0.956	0.968	0.955	0.974	0.904	0.917	0.977	0.949
平均值	0.928	0.943	0.966	1.034	0.954	0.977	0.945	0.989	1.015	0.972

　　一方面，从时间维度来看，浙江各地市的政府效率大致经历三个阶段，如图 8-1 所示。 第一阶段为 2009—2011 年期间，该阶段为政府效率提升阶段，但是效率较低。 在该阶段除了宁波的政府效率明显大于 1 之外，其他 10 个市的政府效率基本上是小于 1，但是政府效率基本上是在不断上升的过程。 第二阶段为 2012—2014 年期间，该阶段政府效率处于稳定阶段，且效率较高。在该阶段通过前一阶段的政府改革调整与完善，11 个地市的政府效率得到了明显提升，且在 2012 年基本上都达到了一个较高水平，然后是一个不断维持过程。 第三阶段为 2015—2017 年期间，该阶段又是一个不断提升效率的阶段，由于 2015 年为"十二五"规划的收官之年，且 2016 年为"十三五"规划的起始之年，因此各地市的政府效率由于人员变动和规划调整，导致各地市政府效率相对于第二阶段而言有了明显下滑趋势；但是，随着"十三五"规划的深入实施，各地政府效率不断回暖，整体呈上升趋势。

　　另一方面，从区域维度来看，浙东北地区（杭州市、宁波市、嘉兴市、湖州市、绍兴市和舟山市）的地方政府效率明显高于浙西南地区（温州市、金华市、衢州市、台州市和丽水市）。 其中，2009—2017 年期间浙东北地区各市政府效率的平均值为 0.999，浙西南地区为 0.945，两个区域政府效率的最高值都出现在 2017 年，分别为 1.116 和 1.107，这说明各地市的政府效率都在明显改善。 如图 8-1 所示。

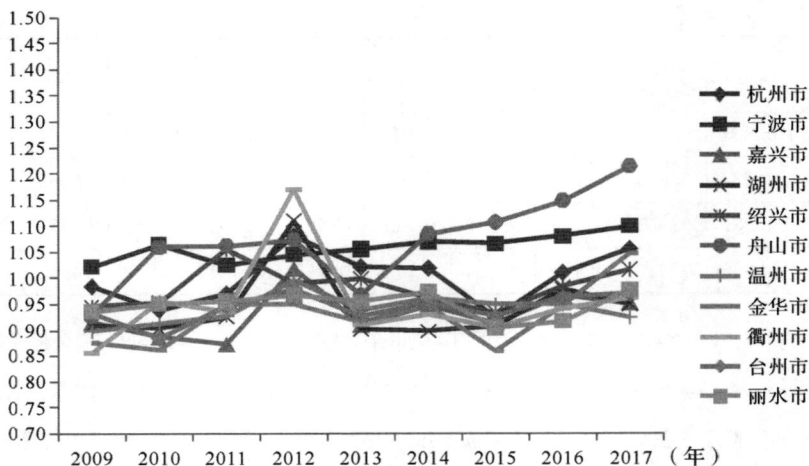

图 8-1　2009—2017 年浙江各市政府效率分布情况

8.2　浙江各市的海内外投资分析

8.2.1　浙商海外企业直接投资分析

　　海外直接投资（OFDI）是推动浙江各地市经济增长、促进浙商企业技术
进步的重要手段。从浙江企业海外投资个数来看，2016 年浙商在海外投资的
企业数最多，达到了 803 家，2012—2018 年期间的平均增长速度为 2.54％。
从浙江企业海外总投资额来看，2012—2018 年期间，海外投资额度呈快速增
长趋势，至 2016 年达到了 209.32 亿美元，然后在 2017 年出现明显的投资放
缓趋势，2018 年相比于 2017 年增加明显，七年间的平均增长速度达到了
81.01％。从浙江企业海外企业中方投资额来看，2012—2014 年期间一直都
保持在相对稳定状态，2015—2016 年期间相比于前三年有了明显的增加，然
而 2017 年有所下滑，2018 年达到了 183.81 亿美元，七年间的平均增长速度
为 29.53％。具体情况如表 8-4 所示。

表 8-4　浙商 OFDI 发展情况（亿美元）

项目 \ 年份	2018	2017	2016	2015	2014	2013	2012	增长速度（%）
境外企业总投资额	1669.55	122.07	209.32	192.11	64.35	57.19	47.46	81.01
境外企业中方投资额	183.81	96.42	168.94	139.88	58.15	55.16	38.92	29.53
国外经济合作营业额	75.60	72.84	68.33	63.34	53.39	45.13	38.30	12.00
对外劳务合作实际收入总额	1.75	1.45	1.61	1.46	1.63	1.11	1.17	6.99
国外经济合作合同额	41.15	51.61	55.37	58.74	42.35	48.10	36.12	2.20
并购项目（个）	151	118	166	135	70	38	63	15.68
研发项目（个）	31	14	13	38	18	5	19	8.50
境外投资企业数（个）	737	527	803	760	577	568	634	2.54

8.2.2　浙江海内外商直接投资分析

跨国技术溢出和知识转移可以通过不同途径来实现，如跨国公司的外商直接投资（FDI）、对外贸易以及国际合作等。不过，东道国通过 FDI 可以在成本很少或没有额外成本的情况下将转移来的先进技术内部化（Caves，2007），FDI 已经成为技术从发达国家向发展中国家转移的一个主要形式。赵燕（2009）等通过对比分析中、美两国 FDI 对经济增长的影响，发现 FDI 对美国的经济增长并不明显，而 FDI 促进中国的经济增长则源于其资本积累效应（赵增耀、赵燕，2009）。潘锡泉（2012）等指出，人民币升值和经济增长均对 FDI 流入具有明显的促进作用，FDI 流入对经济增长的促进作用不明显（潘锡泉、郭福春，2012）。这些研究表明，由于各地域经济发展存在显著差异，FDI 对各地区所带来的溢出效应不尽相同，在部分地区 FDI 的刺激促进了当地产业升级和经济增长；而在另一些地区 FDI 的刺激对当地经济发展形成了巨大的冲击，表现为"挤出效应"（蔡之兵、周俭初，2013），探索 FDI 对不同地区经济增长的影响关系，对地区产业结构升级和技术进步具有重要的理论和现实意义。浙江省作为吸引 FDI 最早的省份之一，FDI 在浙江经济快速发展中起到了重要作用。1990 年浙江省 FDI 只有 1.62 亿美元，到 2004 年已经达到了 97.46 亿美元，1995—2004 年这十年间浙江省 FDI 保持一

个相对较快的发展速度，平均增长速度为 22.76％。 然后到 2005 年，浙江省
FDI 的规模首次超过了 100 亿美元，达到了 139.38 亿美元。 至 2017 年末，
浙江省 FDI 为 179.02 亿美元，可以看到 2005—2017 年期间浙江省 FDI 的总
体规模相对较大，但是增长缓慢，这十三年期间的平均增长速度只有
1.80％。 如图 8-2 所示。

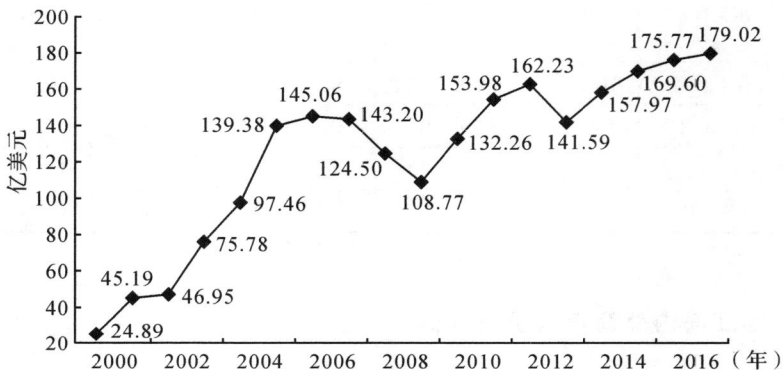

图 8-2　2000—2017 年期间浙江 FDI 发展趋势

8.3　浙江各市的产业结构分析

8.3.1　产业结构层次系数

英国经济学家 William Petty 最早发现了产业结构不同会导致经济发展水
平存在差异，Fishe 首次根据社会生产活动历史发展的顺序和对劳动对象进行
加工的顺序将国民经济部门划分为三次产业，Colin Clark 在 Petty 和 Fisher
的基础上逐步发展形成了配第一克拉克定理，其将国民经济划分为三个主要
部门，把全部经济分为第一产业（农业）、第二产业（制造业）和第三产业
（服务业）。 本书采用产业结构层次系数来测算浙江 11 个地市的产业结构水
平，具体的计算方法和公式如下：

$$\begin{cases} \text{INDS} = (1 \times \text{GDP}_1 + 2 \times \text{GDP}_2 + 3 \times \text{GDP}_3)/\text{GDP} & \text{GDP}_3 \geqslant \text{GDP}_2 \\ \text{INDS} = (1 \times \text{GDP}_1 + 3 \times \text{GDP}_2 + 2 \times \text{GDP}_3)/\text{GDP} & \text{GDP}_3 < \text{GDP}_2 \end{cases} \tag{8-1}$$

其中 GDP$_1$、GDP$_2$、GDP$_3$ 和 GDP 分别代表第一产业、第二产业和第三产业的生产总值或者就业人数。

基于生产总值的浙江 11 个地市的产业结构层次系数如表 8-5 所示。产业结构层次系数越大，表明第二、三产业所占的比重越大，第一产业所占比重越低。

表 8-5　基于生产总值的浙江 11 个地市产业结构层次系数

年份 地区	2008	2009	2010	2011	2012	2013	2014	2015	2016	2017
杭州市	2.462	2.448	2.452	2.459	2.477	2.497	2.523	2.554	2.619	2.604
宁波市	2.512	2.490	2.514	2.511	2.493	2.486	2.487	2.476	2.475	2.489
嘉兴市	2.540	2.524	2.527	2.521	2.502	2.499	2.498	2.487	2.488	2.498
湖州市	2.494	2.475	2.469	2.461	2.459	2.459	2.449	2.431	2.452	2.422
绍兴市	2.545	2.528	2.507	2.499	2.486	2.481	2.473	2.460	2.455	2.446
舟山市	2.362	2.369	2.359	2.353	2.356	2.352	2.382	2.385	2.444	2.439
温州市	2.499	2.478	2.492	2.484	2.474	2.475	2.473	2.506	2.539	2.549
金华市	2.484	2.469	2.450	2.456	2.446	2.441	2.443	2.462	2.534	2.502
衢州市	2.442	2.449	2.463	2.473	2.449	2.447	2.427	2.393	2.436	2.428
台州市	2.460	2.448	2.451	2.449	2.419	2.413	2.407	2.430	2.500	2.436
丽水市	2.377	2.374	2.362	2.412	2.414	2.420	2.397	2.378	2.508	2.435

基于三次产业就业人数的浙江 11 个地市的产业结构层次系数如表 8-6 所示。产业结构层次系数越大，表明第二、三产业所占的比重越大，第一产业所占比重越低。

表 8-6　基于就业人数的浙江 11 个地市产业结构层次系数

年份 地区	2008	2009	2010	2011	2012	2013	2014	2015	2016	2017
杭州市	2.322	2.331	2.336	2.340	2.341	2.340	2.359	2.388	2.418	2.427
宁波市	2.382	2.382	2.492	2.488	2.490	2.487	2.496	2.494	2.488	2.487
嘉兴市	2.477	2.489	2.499	2.508	2.505	2.496	2.488	2.474	2.468	2.462
湖州市	2.259	2.262	2.301	2.336	2.367	2.373	2.388	2.390	2.394	2.396
绍兴市	2.372	2.364	2.378	2.377	2.374	2.371	2.384	2.381	2.381	2.381

续　表

年份 地区	2008	2009	2010	2011	2012	2013	2014	2015	2016	2017
舟山市	2.244	2.260	2.275	2.302	2.366	2.277	2.311	2.313	2.315	2.330
温州市	2.336	2.323	2.355	2.349	2.343	2.336	2.375	2.384	2.373	2.371
金华市	2.213	2.224	2.276	2.259	2.272	2.275	2.276	2.273	2.271	2.268
衢州市	1.856	1.869	1.860	1.885	1.903	1.903	1.990	1.915	1.945	1.957
台州市	2.196	2.222	2.231	2.233	2.244	2.253	2.261	2.269	2.275	2.278
丽水市	1.928	1.913	1.915	1.926	1.955	1.978	2.000	2.006	2.035	2.047

8.3.2　产业结构变化系数

表 8-5 和表 8-6 基于生产总值和就业人数从静态视角分析浙江 11 个地市产业结构层次的变化情况。 但是，本书更期望了解在过去的几十年中浙江各地市产业结构的动态变化情况。 因此，计算了产业结构变化指数。 产业结构变化指数的测算公式如下：

$$moore = \sum_{i=1}^{n} \frac{|inds_{i1} - inds_{i0}|}{n \times inds_{i0}} \tag{8-2}$$

产业结构变化指数的计算结果，如表 8-7 和表 8-8 所示。

表 8-7　基于生产总值的浙江 11 个地市产业结构变化系数

年份 地区	2009	2010	2011	2012	2013	2014	2015	2016	2017
杭州市	0.0146	0.0093	0.0086	0.0109	0.0128	0.0149	0.0172	0.0232	0.0222
宁波市	0.0222	0.0230	0.0163	0.0165	0.0147	0.0124	0.0121	0.0107	0.0110
嘉兴市	0.0158	0.0095	0.0084	0.0110	0.0094	0.0080	0.0085	0.0076	0.0079
湖州市	0.0187	0.0122	0.0107	0.0087	0.0070	0.0074	0.0090	0.0104	0.0125
绍兴市	0.0171	0.0192	0.0155	0.0147	0.0128	0.0120	0.0122	0.0113	0.0110
舟山市	0.0075	0.0089	0.0077	0.0065	0.0061	0.0101	0.0091	0.0153	0.0141
温州市	0.0213	0.0179	0.0148	0.0135	0.0109	0.0093	0.0126	0.0152	0.0146
金华市	0.0145	0.0167	0.0130	0.0121	0.0107	0.0093	0.0106	0.0183	0.0198

续　表

年份 地区	2009	2010	2011	2012	2013	2014	2015	2016	2017
衢州市	0.0073	0.0107	0.0104	0.0138	0.0113	0.0128	0.0159	0.0193	0.0181
台州市	0.0121	0.0075	0.0056	0.0118	0.0106	0.0099	0.0118	0.0191	0.0242
丽水市	0.0026	0.0074	0.0218	0.0167	0.0146	0.0162	0.0166	0.0308	0.0354

表 8-8　基于就业人数的浙江 11 个地市产业结构变化系数

年份 地区	2009	2010	2011	2012	2013	2014	2015	2016	2017
杭州市	0.0090	0.0071	0.0060	0.0047	0.0038	0.0063	0.0095	0.0121	0.0118
宁波市	0.0001	0.0547	0.0375	0.0285	0.0232	0.0209	0.0182	0.0167	0.0150
嘉兴市	0.0114	0.0108	0.0104	0.0085	0.0087	0.0086	0.0093	0.0089	0.0086
湖州市	0.0031	0.0208	0.0256	0.0269	0.0227	0.0214	0.0186	0.0168	0.0152
绍兴市	0.0085	0.0111	0.0078	0.0064	0.0057	0.0070	0.0064	0.0057	0.0051
舟山市	0.0159	0.0158	0.0195	0.0305	0.0422	0.0408	0.0352	0.0311	0.0293
温州市	0.0138	0.0229	0.0172	0.0143	0.0129	0.0173	0.0161	0.0154	0.0139
金华市	0.0109	0.0314	0.0266	0.0234	0.0193	0.0161	0.0142	0.0126	0.0116
衢州市	0.0124	0.0107	0.0156	0.0162	0.0130	0.0253	0.0323	0.0320	0.0298
台州市	0.0260	0.0177	0.0123	0.0121	0.0113	0.0109	0.0104	0.0098	0.0091
丽水市	0.0149	0.0082	0.0093	0.0142	0.0160	0.0169	0.0154	0.0171	0.0166

从表 8-7 来看，2009—2017 年期间，丽水市的产业结构变化指数最大，其次为杭州市和宁波市，这说明这 3 个市的产业生产总值在此期间调整幅度较大。从表 8-8 来看，2009—2017 年期间，舟山市的产业结构变化指数最大，其次为宁波市和衢州市，这说明这 3 个市的产业就业人员在此期间调整幅度较大。

8.4　政府效率与浙商境外直接投资的关系分析

8.4.1　变量选择及模型设计

政府的制度、政策、人力资本和环境等会影响企业 OFDI 行为，其中制度（本书用政府效率加以测量）是影响企业投资决策的重要因素之一。 这是因为政府效率的改善，可以为境外投资企业带来一定的"制度红利"。 如果政府效率低下，例如政府在审批境外投资项目中流程过于复杂、审批环节多、层层汇报以及等待时间过长等，这样的效率会严重阻碍本地企业"走出去"及外资企业"请进来"的积极性。 同时，随着信息技术的发展，对外投资合作信息服务平台的建设，可以为企业提供在线办事、决策分析、综合信息查询、信息交流及重要通知等服务，加速优化对外信息服务环境。 因此，政府效率会显著影响企业 OFDI 的积极性。 为了更加准确地识别政府效率对企业 OFDI 的影响，本书在前人的研究基础上，选取出口贸易、外商直接投资、经济发展水平、高等教育水平等作为调节与控制变量进行分析，如表 8-9 所示。

表 8-9　指标数据及处理说明

	指标名称	观测指标	计算方式
因变量	OFDI	境外投资占比	市境外投资额/全省境外投资额
自变量	LGE	政府效率	曼斯奎特指数
	FDI	实际利用外资占比	市实际利用外资额/全省实际利用外资额
调节变量	INDS	产业结构系数	见公式(8-1)
	MOOR	产业结构变化	见公式(8-2)
	EXP	出口额占比	出口额/(出口额＋进口额)
控制变量	GDP	GDP 占比	市生产总值/全省生产总值
	EDU	高等教育水平	高等学校人数/小学生人数

8.4.2 直接效应分析

现阶段，已有学者对政府效率与对外直接投资之间的关系进行了研究。国外方面 Globerman 研究了政府基础设施对 1995—1997 年期间发达国家和发展中国家的外国直接投资流入和流出的影响，发现当政府基础设施的投资增加时，不仅有利于 FDI 也会对 OFDI 产生积极影响（Globerman，Shapiro，2002）。 Buckly 和 Carson（1981）研究发现地方政府对 OFDI 的政策引导会影响企业对外投资，当政策变化时，企业对外直接投资将会有明显变化。 除此之外，我国学者在这方面也有研究。 裴长洪、樊英（2010）基于"国家特定优势"理论，研究认为在中国企业对外直接投资实践中，政府会利用政策体系引导并建设完善的服务体系，从而形成对外投资的国家特定优势，这有利于企业的对外投资。 阎大颖等（2009）利用 2006—2007 年中国企业对外直接投资的微观数据为样本进行实证研究，结果发现政府政策扶持等其他要素对企业对外直接投资的动机和能力有着积极影响。 张为付（2008）则发现政府对外直接投资的支持力度与企业对外直接投资呈正相关关系，即各级地方政府通过加大对外直接投资的政策鼓励，完善相关法律法规和产业引导，来推进我国企业对外直接投资的发展。

通过上述分析，可以发现国内外学者关于政府效率会对 OFDI 产生直接影响。 因此，根据收集到的浙江省相关数据进行面板回归，结果如表 8-10 所示。 通过豪斯曼检验和冗余性检验确定选择建立个体固定效应模型 M2，其中经济发展水平 GDP 对 OFDI 的回归系数为 5.2424（p＝0.0000），表明随着浙江省经济发展水平的提高，浙江各地市企业在境外投资额度会显著增加，更多的企业选择"走出去"的战略；高等教育水平 EDU 对 OFDI 的回归系数为 −0.7348（p＝0.0417），这表明浙江省在校高等教育人数的增加对浙江各地市企业在境外投资额度产生显著的负向影响，这可能是因为教育水平的提高，会促使各企业在当地就能够招聘到符合企业发展需求的人才，因此反而会促使企业更多地留在当地进行发展；地方政府效率水平 LGE 对 OFDI 的回归系数为 −0.0350（p＝0.0329），这说明仅在考虑直接效应的情形下，地方政府效率水平的提高，例如社会发展水平、医疗保障水平和政府财政支出水平等政府投入产出的增加，这会为浙江本地企业营造良好的外部经营环境，反而会使更多的本地企业愿意留在本地发展，而不是"选走他乡"寻求战略资源，这有利于吸引外资和留住本地企业。

表 8-10　LGE 对 OFDI 的影响检验结果

	M1	M2	M3
LGE	−0.0510***	−0.0350**	−0.0746***
	p=0.0005	p=0.0329	p=0.0057
GDP	1.2105***	5.2424***	2.0858***
	p=0.0000	p=0.0000	p=0.0000
EDU	0.7265	−0.7348**	−2.1880***
	p=0.3364	p=0.0417	p=0.0000
模型选择	混合效应	固定效应	随机效应
Hausman 检验	卡方统计量=15.3230 and p=0.0016,选择固定效应		
冗余性检验	F 统计量=98.8560 and p=0.0000,选择固定效应		
R²	0.6772	0.6061	0.5076
Adjusted R²	0.6669	0.5077	0.4920
F Statistic	43.9090***	26.6736***	64.7692***
Note	* p<0.1;** p<0.05;*** p<0.01		

现有的文献大都认为，FDI 对 OFDI 有正向的影响作用，认为 FDI 会带动当地的经济发展，会促进当地的就业、税收、进出口规模等等，形成良好的经济环境，提升当地的经济实力；且企业可从 FDI 中进行技术、知识等的学习，增强了企业实力，驱动企业进行海外投资。 Hertenstein（2017）发现在汽车行业有海外投资的企业都会与曾经合作过的跨国公司保持密切的联系。 这是因为跨国公司在投资时会与当地企业建立一种内部关系，当地企业会从这种关系中学习，同时为了满足跨国公司的需求，企业也会在海外建设工厂即形成了 OFDI（Hertenstein et al.，2017）。 这表明 FDI 对企业 OFDI 有积极影响。 刘海云、董志刚（2018）则从价值链的角度发现，无论是发展中国家还是发达国家，FDI 均会因提高了一国的国际价值链分工地位促进 OFDI 的发

展。 此外，很多学者还认为，FDI 会产生溢出效应，从而提升企业 OFDI 的能力。 张梦婷等（2017）研究发现，在发展中国家 FDI 对 OFDI 有显著的正向影响，且 FDI 产生的知识溢出效应大于竞争效应，企业依旧可以从中获取知识溢出。 李磊等（2018）通过对 2004—2013 年企业微观数据进行分析，发现外资的水平和垂直溢出效应对于企业 OFDI 的影响均显著为正，同时 FDI 对商贸服务型、研究开发型、垂直生产型 OFDI 的正向影响更为显著。

因此，为了验证 FDI 对 OFDI 的影响，本书在上述分析的基础上构建 FDI 与 OFDI 的关系影响模型，结果如表 8-11 所示。 从表 8-11 中模型 M4—M6 的检验结果可以看出，GDP 与 EDU 对 OFDI 的影响与 M1—M3 的检验结果相一致；M4—M6 中 FDI 对 OFDI 的影响都是正向影响，根据选择固定效应模型 M5 可知 FDI 对 OFDI 影响的回归系数为 0.0427（p＝0.0651），这表明外资企业进入浙江各市，可以促进外资企业与当地企业建立良好的内部关系，有利于当地企业通过技术知识学习提高自身实力，推动本地企业走出去，有利于 OFDI 的增加。

表 8-11　FDI 对 OFDI 的影响检验结果

	M4	M5	M6
FDI	0.5646***	0.0427*	0.0431
	p＝0.0000	p＝0.0651	p＝0.6408
GDP	0.5380***	5.4181***	1.5285***
	p＝0.0021	p＝0.0000	p＝0.0000
EDU	−1.3781*	−0.5607**	−2.3246***
	p＝0.0840	p＝0.0362	p＝0.0000
模型选择	混合效应	固定效应	随机效应
Hausman 检验	卡方统计量＝21.0070 and p＝0.0001,选择固定效应		
冗余性检验	F 统计量＝87.3380 and p＝0.0000,选择固定效应		
R^2	0.7129	0.6009	0.4726
Adjusted R^2	0.7038	0.5011	0.4559
F Statistic	51.0659***	26.0929***	51.6105***
Note:	* p＜0.1;** p＜0.05;*** p＜0.01		

8.4.3　产业结构的调节效应分析

目前关于产业结构对政府效率和 OFDI 的调节作用的研究较少。 一方面，关于产业结构和政府效率之间的关系，沈玉良等研究了政策制度与产业结构调整两者之间的相互影响和关系（2013）。 汤婧、于立新（2012）从产业选择角度出发，认为通过国家鼓励企业对特定产业进行对外投资，有利于带动国内产业结构升级。 另一方面，对于产业结构和 OFDI 的研究，Vernon. R 认为企业开展对外投资可以推动跨国公司的技术进步、产品更新和生产结构优化。 Lipsey 通过爱尔兰对外直接投资对产业结构调整的实证研究发现，该国的对外直接投资成功促进了国内产业结构的优化升级。 从发展中国家的角度，Cantwell 和 Tolentino 提出发展中国家的企业 OFDI，其实是通过在对外投资中进行学习，增强企业自身的技术创新能力，促进国内企业创新力提升，最终结果是产业结构的优化升级。 Buckley 和 Casson（1981）则从"市场内部化理论"出发，认为企业可以在 OFDI 过程中获取"知识中间品"，这有利于加速该企业所在产业的产品和技术升级。

因此，为了验证地区产业结构层次 INDS 对 LGE 与 OFDI 的关系调节效应，本文在上述分析的基础上构建政府效率与产业结构层次对 OFDI 的调节效应模型，回归结果如表 8-12 所示。 通过豪斯曼检验和冗余性检验，选择模型 M8 进行分析，其中，政府效率 LGE 对 OFDI 的影响回归系数为 -0.1237（$p=0.0742$），在 10% 的显著性水平条件下显著为负，与前述分析相一致；地区产业结构层次 INDS 对 OFDI 的影响回归系数为 0.0208（$p=0.0280$），在 5% 的显著性水平条件下显著为正，这表明随着浙江地方政府产业结构层次的优化，会促使更多的地方企业采取走出去战略，进行境外投资与合作，开拓新的市场与发展空间；政府效率与地区产业结构层次的乘积项 LGE×INDS 对 OFDI 的影响回归系数为 -0.0689（$p=0.0685$），在 10% 的显著性水平条件下存在显著影响，表明地区产业结构层次 INDS 对 LGE 与 OFDI 的关系存在显著调节效应。

表 8-12　INDS 对 LGE 与 OFDI 的关系调节效应检验结果

	M7	M8	M9
GDP	1.3145***	4.9650***	1.8827***
	p=0.0000	p=0.0000	p=0.0000
EDU	−0.0581	−0.5354	−1.9627***
	p=0.9313	p=0.4071	p=0.0004
LGE	−0.0030*	−0.1237*	−0.1765**
	p=0.0977	p=0.0742	p=0.0289
INDS	−0.2001***	0.0208**	−0.0089*
	p=0.0000	p=0.0280	p=0.0697
LGE * INDS	0.1829***	−0.0689*	0.0570**
	p=0.0022	p=0.0685	p=0.0464
模型选择	混合效应	固定效应	随机效应
Hausman 检验	卡方统计量=16.4030 and p=0.0057,选择固定效应		
冗余性检验	F 统计量=70.2390 and p=0.0000,选择固定效应		
R^2	0.7693	0.6260	0.5210
Adjusted R^2	0.7542	0.5138	0.4896
F Statistic	40.6872***	16.7361***	66.3372***
Note	* p<0.1; ** p<0.05; *** p<0.01		

同时,为了验证地区产业结构变化 MOORE 对 LGE 与 OFDI 的关系调节效应,本文在上述分析的基础上构建政府效率与地区产业结构变化对 OFDI 的调节效应模型,回归结果如表 8-13 所示。 通过豪斯曼检验和冗余性检验,选择模型 M12 进行分析;同时为了与前述分析保持一定的一致性,本文将模型 M11 的相关回归结果与模型 M12 进行比较分析发现,两个模型除了系数大小有所差异之外,正负项及显著性水平都基本没有差异。 在模型 M12 中,政府效率 LGE 对 OFDI 的影响回归系数为−0.1296(p=0.0000),在 1% 的显著性水平条件下显著为负,与前述分析相一致;地区产业结构变化 MOORE 对 OFDI 的影响回归系数为−5.2656(0.0101),在 5% 的显著性水平条件下显著为负,这表明随着地方产业结构变化系数的增大,反而会促使更多的地方企

业采取走出去战略，进行境外投资与合作；政府效率与地区产业结构变化的乘积项 LGE×MOORE 对 OFDI 的影响回归系数为 7.3387（p＝0.0009），在 1%的显著性水平条件下存在显著影响，表明地区产业结构变化 MOORE 对 LGE 与 OFDI 的关系存在显著调节效应。

表 8-13　MOORE 对 LGE 与 OFDI 的关系调节效应检验结果

	M10	M11	M12
GDP	1.7471***	4.2086***	2.1208***
	p＝0.0000	p＝0.0000	p＝0.0000
EDU	−0.4728	−1.0835*	−1.8618***
	p＝0.3567	p＝0.0735	p＝0.0001
LGE	−0.1610***	−0.2079**	−0.1296***
	p＝0.0000	p＝0.0154	p＝0.0000
MOORE	−10.2214***	−8.5192**	−5.2656**
	p＝0.0029	p＝0.0292	p＝0.0101
LGE * MOORE	15.0826***	9.7560**	7.3387***
	p＝0.0000	p＝0.0158	p＝0.0009
模型选择	混合效应	固定效应	随机效应
Hausman 检验	卡方统计量＝1.7334 and p＝0.8847,选择随机效应		
冗余性检验	F 统计量＝44.4860 and p＝0.0000,选择固定效应		
R²	0.8661	0.6688	0.6345
Adjusted R²	0.8573	0.5694	0.6106
F Statistic	78.8873***	20.1903***	105.6020***
Note	* p＜0.1;** p＜0.05;*** p＜0.01		

　　进一步地，为了判断产业结构层次系数和产业结构变动系数对 LGE 与 OFDI 影响关系的调节作用，本文根据上述检验结果绘制调节效应情况如图 8-3 所示。从图 8-3 可以看出，产业结构层次系数对 LGE 与 OFDI 影响关系具有显著的负向增强调节作用，即随着浙江当地产业结构层次的优化，政府效率的改善有利于更多当地企业留下来投资发展而不是走出去投资，这表明随着当地营商环境的变化，更多的当地企业会随着经济水平的发展率先走出去，然

后又随着当地营商环境的进一步优化，自然而然地，更多的企业会选择留下来。而且，产业结构变化系数的调节效应图也显示，产业结构变化系数对LGE与OFDI影响关系具有显著的干涉调节作用。这说明随着当地政府不断调整产业结构，会对政府效率与境外投资之间产生显著影响关系，当政府效率低于阈值时，产业结构变动幅度小时，政府效率对境外投资的影响相对较大；当政府效率高于阈值时，产业结构变动幅度大时，政府效率对境外投资的影响相对较大。这说明产业结构变动幅度的变化，会对本地企业"走出去"战略实施具有显著的影响关系，当产业结构变动幅度大且政府效率也高时，这时会有更多的本地企业积极实施"走出去"战略。

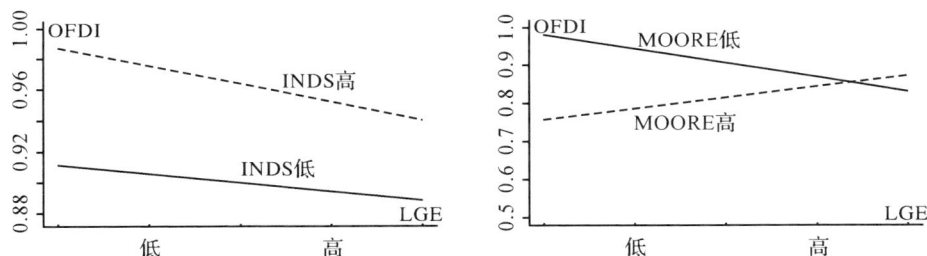

图 8-3　INDS 与 MOORE 的调节效应图

8.4.4　贸易环境的调节效应分析

在贸易环境对 OFDI 的影响方面，有许多学者研究了东道国贸易环境对 OFDI 的影响，但是看法不一。有学者认为，东道国的高贸易自由度会对我国 OFDI 产生负面影响。胡浩等（2017）就利用随机前言模型研究发现，由于贸易自由度的提高会替代对外投资，所以东道国的贸易自由度会负向影响我国对外投资的效率。也有学者认为，这反而能够促进 OFDI，周强（2018）通过中国 2005—2015 年对 84 个国家的 OFDI 面板数据进行营商环境的实证分析研究，结果发现东道国贸易环境对中国企业 OFDI 影响为正。这是因为良好的贸易环境促进两国贸易关系，进而对两国间跨国投资产生积极影响。而在我国当前中美贸易摩擦、"一带一路"的贸易形势下，我国 OFDI 出现转移的现象，同时 OFDI 仍需不断扩大。邵燕敏等（2018）就发现在贸易争端的背景下，对外投资的审查变得更严格，中国对美国 OFDI 的投入也会下降，但为了寻求削弱负面影响,会增加对欧洲等地的 OFDI。 王悦(2019)则对我国"一带一路"的对外投资情况做了评估,发现我国 OFDI 的规模增长迅速,但投资集中度高,同时也面临着政治、贸易便利化的挑战,我国的 OFDI 还有待扩大。

因此,为了验证进出口贸易 EXP 对 LGE 与 OFDI 的关系调节效应,本书在上述分析的基础上构建政府效率与进出口贸易对 OFDI 的调节效应模型,回归结果如表 8-14 所示。 通过豪斯曼检验和冗余性检验,选择模型随机效应 M15 进行分析,模型 M13 和 M14 可以视为其稳健性检验,对比 3 个模型的检验结果,可以发现三者差异性微乎其微,影响关系和显著性水平基本保持一致,具有较好的稳健性。 其中,M15 中政府效率 LGE 对 OFDI 的影响回归系数为 -0.0870(p=0.0060),在 1% 的显著性水平条件下显著为负,与前述分析相一致;政府效率与进出口贸易的乘积项 LGE × EXP 对 OFDI 的影响回归系数为 -0.0623(p=0.0599),在 10% 的显著性水平条件下存在显著影响,表明地方进出口贸易水平 EXP 对 LGE 与 OFDI 的关系存在显著调节效应。

表 8-14 EXP 对 LGE 与 OFDI 的关系调节效应检验结果

	M13	M14	M15
GDP	1.4961***	5.4357***	2.0256***
	p=0.0000	p=0.000001	p=0.0000
EDU	-0.8567	-0.6147	-2.0891***
	p=0.2033	p=0.3420	p=0.0001
LGE	-0.0941***	-0.0498**	-0.0870***
	p=0.000000	p=0.0443	p=0.0060
EXP	0.0248	0.4973*	0.1116
	p=0.0556	p=0.5123	p=0.8519
LGE * EXP	-0.6553***	-0.0746*	-0.0623*
	p=0.0065	p=0.0635	p=0.0599
模型选择	混合效应	固定效应	随机效应
Hausman 检验	卡方统计量=7.3126 and p=0.1984,选择随机效应		
冗余性检验	F 统计量=58.8170 and p=0.0000,选择固定效应		

	M13	M14	M15
R^2	0.7977	0.6128	0.5208
Adjusted R^2	0.7844	0.4967	0.4894
F Statistic	48.0999***	15.8278***	66.2902***
Note	* p<0.1；** p<0.05；*** p<0.01		

进一步地，为了判断地方进出口贸易水平 EXP 对 LGE 与 OFDI 影响关系的调节作用，本文根据上述检验结果绘制调节效应如图 8-4 所示。从图 8-4 可以看出，地方进出口贸易水平 EXP 对 LGE 与 OFDI 影响关系具有显著的负向增强调节作用，这表明当地方企业出口额占比越高时，政府效率 LGE 对 OFDI 的负向影响作用越强，即随着地方企业向境外出口产品的增加，同时当地政府效率的不断优化，这时当地的营商环境变得越来越好，越有利于留住不断发展的地方企业，即地方企业在境外投资的额度反而出现减少趋势。

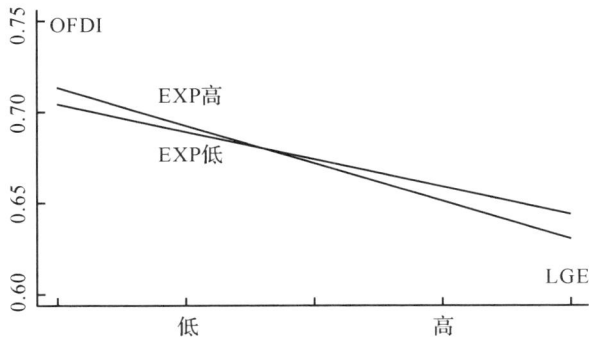

图 8-4　EXP 的调节效应图

8.5　本章小结

本章重点从区域层面分析了浙商海外直接投资的前因变量，特别是对浙江省区域政府效率进行了测算，并通过理论和实证研究得到如下几个方面的结论。

第一,对浙江省 11 个地市的政府效率进行了评价,结果表明各个地市的政府效率稳步提升。 一是 2009—2017 年期间浙江各地市政府效率的平均值为 0.972,小于 1,表明在此期间浙江各地市政府效率处于一种相对低效率状态。 其中,宁波、舟山和杭州 3 市在 2009—2017 年期间的政府效率大于 1,显著高于其他 8 个地市。 二是从时间维度来看,浙江各地市的政府效率大致经历三个阶段。 第一阶段为 2009—2011 年期间,该阶段政府效率提升阶段,但是效率较低;第二阶段为 2012—2014 年期间,该阶段政府效率稳定阶段,且效率较高;第三阶段为 2015—2017 年期间,该阶段又是一个不断提升效率的阶段。 三是从区域维度来看,浙东北地区(杭州市、宁波市、嘉兴市、湖州市、绍兴市和舟山市)的地方政府效率明显高于浙西南地区(温州市、金华市、衢州市、台州市和丽水市)。 通过本文对浙江各地市政府效率的测算,有利于相关企业和机构进一步了解和掌握各地市政府效率的发展趋势和特征,对地方政府的行政资源配置具有一定的指导性价值。

第二,本土政府效率对浙商境外直接投资产生显著影响,政府效率的提升会弱化浙商的海外直接投资。 这意味着政府效率的提高会推动浙商企业留下来发展,而不是走出去发展。 因此,为了能够促进地方企业发展,既要促进企业走出去,同时也希望引进来更多的外资企业,更重要的是留住本地企业和外资企业为地方经济发展做出重大贡献,政府必须不断完善服务设施和构建"服务型"政府以提升浙江各地市的政府办公、审批等行政效率,这也是企业发展和经济发展所产生的必然要求。 并且浙江各地市政府效率的提升,对地方企业实施"走出去""留下来"和"引进来"等战略的实施都会产生显著影响;产业结构调整与 OFDI 之间存在互动机制,因此双管齐下的政府支持将对国内产业结构优化和企业开展 OFDI 产生一定的协同效应。

第三,浙江省各地区的出口贸易和进口贸易对 OFDI 也会产生显著的调节影响。 因此,政府在改善行政效率的基础上应提高当地企业利用的积极性,加强与外资企业的合作,促进地方企业自身的创新能力,提高企业的经营能力和国际声誉,既要能够留住外资企业,同时也要鼓励内资企业积极走出去。

9

浙商海外直接投资典型案例：华立出海[①]

2016 年 8 月 18 日晚的《新闻联播》上出现了华立集团董事局主席汪力成的身影。前一天，他作为全国唯一的民企代表，在中央推进"一带一路"建设工作座谈会上发言，分享了华立十几年来"走出去"的经验和感悟，重点介绍在泰国建立的泰中罗勇工业园区。自那之后，泰中罗勇工业园区声名大振，吸引了大量媒体、政府官员以及企业前往参观访问。泰中罗勇工业园的接待人员陷入"幸福的烦恼"，"以前是每周两批访客，现在是每天两批，都忙不过来了"。

不过，汪力成可没停留于此。在他看来，海外工业园区是中国企业利用"两个市场、两种资源"参与国际竞争的重要途径，与"一带一路"战略有着天然的匹配。为此，2018 年华立在墨西哥启动了北美华富山工业园的一期建设，在摩洛哥筹建一个大型的北非工业园，希望将其作为中国企业进入非洲和欧洲市场的"跳板"。还有近期启动的与广西防城港的合作，面向的依然是东盟市场。它们能复制在泰国的成功吗？

---

① 本案例由浙江工商大学工商管理学院的吴波、杨步韵、程兆谦、杨燕、陈盈等共同撰写。由于企业保密的要求，在本案例中对有关名称、数据等做了必要的掩饰性处理。

9.1 初踏国际化征程

华立集团的前身可追溯到 20 世纪 50 年代余杭镇上的 3 家手工合作社——雨伞合作社、竹器合作社和扫帚合作社，1978 年这 3 家合作社合并。经过四十年的发展，特别是几次大的转型，到今天它已经脱胎换骨，成为一家以华立集团股份有限公司为母体、多个产业集团公司组成的多元化企业集团，属于"浙商企业"的代表性企业之一。

虽说华立集团业务范围很广，但它真正起家、并被外界公认与"华立"这个名字紧密相连的却是电能表业务。让我们回到 20 世纪 90 年代，其时，中国已经成为世界最大的电能表生产国，竞争激烈，产能严重过剩，中国电能表企业急于消化过剩的生产能力，其中也包括华立这家行业领先企业。与此同时，拉美、东南亚等地区出现了电力行业市场化和私有化的潮流，电能表需求大增，于是这些国家逐步成为中国电能表的主要出口地区。

华立的国际化也由此而开端。"中国的制造业发展太快了，谁先走出去，谁将更早从中受益。"华立集团原党委书记、时任电能表业务负责人肖琪经如是说。最初，华立通过外贸公司向国际市场销售电能表，没有自己的品牌，出口额也很小，只占总销售额的不到 1％。1995 年华立获得自营进出口权，组建国际贸易部，开始以自主品牌在国际市场上销售产品。1997 年，华立海外事业部正式挂牌，为大踏步"走出去"积蓄能量。

2000 年是华立发展的一个重要时间点。那一年，汪力成和他的管理团队提出了指导未来十年发展的新战略——"技术创新、资本经营、全球化"。随后收购荷兰菲利普公司在美国的 CDMA 研究所，以及昆明制药（SH600422）和健民集团（SH600976）的举措，即是这一战略的产物。华立的全球化此时也在提速升级。公司决定在泰国直接投资，首期投资额为 120 万美元，独资设立华立集团（泰国）电气有限公司（以下简称"华立泰国"）。这将是华立投资设立的第一个海外电能表生产基地。

华立在这时候赴海外投资办厂，"政策导向的变化是一个原因，2000 年前后，国家在政策上已经出现支持、鼓励国内企业实践国际化的迹象，这让华立在投资海外市场时多了几分底气。"肖琪经如此评说。 2000 年，中国政府正式提出"走出去"战略，浙江省政府也鼓励华立这样的行业龙头"走出去"，到海外进行直接投资。

当然，电能表行业有一定的特殊性，产品销售以当地电力局招标为主，个人很少直接购买，而各国、各地的电力局大多会保护本地企业，对本国生产的条件设置低一点，外资企业的门槛会高一点。 在泰国投资设厂也是为了靠近客户，取得其信任与好感。 以往出口产品时就发现，即使产品性价比非常高，但外国客户对业务的可持续性和售后服务心怀疑虑，最后也很难达成交易；再如，非关税贸易壁垒也是让人非常头疼的问题。

在徐根罗——这位华立泰国的创办人看来，华立集团"走出去"的第一站选择泰国是经过深思熟虑的。"从人文角度看，泰国当地华人多，对华人一直比较友好，不少华人在当地也都有体面的工作。 从地缘位置看，泰国与中国邻近，但没有领土接壤，不会有领土纠纷或冲突。 泰国居民的生活习性也与我国南方一些地方比较接近。 另外，华立生产的电能表质量好，在泰国有明显的性价比优势，而且有不错的市场容量。"

肖琪经从另一个角度做出解读，"有人把产品出口比作小学毕业，把设立海外营销机构比作中学毕业，把海外建厂比作大学毕业，这是有一定道理的。只有循序渐进才能知己知彼，减少风险因素，找到发挥自身竞争优势的恰当空间，最终实现扩大产品出口、有效占领国际市场的初衷。"

不过即使"深思熟虑"，有头脑如此清楚的领导，也没有想到在泰国生存下来会碰到那么多困难，那么多曲折！

9.2 孤独的行者："泰囧"逆袭

华立泰国是华立第一家海外投资的全资子公司，也是中国制造企业最早到泰国投资的项目之一。"最早"意味着没有可以直接借鉴的经验，一切都需要自己摸索。 不能说华立对泰国市场一无所知，通过之前的出口业务，华立对泰国市场的技术标准、产品需求以及当地的文化和消费习惯都比较熟悉了，也积累了一些人脉，但是真正投资建厂时，华立才切身体会到海外投资的艰难。

(1)自力更生，创业维艰

2000 年初，时任华立集团计划经营部部长徐根罗拎着背包单枪匹马来到泰国这个陌生的国家，筹建华立集团（泰国）电气有限公司。此前，对将要赴泰的徐根罗，华立集团掌门人汪力成赠送十二字锦囊："自我积累，自我滚动，自我发展。"这十二个字看似简单，却给了徐根罗莫大的压力。

出于节省成本的考虑，徐根罗在曼谷 Bang Bon 区租赁了一间破旧不堪的废墟厂房，厂区杂草丛生，但离市区近、租金便宜。"我们舍不得去外面租赁公寓，办公室、宿舍、厨房及餐厅都挤在一间小平房里，盥洗在平房的外面，以厂为家、就地食宿。"

由于项目落地、产品研发、市场拓展都需要时间沉淀，经营的压力全部压在成本控制上，所以主要采用总部工厂整理之后的旧设备，工厂的固定资产投资不大，属于轻装上阵。

(2)外来的和尚难念经

建厂后，徐根罗团队招募了大量泰国工人开始生产。虽然对泰国员工的"佛系"早有耳闻，但其"懒散"程度还是超出团队成员的想象：他们在车间内嬉笑打闹、磨磨蹭蹭、唱歌、吃零食、趴在桌上打瞌睡……无所不有，毫无效率可言。泰国工人领悟不了从华立集团总部带来的工艺资料、操作指导书，也无法掌握操作要领，导致生产效率十分低下。

在管理层看来，泰国员工也非常缺乏加班的积极性和自觉性。徐根罗讲到这样一个片段："2000 年，我们接到一个菲律宾订单，时间很急。按中国的习惯需要加班。白天，管理层以身作则，我挽起袖子就到流水线上干活。泰籍员工很诧异，大家看我怪怪的。更怪的事还在后头，工厂早就发下通知，但到了晚上，工人一个也没来加班。后来我们得知，按他们的法律，人人各安其岗，不能越位。还有，要加班得提前沟通好。"

这些工人深谙泰国劳动法相关条款,稍有不爽就投诉,华立泰国一次次被"请"到政府劳动部门接受质询和教育。 另外,在泰国劳动法中,计件制也不符合法律,如果强制执行就会被投诉到劳动部门。 语言障碍、文化隔阂、对当地规章制度和风俗习惯缺乏了解,使得国内通行的管理方法在华立泰国完全行不通。

(3)当地市场排斥,竞争压力巨大

比生产更难的是市场开拓,可算是这一阶段华立泰国面临的最大考验。

虽然华立牌电能表在国内有很高知名度,属行业领头品牌,但在泰国却鲜有人知。 在泰国客户眼里,最好的电气品牌来自美国、德国、日本,哪怕这些品牌的产品实际是在中国制造、组装的。 特别是日本企业,它们在泰国投资已有五十多年历史,投资额占行业外商投资最高曾达到60%,品牌优势非常突出,三菱和富士的产品大行其道。 与其竞争的其他企业的日子就很艰难了。 当华立在泰国投资时,一家法国与泰国合资的电表企业刚刚宣布破产。

与全球著名电气企业相比,中国企业、中国产品的形象并不好,甚至可以说受到相当的歧视。 例如,泰国京都电力局的人说,早年该电力局曾经低价采购过上海一家公司的10万台产品,使用后全部严重生锈而报废,蒙受巨大损失。 电力局的人直言不讳:"中国商品价格是低廉的,品质是不行的。"客户的偏见使得华立在泰国的市场开拓步履维艰。

泰国要求所有投标企业通过 KEMA 认证,没有这个认证,连投标资格都没有。 这是源自荷兰、国际电力行业最权威的测试和产品质量认证机构,有九十年的测试、检查和认证经验。 它关注的是产品和流程的可用性、可靠性、可持续性和盈利能力。 这对华立泰国是一个很大的挑战,好在有母公司的强力支持,最终通过了 KEMA 认证,打破了这一障碍。

华立要抢别人嘴里的"肥肉",在泰国的同行自然不会"友好对待"。有一次,华立泰国凭借自己实力在泰国电力局的招标中竞标成功后,受到泰国竞争对手采用非商业手段的排挤。 他们向电力局甚至商业部投诉华立泰国,提出了二十多项投诉的理由,说华立不是泰国人的企业,说华立的产品散件全

部从中国进口、本地只有组装、中国的产品质量不好，等等。 结果泰国电力局迫于压力，最后不得不撤销了中标通知。

他们还建立价格联盟打压华立，其目的是能够把华立赶出泰国。 泰中罗勇工业园区副总经理吴广云说："我们刚开始去的时候，日本企业三菱和泰国一些厂商联合起来想要把我们绞杀了，政府招投标时，他们给出的定价很低，比成本价还低，就是拼了，他们就想把你挤垮了，然后他再慢慢提价上来。"

(4)"变泰"的和尚好念经

华立的选择不多，要么离开泰国，要么扎扎实实地在泰国扎下根来。 首要任务就是做好当地工厂的管理工作，有效提高工厂效率以降低成本。 为提高工厂的内部运营效率，华立泰国用了三年的努力和坚守，直到 2002 年，终于成功赢得泰国电力公司的一张大单，实现扭亏为盈，才真正在泰国站稳脚跟。 其核心策略就是"在泰变泰"的本土化策略。

针对泰国工人"懒散"的问题，徐根罗与泰国员工进行了深入沟通。 发现泰国工人之所以"懒散"，一方面，因为工人信仰佛教，"佛系化"严重，在工作中不愿意开展创新性活动；另一方面，泰国工人在西方和日本跨国公司的长期影响下，形成了刻板的工作风格，不像中国工人那样随机应变。

怎么办？ 徐根罗团队首先想到的办法就是，一板一眼，改编母公司带来的技术资料，把每一个工序步骤的操作进行详细界定，在此基础上翻译成泰文。 在工艺文件本土化改造的基础上，华立泰国对工厂管理制度、生产纪律、绩效考核以及行为规范，也都具体到"细枝末节"，保证让泰国员工一目了然：看了就能掌握，上手就能操作。

通过这些改变，泰籍工人原本"死板""不灵活"的劣势变成了优势，将车间里简单重复的工作做得一丝不苟，生产线上的检验员按指导书要求认认真真地检验，不合格的产品被坚决剔除或返回，使次品几乎流转不出去。 中国工厂管理的精细化与泰国工人作业的一丝不苟相得益彰，工厂整体运营效率大大提升。

计件制不合法，但员工的工作热情还得要调动起来，那就换一种形式。 徐根罗将计件制变通为泰国法律所允许的包干制，也就是针对流水线和其他个体岗位制定"日干多少可以回家"的考核措施，同时告知工人装配900个工件可以算1.5倍日工资。 新的激励制度效果很好，工人干活再也不磨蹭，工作热情大幅提高。 第一天不到晚上八点就做完了900个，过了一段时间之后，基本在六点就可以做完900个工件，也就能够拿到1.5倍的日工资。

为了与泰国工人更好地沟通，华立泰国组织召开了员工大会，让泰籍员工选出3名工人代表，并与之定期沟通，以深入了解泰籍员工的想法。"有问题的解决问题，暂时解决不了的我们就做好解释，大家商量着办。 此外，我们还提拔了当地人担任车间管理职务，效果不错。"徐根罗说，"这一举措让泰国工人有了平等的参与感，他们很珍惜这样的参与机会。 中泰员工建立起了较好的信任，华立泰国再也没有被投诉，再也不用与劳动申诉机构交涉了。"

进一步地，华立泰国大量聘用泰籍基层和中层管理人员，车间里基本上是依托泰国本地人进行运营管理，"以泰制泰"。 随着泰籍员工人数的日益增加，华立泰国开始在厂区搭建文体设施，用多种形式的文体活动丰富其精神文化生活，提高了泰国工人的归属感。

徐根罗提倡"学习泰国法律、认同泰国文化"。 他说："中国企业走出去首先要认同投资所在国的文化，不能用中国式的思考方式与对方沟通，而是要用对方的思维方式来思考问题，用对方的行为方式来完成中国人的目标。"因此，华立泰国十分注重学习和研究当地的法律法规，尊重法律法规，逐步形成和谐的劳动关系和市场关系。 这些努力让华立泰国既传承了母公司的企业文化，又与泰国的本地文化有效整合，中泰双方的员工相互了解、适应、融合，形成了独特的组织氛围。

通过一系列本土化策略，华立泰国极大地提高了生产效率，产品品质也获得了泰国当地客户的认可，从而在市场上逐步站稳了脚跟。 质量过硬、价格合理、符合泰国市场需要的华立电表逐渐打开市场，而且迅速占到了该国三分之一的市场份额，每年净盈利可观。

9.3 独行快、众行远：合作建平台

9.3.1 结缘安美德，合资创办园区

在泰国站稳脚跟之后，就有人建议华立在泰国买地自建厂房，以实现可持续发展。但是一想到买地面临的复杂问题，徐根罗就感到头痛不已。虽然外资企业可以在泰国买地，但是外资企业可否百分百拥有土地永久所有权，怎样才能顺利过户，水电供应齐备与否，周围安保等等问题，都需要一一解决。这对于一个外来企业来说，有种"两眼一抹黑"的感觉。

这时，著名工业地产企业家、安美德（AMATA）集团董事长邱威功表示愿意帮助华立。在安美德的帮助下，2005 年华立泰国的新工厂在安美德春武里工业城顺利落成，华立泰国也成为落户安美德工业城的第一家中国企业，拥有了永久所有权的地契；与此同时还申请了 BOI①，享受了 5 年减免所得税的投资优惠政策，并利用这一政策在曼谷购置了一栋商住楼。徐根罗说："如果没有安美德，凭自己的力量全部完成审批程序短则 3～5 年、长则 8 年，而且其中某一项不能获批就不能过户土地，风险极大。"

他们的缘分不止于此。2005 年，华立集团董事长赴泰参加工业城新厂建设开工奠基仪式，结束后受邀去安美德公司董事长邱威功的私人会所做客。泰国跟中国不一样，中国的开发区基本上是政府的，因为土地是国家的，规划也是国家制定的，但是泰国的土地是私有的，园区都是企业化运作、商业化运作。而安美德就是泰国最大的工业地产开发商，开发的春武里安美德工业城和罗勇安美德工业城年产值占泰国工业总产值的 8% 左右。

邱威功对汪力成介绍说，日资企业 20 世纪六七十年代就到泰国来投资了，所以安美德两个园区内大部分是日资企业，但是中国经济发展很快，他判

---

① BOI（Board Of Investment）：泰国投资促进委员会，是泰国负责促进投资的政府部门。根据泰国社会经济发展的短板，有针对性地提供税收和非税收优惠政策，以此来吸引投资以弥补完善产业发展链条。

断未来也应该会和日本企业一样，大批量地到国际上发展。那么，未来如果开发一个工业园，专门面向中国企业，一定是有前景的。事实上，他们也曾经找了一些懂中文的泰国人，面向中国企业招商，但毕竟有文化差异，效果不大。

邱威功对华立很感兴趣，因为它不仅是这个园区里第一家中资企业，准确地讲，是第一家活下来的中国企业，在华立之前有不少企业干了几年撑不下去了，只得灰溜溜地回去了。所以他觉得华立应该是一个很好的合作伙伴。

汪力成也是极敏锐的企业家，一拍即合。华立有自己独特的优势，它是成功的先行者，"华立在 2000 年就开始在泰国投资，历经挫折才站稳脚跟。类似这种起步的艰难情况不仅华立会遇到，其他中国企业也会遇到。"另外，华立集团在国内知名度很高，有影响力，有信誉，更容易获得政府支持，得到其他中国企业的信任。

经过五个月的认真调查与谈判，华立最终决定在安美德的第二个工业区罗勇工业园园区建立"中国工业区"，即泰中罗勇工业园区。

从一开始，它就被寄予厚望。2005 年 7 月 1 日，中泰建交 30 周年之际，在中泰两国国家领导人的见证下，泰中罗勇工业园合作备忘录在北京签署，项目随之启动。由此，华立完成了一次华丽的蜕变——不仅自己走出去，还为更多的中国企业赴泰国发展提供服务。华立下属的华方医药科技有限公司与泰方的安美德城有限公司合资组建泰中罗勇工业园开发有限公司，积极推进园区建设。

园区位于泰国东部海岸、靠近泰国首都曼谷和廉差邦深水港，周边水、陆、空立体交通网络十分发达，距离泰国最大的深水港廉差邦仅 27 千米，非常适合加工转口型企业。总体规划面积 12 平方千米，其中一期规划 1.5 平方千米，二期规划 2.5 平方千米，三期占地 8 平方千米，包括一般工业区、保税区、物流仓储区和商业生活区，重点面向中高端制造行业，主要吸引汽车零配件、机械、家电等行业的中国企业入驻。

愿望是美好的，道路是曲折的。正是在这一艰辛曲折的过程中，华立深刻领会到"独行快、众行远"的确切含义。

9.3.2　园区运营 1.0：以华立国际化经验为卖点，吸引中企入驻

　　园区成立时，园区的开发公司仅有七八个人，随后不断扩招，包括在泰国的中国留学生和泰国人，目前大部分人是在泰国，国内人不多，只有三四个人。　国内人员负责与商务部、商务厅等政府部门对接，进行招商宣传，开发客户，在泰国的人员则负责园区的开发运营，包括客户的服务、接待、谈判等。

　　隔行如隔山，万事开头难。　运营工业园和管理工厂截然不同，最难莫过于初期的招商。　吴广云说："当时与泰国合作建工业园区的想法在国内很超前，国内很多企业在国内的生意还做不过来，更不要说去国外投资建厂了。　同时，泰国那时对中国人来说很陌生、很神秘，经常有企业会问'泰国不是旅游国家吗？　能投资办厂吗？'"

　　于是，泰中罗勇开始谋求中国政府的支持，与政府不断汇报、沟通，推动境外经贸合作。　2005 年，商务部批准设立 19 家境外经贸合作区，泰中罗勇就是其中一家。　虽然取得中国商务部的认定和背书，但毕竟这是市场行为，主要还得依靠自己的努力与巧妙运作。　泰中罗勇确定了以服务招商为核心的战略，以华立的国际化经验为亮点，吸引中资企业入驻。

　　起步阶段，工业园的招商团队确定了三类企业为主要招商对象。　第一类是谋求原产地多元化的中国企业，这类企业到泰国的目的是把原产地变为泰国，以应对欧美国家的贸易壁垒和贸易摩擦。　第二类是企业到泰国投资的目的除了开发泰国本地市场之外，还希望把泰国作为一个"跳板"，借此开拓东南亚市场乃至全球市场。　东南亚是一个人口超 5 亿、面积达 450 万平方千米、GDP 总值超 2.7 万亿美元（2017 年）、国家间关税大多是接近"零关税"、由 10 个国家构成的巨大市场。　在过去的十几年里，它是仅次于中国、印度成长最快的经济区域。　第三类是看重泰国特有优势资源的中国企业，比如橡胶企业。

　　招商人员不辞辛苦，联合泰国的政府部门，在中国特别是江浙沪一带召开各种推介会，以接触目标客户。　确定了目标客户之后，剩下的就是"感动客户"了。""感动客户'这四个字很老套，但我们确实这样做了。"泰中罗勇

工业园区总经理徐根罗说道，"从帮助一个企业注册、税务登记、银行开户、BOI申请，到劳工招工、工厂建筑咨询、专业证件的申请，每家来到罗勇园区的企业，我们都当成自家人。我们做得很累，但是我们招商的亮点也就是在这个'累'字上"。

第一家落户园区的是皮尔轴承（泰国）有限公司。当时该企业已和另一个园区签署了意向书，但泰中罗勇三番五次去游说，向该企业讲述华立的独特优势，介绍建设和管理泰国工厂的国际化经验，并在入驻之前就倾囊相授，帮助对方解决各种难题，助力其更好地在泰国扎根，从而赢得了对方信任。皮尔轴承泰国工厂的负责人说："刚来的时候就我们一家，人生地不熟，只要一碰到困难，我们就找华立。"

泰国是东南亚国家中最大的专用车市场，落户于泰中罗勇工业园区的中集车辆（泰国）有限公司将成为中集立足泰国市场、主攻东南亚市场的重要专用车生产基地。中国半挂车行业领军企业中集车辆（泰国）公司副总经理丁正祥也经常谈到入驻泰中罗勇工业园区的"小插曲"。中集在进入泰中罗勇之前，已和一家泰国公司谈好了合资事宜，但是在"泰国通"徐根罗的提醒下，才发现对方公司在出资方式上存在漏洞。

中集的负责人感慨地说："一开始不熟悉这个地方，所以不知道这里的'深浅'。我们需要徐总，更需要华立搭建的这样一个平台帮助我们……之前，我们走了一年多的弯路，与罗勇工业园区的'握手'真是'相见恨晚'啊。"

全球制冷配件行业的龙头企业盾安金属（泰国）公司总经理蒋广学说："确定进入泰国市场后，我们公司对泰国几个比较大的工业园进行了逐一调查，在我们看来，由华立'主持'的泰中罗勇工业园区的综合条件是最好的。"园区会通过各种方式来帮助企业，比如由于盾安的厂房正在建造过程中，为了抓紧生产，罗勇工业园将标准厂房出租给盾安使用。

蒋广学继续说道："毕竟盾安对这里的很多情况并不熟悉，幸好有了华立。在筹办公司期间，华立为我们提供了很多的信息资源，帮我们介绍社会关系；而在别的园区，就不具备这样的服务。其次，泰国并不是一个英语很发达的国家，泰语给我们造成了很大的障碍。华立员工主动做我们的'翻译'，才让我们对很多事情心里有底。特别是在工厂的建设过程中，华立给我们介绍的基建商都是华侨，语言沟通上面'过关'了，我们就不用担心很多风险性的东西。 同时，为了方便我们的生产、生活，工业园内的很多基础设施上都标有中文。"

华立还把自己在泰国经营的宝贵经验分享给园区的企业。 徐根罗曾经尖锐地指出："中国企业到泰国投资，最大的问题不是来自泰国政府和社会，而是自身……现在中国人有钱了，出国投资容易抱着优越的眼光看人做事，自我优越感太强，不善于顾及泰国人的思维模式和做事方法，也不会运用泰国人管理企业模式来管理工厂，这种自满的心态渗透到日常的企业管理上，是比较忌讳的。"

蒋广学就非常认同。 他是中国人，但在泰国交流一年后，通过本地招聘加入盾安，后被提拔为负责人。 他能熟练地说泰语，与泰国人交流很顺畅，甚至在泰国员工眼里，他就是"泰国人"。 他对泰国的法律、文化都很熟悉，像他这样身兼中、泰两国文化背景的企业家在泰中罗勇工业园区里有很多。

在 2005—2012 年期间，泰中罗勇工业园成功招商入驻企业 35 家。 在大多数企业"走出去"意识并不强烈的时期，每一家企业入驻泰中罗勇工业园的背后都有一个不同寻常的故事。 2008 年美国次贷危机又影响了中国企业"走出去"的信心，直到 2009 年下半年才有所好转。

虽然服务入驻中企并非一帆风顺，但是在这一过程中，泰中罗勇工业园区逐渐积累了良好的声誉，提升了园区品牌知名度，并形成了与泰国当地企业和泰国政府的良好协作关系。 泰国工业部下属的工业区管理局直接入驻泰中罗勇工业园区，为园区企业提供监督、保护服务。 该管理局有十几个人，由工业园区提供办公室。 园区企业申请、办理工厂相关证件，可以一站式完成，类似于浙江推行的"最多跑一次"。

9.3.3 园区运营 2.0：以平台服务为基础，借力"一带一路"之东风

2013 年中国政府提出"一带一路"倡议，泰国是其中的一个重要节点。作为最早一批境外中国经济贸易合作区，也是目前运营良好、影响较大的工业区，泰中罗勇的招商搭上了"一带一路"倡议之东风。"一带一路"倡议提出

后的五年内，入驻泰中罗勇工业园区的企业数就高达 70 家，是建设初期（2005—2012 年）入驻园区的企业数量的 2 倍，泰中罗勇工业园成为中国在东南亚地区最大的产业集聚平台。

截至 2018 年 11 月，泰中罗勇工业园区的入驻企业数已达 113 家，其中包括富通集团、中策橡胶、三花控股等知名浙企，另外还有来自江苏、广东、山东、河南等 22 个省（市、区）的企业，其中上市公司 38 家。目前，园区主导产业包括建材、摩托车组装、汽车零部件制造等稳固发展，高技术行业有序进入。

泰中罗勇工业园也借机升级自己的平台服务，目标是成为提供泰国境内中国制造企业的全方位服务平台，盈利模式也从赚取简单的土地差价、土地租金，逐步转向通过为入园企业提供全方位服务而获取收益。这种服务被概括为"保姆式"一条龙服务：不仅在泰国是一条龙，在中国国内也是一条龙，投资审批、公司注册和员工招聘等都囊括其中。

第一，向中资企业提供目标市场调研、产业政策咨询、法律法规解读、投资优惠政策争取、投资注册审批代办、税务及金融服务策划、劳动力招聘等业务在内的"一条龙"服务。

第二，专设一支由中泰员工组成的专业团队，为入园企业提供前期"一站式"投资服务。在企业入园后，为中资企业提供跟踪服务，不定期组织活动，促进入园企业交流在泰投资的经验和教训，互相学习与合作；不定期邀请泰国海关、税务、劳工、电力等政府部门官员与专家来园区与企业进行交流，现场解答或解决企业投资过程中遇到的困难和问题。

第三，在中国驻泰国使馆的指导下，成立了泰国中资企业商会罗勇分会，提高园区企业组织化程度。商会围绕"合规企业""关爱员工""社会交流""使馆活动"等四个方面开展系列活动，加强对入园企业的服务，维护企业合法权益，促使企业在当地积极履行社会责任。

泰中罗勇优良的平台服务获得了园区内众多企业的好评。"从我们在泰国设立工厂开始，无论是能源供应、厂房建设，同政府部门、银行等的沟通，还是基础设施、资源方面，园区都给了公司非常好的建议，双方信息对接十分顺畅。"2015 年入驻罗勇工业园区的中策橡胶（泰国）有限公司经理陈华如此评价。

2015 年 5 月，中策橡胶的第一条半钢子午线轮胎成功下线；2015 年 12 月，第一条全钢子午线轮胎成功下线；2016 年 9 月，第一条斜交轮胎成功下线；2017 年 5 月，第一条斜交工业胎和摩托车胎成功下线；2018 年 9 月，第一条全钢工程胎成功下线。 在生产本土化的同时，中策泰国在依托威狮品牌与泰国本土合作伙伴 ITAC 公司运作之下，实现了在泰国当地市场的迅速扩张。 2018 年下半年，中策泰国开始启动第三期建设。 截至 2018 年年底，中策泰国成为泰国罗勇府最大的中资企业，拥有员工 3500 人，营业收入也达到了中策橡胶集团总收入的十分之一。

富通集团是中国光纤、光缆行业领军企业。 2009 年开启海外战略进入泰国。 2012 年，子公司富通集团（泰国）通信技术有限公司在泰中罗勇工业园区建成开业，"当年投产，当年见效，产品供不应求"，成为东南亚最大的光缆企业。 富通集团品质管理部部长罗晓平说："正是有了工业园各方面便利和周到的服务，我们富通才得以大胆地放手开拓东南亚市场。"想必是富通集团对此感悟深刻，后来加入华立共同开发北美华富山工业园。

9.3.4 抱团发展，多边共赢

通过在泰国的抱团发展，在泰国的中国企业普遍获得了来自中国政府、泰国当地及母公司三方的认可，实现了多边共赢。

作为中国商务部批准的首批境外经济贸易合作区之一，泰中罗勇工业园在 2005 年成立之初，就受到商务部的支持；在 2013 年"一带一路"倡议提出之后，中央部委和地方政府也提供了更多的政策支持，包括中国商务部、国开行提供的投融资等方面的政策支持，地方政府出台的配套财政政策。

中国政府的认可和政策支持，使得泰中罗勇工业园的投资强度和入园质量都有了很大提升。 吴广云说："2013 年之前，我们选择入园企业的空间还不大，现在我们不但根本不愁没有企业入驻，还建立了产业和企业筛选机制，以提升入园企业质量。"现在，泰中罗勇工业园已成为中国在泰国乃至东盟的最大产业集群中心和制造业出口基地，成为"一带一路"的重要战略节点、连接中国与泰国的重要桥梁。

另外,泰中罗勇工业园也使泰国在居民就业、人才培养、技术转移等方面受益颇多。 截至 2018 年 11 月,泰中罗勇工业园带动中国对泰国投资超过 30 亿美元,园区累计实现工业产值超 100 亿美元,为当地创造 32000 个就业岗位。

值得一提的是,泰中罗勇带动了 2 万多名原来月收入不足 5000 泰铢(折合人民币 1000 元)的当地农民变成了月收入超过 15000 泰铢(折合人民币 3000 元)的产业工人。 同时,泰中罗勇还投资建设技工学校,提高当地农民的职业技能,为当地政府带去源源不断的税收收入,实实在在地提升了各方利益,成为践行"一带一路"的民间大使。

在"产业和企业筛选机制"引导下,中国新技术、新材料企业入驻泰中罗勇,弥补了泰国相关产业发展的空白。 比如,富通集团(泰国)通信技术有限公司入驻泰中罗勇工业园区,既为自身拓展了海外发展空间,也填补了泰国光缆技术的空白,成为东盟地区最大的现代化光缆工厂。 随着中利腾晖、天合光能等中企的入驻,泰国光伏产业从无到有逐渐发展起来。

随着对泰国贡献的提升,泰中罗勇赢得了泰国政府的广泛认可。 泰国副总理在考察园区时表示:泰中罗勇工业园在促进泰、中两国经贸合作和友谊方面起到了关键作用,对泰国经济发展做出了巨大贡献。 泰中罗勇也获得了来自泰国政府的诸多优惠政策。 例如,在投资之后的八年内,入园企业免缴企业所得税和进口机器关税;五年内,对外销的原材料免征关税;免税期过后五年企业所得税减半。 在基础设施和园区建设上也给予较大幅度的优惠。 此外,在外籍员工携带家属、购置土地所有权等方面给予国民待遇,园区内企业拥有自由汇出外汇的权利等。 同时,泰国政府在园区内的用地规划被列入当地工业发展整体规划,为园区的建设提供高标准的配套基础设施。

随着大量中企的入驻,泰中罗勇形成了良好的集聚效应,有人形象地称之为"工业唐人街":企业之间的横向合作不断强化,产生了互补协同效应;工业园区降低了入园企业的投资成本,有利于企业控制投资风险,满足了母公司的迫切需求;园区集群式投资还使企业形成一个整体,有利于向泰国政府争取更加优惠的政策。

"在海外投资，常常会遇到一些意想不到的情况，比如有时会需要相互之间拆借资金，这时候抱团出海的好处就显现出来，都是中国企业，事情办起来就比较容易。中国企业扎堆之后，有利于形成一定的产业链，相关物流、配套成本都能有所降低。"肖琪经如是说。

在泰中罗勇工业园，提供了较为完备的面向中方员工的住宿、餐饮等服务，盖了专门的公寓楼，聘请中方厨师。对母公司而言，外派人员能够安心工作是有效移植母公司技术与管理优势的关键，也是实现母公司对在泰国子公司有效管控的基础。"企业扎堆的直接效应便是会有更多的中国人聚集在一起，这有助于提升驻外人员的士气，让他们能够在当地长期安心工作。"

这些外派人员成为沟通母公司与在泰国子公司的桥梁，不仅仅把母公司的技术、管理优势嫁接到在泰国子公司里，同时也把母公司的文化理念有效地宣传、贯彻到在泰国子公司，从而形成在泰国子公司对母公司品牌和文化理念的更强认同。这又帮助泰中罗勇中企赢得了母公司的认可和更大的资源支持。

9.4 经验复制：三大三小布局

"十二年的发展历程证明了罗勇工业园是成功的。我们现在的目标，是把它打造成'一带一路'上的常青园区，让她越成长越青春。"徐根罗说。在泰中罗勇工业园第一个作品得到肯定之后，华立也在考虑如何将海外工业园复制到其他地方，帮助中国企业进入更广泛的国际市场。

2015年10月，华立将第二个海外工业园放在墨西哥，为中国企业规避贸易壁垒和限制，打开美国市场，甚至进入整个美洲市场提供便利。园区开发主体为华富山工业园开发有限公司，由华立集团、富通集团以及墨西哥当地Santos家族三方合资组建，其中华立与富通占股80%。"华富山"的名字便是取自三方首字。

北美华富山工业园位于新莱昂州首府蒙特雷都市圈北部萨利纳斯·维多利亚市，距离美国得州边境口岸拉雷多市约200千米，距蒙特雷20千米。园区总规划面积 8.47 平方千米,将以工业制造为主体,兼有物流仓储、商业、市政建设、公共服务、生活休闲等综合商业生态,最终形成"以工带商,以商促工,工商结合"的现代化工业园。

园区开发公司总经理胡海说,"第一代园区只满足了企业建厂的需要,后续的配套设施和服务很多都是被动做的。 第二代工业园区不单单把土地推平了,把路修进去,接上水电,还要考虑和当地的融合"。 华富山工业园在"泰国"模式的基础上,进行优化和创新,形成境外工业开发和延伸服务产业板块。 和罗勇工业园区相比,华富山工业园的规划将更合理,入园模式也将更多样。

虽然工业园面向全球招商,不过由于园区开发商和经营商对中国投资人的需求理解更加透彻,提供的服务也会更加贴近中国客户的需求,因此工业园项目对想要进入墨西哥和北美的中国企业来说,有着不小的吸引力。

汪力成的期望更高,他指出:"工业园的创新建设与发展将是华立集团海外发展的侧重点之一。 华富山不仅会是墨西哥的中国城,也将为中国制造业辐射北美、墨西哥本土市场以及拉丁美洲市场提供一个集聚平台,我们将把华富山开发成设施一流、生态环保、与社区和城市友好融合、可持续发展的工业园区。"

2017 年 8 月 25 日,华富山工业园举办了开业暨标准厂房奠基仪式,12 月第一期标准厂房建设完毕,2018 年 3 月全面招商。 目前已有 20 家企业入驻,多家欲走进北美企业进入实质性入驻筹备阶段。 10 月 1 日最新出炉的美墨加三方协议(USMCA)稳定了北美自贸区未来十六年以上的发展局面,新的协定最早在 2019 年初开始实施,墨西哥作为承接国际产业和资本转移的主要目的地之一,自然吸引了中国企业的注意。 而华富山地处承接外资最多、国际化程度最高的新莱昂州,机遇凸显。 2018 年,华富山工业园成功被浙江省商务厅认定为省级境外经贸合作区(加工制造型园区)。

2019 年,北美华富山工业园首家入园企业——新坐标正式开业投产,墨西哥工厂是新坐标全球布局的重要一环,将成为公司开拓美洲市场的重要基地。 项目一期计划投资 900 万美元,年产 100 万台套液压挺柱、滚轮摇臂和高压泵挺柱。 经过各方面的配合和努力,墨西哥新坐标已有两条装配线顺利完成调试并投入使用。

在泰国、墨西哥两大工业园相继进入成熟与发展阶段，华立积极融入"一带一路"建设，考虑在摩洛哥建设一个大型北非工业园。 当地的基础工业水平、供应链水平相对较好，紧邻欧洲也使得其物流成本较低，且与欧盟、美国之间拥有免税协议，适合国内企业到此发展相对高端的制造业，并出口至欧美国家。

在徐根罗看来，"设立北美工业园和北非工业园，也是为了满足更多中国企业国际化的需求；同时在'一带一路'倡议中，以国际产能合作促进国际共享发展"。 让他格外高兴的是，北美工业园的正、副总经理都是来自泰中罗勇工业园区的。

以此三大工业园为基础，未来再延伸三个小型特色境外工业园，即未来在全球开发运营"三大三小"中国工业园：在泰国（面向东盟和南亚）、墨西哥（面向美洲）、北非（面向欧洲、中东、非洲）分别开发一个规模达到 10 平方千米以上的中国工业园，可容纳至少 500 家中国制造企业落户；同时，适时在缅甸土瓦港、乌兹别克斯坦、埃塞俄比亚再分别开发一个 3～5 平方千米的小型特色工业园区，整体上形成全球"三大三小"布局，帮助 1000 家中国企业进入国际化发展。

2019 年 1 月底，华立集团每年一度的年会——华立论坛年会召开。 华立集团董事局主席汪力成做了题为"大变局时代——一眼看世界，一眼审自己"的讲话。 面对台下的管理和业务骨干，汪力成表现出一如既往的沉稳与睿智。

> 我们正进入一个"高度不确定"的时代……
> 做一个乐观的悲观主义者……
> 在"不确定"中寻找"确定"，那就是"机会"……
> 制造业"走出去"，利用产地多元化实现全球制造……就是机会点。
> 当今世界单边主义、贸易保护主义和"逆全球化"思潮抬头的形势……投资走出去、产业走出去、消费买进来也许是中国平衡国际关

系的选择之一……

　　中国收购发达国家企业,但能很好消化吸收、又能达到战略目的的很少,更加可靠的方式依然是在自己擅长的领域,循序渐进,慢慢布局,这样成长为跨国公司的可能性更大……

　　在中国已经形成优势的产业中,"中国制造、通过出口外贸卖遍全球"的模式,将逐步演变成产地多元化、销地产、全球化制造、全球供应链……

10

浙商海外直接投资高质量发展的对策建议

在以上各章研究的基础上，本章将进一步开展政策研究。 一方面，聚焦于浙商企业，针对其海外直接投资过程中所面临的挑战，提出浙商实现高质量海外直接投资的对策，从而为浙商企业提供决策参考；另一方面，聚焦于区域政府，针对浙商企业的发展现状，提出助推浙商国际化发展的政策建议。

10.1 浙商海外直接投资高质量发展的对策

10.1.1 浙商海外直接投资高质量发展所面临的挑战与机会

21 世纪以来，浙商通过海外直接投资实现了新的发展，我们认为浙商海外直接投资实现高质量发展面临三大重要挑战。

第一，三大劣势叠加成为阻碍浙商海外直接投资高质量发展的直接原因。所谓三大劣势，是指外来者劣势、后发者劣势和来源国劣势。 外来者劣势来自跨国公司对东道国不熟悉而产生的额外成本。 对于传统发达国家跨国公司来说，这一劣势可以通过企业特有优势来弥补。 但是由于同时存在后发者劣势，浙商跨国公司在企业特有优势、在全球经营经验方面相对不足，这就加剧了浙商海外直接投资所面临的劣势。 与此同时，浙商企业还面临着来源国劣势，即东道国对中国企业的不良刻板印象，使得浙商企业不得不在东道国承担刻板印象所带来的歧视性待遇。 三者叠加在一起，使得浙商海外直接投资难以简单地依靠 OLI 模型所强调的企业所有权优势和国际化过程模型所强调的"干中学"来实现成长。 那么，浙商依靠何种力量在全球化时代站稳脚跟？

第二，去全球化时代的复杂制度环境强化了浙商的合法性获取困境。 去全球化已经成为全球经济发展的重要特点。 全球对外直接投资在 2007—2011 年达到峰值，全球也开始面临更大贸易和投资约束（Witt，2019）。 全球化的支持性制度（例如 WTO）开始弱化，作为全球化主要力量的美国也在强调工业回归以提升国内就业，这都弱化了全球各个国家的相互依赖性，从而降低了彼此的贸易和直接投资（Witt，2019）。 虽然一些替代性的全球化制度体系开始建构（例如中国政府的"一带一路"倡议），但是还没有成为全球化进一步发展的核心力量。 那么，去全球化时代给浙商海外直接投资的合法性获取带来更大的困难。 因为去全球化时代的制度性保障开始弱化，更加多元的制度裁判以及相应的合法性标准开始出现，制度性冲突开始大量出现。 典型例如中美贸易争端的发生。 制度裁判以及相应合法性标准的多元化，也带来了企业海外直接投资合法性标准的模糊化。 那么，浙商的海外直接投资自然也难以跳出这一总体发展格局。 特别是结合外来者劣势、后发者劣势和来源国劣势，浙商海外直接投资的合法性获取就面临更大的环境不确定性。

第三，技术范式竞争凸显了浙商的全球高端资源获取困境。 高端资源获取是浙商海外直接投资的重要驱动力。 数字技术时代的蓬勃发展，带来了新一轮的技术范式竞争。 技术范式竞争开始从企业间竞争和供应链间竞争转向产业生态系统间的竞争，系统的适应性和动态能力成为一国获得产业长期竞争力的关键（黄群慧、贺俊，2013）。 因此，各个国家对于新一代技术范式也会开展更为严格的技术管制、实施更高的技术安全标准。 中国作为重要的新兴市场国家，以及重要的世界大国，在全球技术范式竞争时代，自然也会招来更为强烈的来源国劣势。 与此同时，浙商在高端资源获取中也面临着更为严峻的资源整合问题，这种资源整合不仅涉及企业内部的资源整合，还涉及与国内整个产业生态的整合。

浙商海外直接投资诚然面临诸多挑战，但是也存在诸多的潜在机会。 首先，去全球化时代中国政府"一带一路"倡议的积极推进，为浙商海外直接投资铺设了有力的制度性基础设施。 习近平总书记"一带一路"倡议提出近六年来取得了伟大的成就，正在从"大写意"向"精耕细作"的高质量发展转变。 浙江省始终是落实"一带一路"倡议的积极践行者，并提出以"一区、一港、一网、一站、一园、一桥"为框架的"一带一路"建设总体格局。 特别是《浙江省标准联通共建"一带一路"行动计划（2018—2020）》等文件的出台，标志着浙江"一带一路"建设也已从单纯货物贸易逐步推进到制度层面标准建设的新阶段。"一带一路"倡议已经成为全球治理体系的重要部分，并且也在因时因势而作动态调整。 因此，中国跨国公司作为重要的参与者，不仅可以享受"一带一路"倡议所铺平的制度性基础设施，也可以参与到"一带一路"倡议的规则制定之中，从而在一定程度上改变了以西方发达国家为核心的全球治理体系，为浙商海外直接投资的合法性获取提供了制度支持。

其次，浙商全球化发展所形成的密集网络为浙商海外直接投资提供了坚实的网络基础。 浙商海外直接投资的第二个重要优势是浙商长期海外发展所形成的密集网络，这为浙商海外直接投资克服外来者劣势、破解来源国劣势起到重要作用。 这种密集网络的第一个表现就是广大侨商在东道国定居所形成的浙商网络。 典型案例是青田商人，一个县城在海外有 30 余万人，并且大部分集中在欧洲，为浙商的发展提供了重要助力。 由于青田侨商在欧洲长期发展，很多青田二代开始融入当地，成为有效沟通浙商与东道国的重要桥梁，对浙商有效获得东道国信息、克服外来者劣势、获得东道国的合法性具有重要作用。 除了广大的侨商之外，一些浙商也在国际化发展过程中构建了一系列的商业平台，从而成为浙商实现高质量海外直接投资的重要跳板。 典型的案例是在外发展的温州商人。 温州商人十分擅长在国外建立商贸平台来整合中国的产品优势和东道国的市场优势。 这些商贸平台不仅成为浙商企业出口的重要平台，成为浙商企业建立海外营销中心的重要凭借，同时也成为浙商海外直接投资的桥头堡。 除了侨商网络、商贸平台之外，浙商还形成了诸多的境外经贸合作区，成为浙商海外直接投资的重要支持。 这些境外经贸合作区不仅为浙商海外直接投资提供土地，而且还提供更为直接的各项服务，为海外拓展浙商企业的合法性获取提供有力支持。

最后，浙江省内产业与技术的持续发展，为浙商海外高端资源获取和整合提供坚实基础。 OLI 模型强调企业内部垄断优势，即企业特有优势，是跨国公司海外直接投资克服外来者劣势的重要凭借。 虽然新兴市场国家跨国公司会因为后发者劣势而难以形成内部垄断优势，或者企业特有优势不显著，但是新兴市场国家跨国公司往往可以依赖国家特有优势来提升跨国公司在东道国的比较优势。 浙商可以依赖浙江省内产业与技术优势来提升自身在东道国的优势，从而弥补其外来者劣势。 与此同时，浙江省的产业和技术优势也为浙商实现有效的资源整合提供条件，因为资源的吸收与整合需要整合者具有一定的知识基础，浙商背后的浙江省产业和技术优势为其高端资源的整合提供了知识基础。

10.1.2　浙商海外直接投资的合法性获取策略

外来者劣势、后发者劣势、来源国劣势叠加去全球化的时代场景，使得浙商海外直接投资面临更加复杂的制度环境，及其所带来的合法性获取困境；而中国政府"一带一路"倡议的推进、浙商全球化网络的铺设为浙商海外直接投资获得合法性提供了便利条件。 下面将从浙商总部和海外子公司两个层面提出复杂制度环境下浙商海外直接投资的合法性获取策略。

浙商总部在很大程度上决定了全球合法性以及海外子公司合法性获取。对于总部而言，主要从战略设计和保障措施方面为其海外直接投资的合法性获取奠定基础。

第一，建立明确的企业海外直接投资战略框架，充分考虑战略落地的合法性获取问题。 有效的战略设计可以在海外直接投资决策之前有效规避战略落地之后的合法性获取问题。 因此，浙商企业总部必须把合法性获取问题作为对外直接投资战略设计的重要标准。 虽然全球化发展以及对外直接投资已经成为浙商企业实现成长的重要甚至是必要的战略选择，但是企业依然可以在对外直接投资的区位选择、方式选择、时机选择方面将之作为决断，在达到企业成长战略目标的同时，最大程度地弱化合法性获取问题。 例如，在区位选择方面，如果能够契合中国"一带一路"倡议，将会比较容易地获得双边政府支持。 在对外直接投资选择方面，并购、合资、绿地投资都是可行的选择，但是必须根据东道国的具体制度场景做出决策。

第二，在组织治理体系中设立首席合规官，确保合法性获取的系统推进。目前合规官主要设在法务部门，其目的是确保海外直接投资符合全球规范和东道国法律，所以合规官岗位的设定，有利于保证海外直接投资不违背相关法律法规。但是，制度环境不仅仅包括法律法规模块，还包括道德规范、社会认知两个重要维度。而道德规范和社会认知则相对更难直接观察，甚至需要较长时间才能感知，也会对企业的持续经营产生重大影响。因此，合规官处理的事务绝对不仅仅是法务问题，还需要对东道国的道德规范和社会认知做出清晰的评价，才能对企业所处的制度环境做出准确评价，并在此基础上形成有效的合法性获取策略。由于制度场景的复杂性和多样性，合规官需要动态更新其知识基础和策略工具。

第三，建立有效的母子公司管控模式和机制，赋能海外子公司的合法性获取。母子公司的管控机制决定了海外子公司在决策上的自由度。过于严格的母子公司管控模式，将会大大约束海外子公司的自由决策权，不利于其灵活地开展合法性获取行为。例如，浙江一些家族制明显的跨国公司对海外子公司进行严格的财务控制，不利于海外子公司灵活、快捷地对东道国做出响应。完全独立的海外子公司也会带来问题，不利于整个公司保持一致性。当然，管控模式也并非一成不变，也需要根据总部内部知识积累和东道国具体制度环境复杂性调整。

第四，建立涵盖合法性获取的弹性的、多元的海外子公司发展目标体系。虽然企业的海外直接投资主要是获得经济利益，但是由于制度环境复杂性，总部在界定海外子公司的发展目标时，不能仅仅聚焦于经济目标，还需要考虑多样性目标，特别是合法性目标。由于东道国制度环境的复杂性，东道国对于海外子公司的合法性评价并非单一维度，也并非单一制度裁判做出。因此，在合法性获得方面，海外子公司需要考虑东道国不同的制度裁判及其评价标准，需要关注那些关键的合法性授予者/制度裁判的诉求与评价。因为那些关键的合法性制度裁判对跨国公司海外子公司的合法性评价决定和影响了其他制度裁判的评价标注和评价结果。例如东道国政府、龙头企业等。所以，总部对海外子公司的评价就必然考虑东道国关键制度裁判的评价，并以此为标准设定海外子公司的发展目标体系。

第五,获取和利用包容母国与东道国文化的人力资源。 跨国公司需要有效动员母公司/总部和海外子公司的差异化资源,以实现子公司乃至整个公司的发展。 这就需要建立包容性的子公司文化体系,以及相应的具有包容性的管理者。 包容性的管理者是海外子公司有效响应双元制度环境、实现子公司内部组织混合的人员保证。 为此,跨国公司需要在总部层面和子公司层面建立相应的人力资源储备。 其中,总部主要通过指派具有包容性的高管来推进海外子公司的发展;而海外子公司则主要通过在母国和东道国吸纳和培养熟悉双边语言、了解双边文化的骨干人员来推动子公司的混合发展。

第六,利用专业服务公司助力跨国直接投资的合规运营。 对于合法性的获取,企业除了通过顺从、妥协、混合不同制度裁判的诉求来获得其合法性认可之外,还可以通过借助专业服务公司的帮助来获得来自母国和东道国的合法性。 这种合法性获取主要是通过与那些已经具备较高合法性机构建立关联,以接受其合法性溢出。 专业服务公司具体涉及不同类型。 一是职能型的专业服务公司,包括专业财务公司、专业法律公司。 例如,在跨国并购项目中,企业可以寻求专业财务公司、法律公司来稳步推进跨国并购,以确保细节和流程的规范,以提升自身的合法性。 二是资质认定型的专业服务公司,即对企业某一方面行为规范性进行认定的公司。 典型的是 ISO 资质认定等。通过这些国际性和当地性的资质认定,跨国公司可以获得其合法性认定,从而提升其全球性、东道国的合法性。 三是平台型专业服务公司,即建立平台来提供一揽子服务的专业公司。 例如,前文所提到的境外经贸合作区就是一个重要的借力平台,跨国公司可以利用境外经贸合作区的服务职能来有效了解东道国制度环境,以做出有效的制度响应。 例如,在泰国的泰中罗勇工业园区不仅仅提供土地相关的服务,同时还提供各种专业性服务,以帮助中国企业在泰国尽快融入当地、获得当地的合法性认可。 总之,通过有效利用各种专业服务公司,获得其合法性溢出,来提升中国跨国公司及海外子公司的整体合法性。

海外子公司是有效应对双元制度环境的微观载体,是整合母国、母公司、东道国资源的微观基础。 在企业总部的支持下,海外子公司必须通过一系列的制度创新来获得母国和东道国的合法性认可，具体涉及如下的合法性获取策略。

第一，在充分考量母公司文化基础上，建立开放包容的海外子公司文化体系。 内部企业文化建设海外子公司应对双重制度环境的主战场。 由于制度是形而上的意义和形而下的实践的综合体，组织文化就成为有效应对双元制度环境所带来的意义/观念冲突的重要领域。 由于文化领域具有层次性、多元性、包容性的特征，因此为海外子公司响应双元制度环境、多重制度逻辑提供了潜在的可能性。 对于海外子公司的文化建设，可以遵循以下三个方面的基本原则。 一是建立开放包容的文化体系。 海外子公司不仅包括母公司外派员工，也包括在当地招聘的当地员工。 这就意味着子公司不能仅仅关注单一方面的文化，既不是母公司/总部文化的简单复制，也不是东道国文化完全自主，而需要建立彼此对话、彼此包容的文化框架。 二是从东道国与母国文化中强化共性元素，并通过理论化来建立兼容的海外子公司文化体系。 虽然二元制度环境会产生冲突，但是海外子公司可以从社会层面寻求共性元素，以建立包容性的文化框架。 三是强化企业员工对于海外子公司的身份归属。 海外子公司的文化建设强化员工对于海外子公司的身份归属，以此来弱化东道国逻辑与母公司逻辑之间的潜在冲突。

第二，配备并内部培养具有包容性的管理团队。 包容性的管理团队是企业有效应对二元制度环境及其所带来冲突的微观基础。 包容性的管理团队能够激发差异化的行为逻辑，并能够促进差异化群体之间有效的互动，进而形成具有包容性的组织流程和身份界定。 面对二元制度环境所带来的冲突，海外子公司一方面需要从母公司获得人员支持，另一方面也是更为重要的，是通过内部培养来打造具有包容性的管理团队。 特别是对于东道国员工依赖程度较高的子公司而言，组织需要从东道国招聘的员工中培养具有包容性的管理人员，因为来自当地的包容性管理人员能够更有效地解决制度环境所带来的冲突。

第三，系统扫描海外子公司所面临的双元制度环境，锚定潜在的双边制度性冲突，针对具体场景确定差异化的冲突响应策略。

10.1.3 浙商海外直接投资的高端资源获取策略

高端资源获取是浙商海外直接投资的核心目的，但是在高端资源获取过程中，浙商主要存在事前获取遭偏见和事后整合不给力的问题。针对这些问题，浙商需要通过总部/母公司层面和海外子公司层面实现有效的高端资源获取。浙商企业可以通过全球跳板跃迁、战略再定位、资源获取模式、契约合理规定、资源整合设计等不同的方法来促进高端资源的获取与整合，进而提升整个公司的竞争力。

第一，积极利用全球化多样性跳板实现跨国公司的高端资源获取和企业能级跃迁。全球化已经成为浙商实现新一轮成长的主动性战略选择。通过全球化经营，浙商企业可以有效接触、获取全球高端资源，以推升自身的能级、获得持续竞争优势。同时，浙商已经具备利用全球化多样性跳板实现跨越式成长的基本条件。浙商已经在中国市场上获得了较强的产业竞争力，具备了一定程度的企业特有优势；浙商也在长期的发展中积累了较为丰厚的财富资本，为全球化发展提供了坚实的资本基础；"走遍千山万水"的浙商在长期发展中，也在全球形成了较为丰富的社会网络和社会资本，为全球化发展提供了丰富的信息资源。因此，浙商在战略层面需要把全球化，特别是海外直接投资战略，作为企业实现跨越式发展的重要战略选择。

第二，在公司战略框架下，在可得性条件下明确海外直接投资的高端资源获取战略。在确定公司战略的基础上，母公司/总部需要进一步明确高端资源获取的具体可行战略。通过公司内部环境扫描，总部可以明确自身成长的资源和能力现状，界定具有重要战略意义的资源与能力的短板与缺口。当然，并非所有的资源与能力缺口都可以通过海外直接投资的方式来实现；同时，总部也需要通过外部环境分析来明确高端资源的全球分布。综合内外部环境，总部需要在可得性原则下明确海外直接投资的高端资源获取战略。所谓可得性，是指潜在高端资源的可接近性、可评估性及可整合性。可接近强调了外部高端资源能够为自身所接触，能够通过合适的渠道来触达；可评估性强调潜在高端资源能够通过适当的方法进行全方位的准确评估，以此来确定这些"高端资源"对于自身的价值；可整合性是指高端资源能够为自身所理解、吸收、消化，以铸造企业新的核心能力。

第三，针对不同类型资源，明确公司高端资源的多元化和差异化跳板。高端资源获取的具体时机和方式决定了最终的获取和整合。 总部需要根据不同类型的高端资源选择不同的获取时机和方式。 总体而言，对浙商企业来说，高端资源大致可以分为技术资源、市场资源与高端人力资源。 浙商在全球化发展过程中逐步形成了依托多元化全球化跳板获取全球高端资源的格局，具体包括五种重要的全球化跳板，即双边交流平台、境外经贸合作区、海外子公司、跨国并购、海外联盟。 其中：双边交流平台和境外经贸合作区为平台型跳板，前者多为政府主导，后者多为龙头企业主导；海外子公司、跨国并购和海外联盟为个体企业主导型跳板。 浙商企业需要把平台型跳板和个体企业主导型跳板结合在一起，相辅相成打造高端资源获取的有力跳板，实现企业能级跃迁。

第四，借助各种专业服务公司最大程度地通过契约来规避潜在风险。 正式制度安排是组织规避全球化运营风险的重要手段。 浙商需要利用各种专业服务公司通过正式契约来规避潜在风险，具体而言，一方面，利用专业服务公司对海外投资区位、跨国并购项目以及潜在风险进行系统评估，从而在事前规避各种潜在风险；另一方面，在正式做出决策时，对海外直接投资的具体事宜通过正式契约的方式来规避可能存在的风险。 虽然受制于东道国制度环境，正式契约不一定能完全得到执行，但是通过正式机制却能够在很大程度上表现浙商自身的意志，从而为后续的资源整合奠定基础。

第五，建立多层次的资源整合体系，加快高端资源协同发展步伐。 高端资源获取后的整合问题，是诸多浙商企业全球化经营所碰到的核心问题。 整合问题之所以频繁出现，一方面跟双边知识落差有关，由于浙商通过全球化跳板整合的高端资源/能力与企业现有资源/能力之间存在较大的落差，因此其吸收能力的不足成为制约资源整合的重要因素。 另一方面，也跟所处东道国的制度环境有关，例如依然存在的来源国劣势、外来者劣势都会影响到双方的信息沟通。 因此，浙商企业在总部层面需要设计多层次的资源整合体系，以加快高端资源的协同发展步伐，具体涉及如下三个层面的资源整合框架。 一是通过人员互派实现显性知识的快速学习。 人员短期互派是实现显性知识快速学习的重要途径,总部可以通过人员的互访和互派,让人员在实地考察、报告听取等方式来迅速获得被并购的高端资源。 二是通过人员的交叉任职来实现隐性知识的交流。 隐性知识的获取难以通过短期互访和互派来实现,而必须通过相对长期的"干中学"来实现。 这就要求总部建立人员的交叉任职机制和轮岗工作机制,以保证被并购企业的有效融入。 三是通过积极的流程再造和组织变革来动态调整企业能力结构。

10.2 助推浙商海外直接投资高质量发展的政策建议

10.2.1 助力沿线平台型浙商升级,夯实浙商国际拓展的强力跳板

浙商遍布"一带一路"沿线,是沿线规模最大、影响力最强的企业家群体。 浙商国际化拓展的蓬勃发展,离不开商贸平台型浙商企业的支持。 但是随着新常态的到来,沿线商贸平台的低端形象锁定、线上拓展乏力、高端服务匮乏等三大问题凸显,成为影响浙江制造高端化转型、浙商企业全球扩张的短板和瓶颈。 因此,浙江省通过助力沿线商贸平台的跃迁,推动浙江制造的高端化发展和浙商的国际化拓展,再次夯实浙商,甚至国内企业沿线拓展的强力跳板。

(1)沿线商贸平台型浙商所面临的三大问题

在"一带一路"沿线,在商贸平台型浙商企业的推动和黏合下,海外浙商呈现出显著的抱团发展特点。 这些海外商贸平台联结了浙江制造和沿线的当地市场,成为浙商海外拓展的重要跳板。

随着经济发展水平的提升,浙江制造的成本优势大幅减少,浙江省也开启了以"四换三名""腾笼换鸟、凤凰涅槃""拆治归"等为导向的转型成长之路,剑指高端价值链。 省内和国内工业发展的变化,弱化了沿线商贸平台型企业的成本优势,驱动其向高端化转型。 在转型过程中凸显了三个问题,亟待浙江省内的协同与支持。

第一，沿线商贸平台低端形象锁定，制约了浙江高端品牌的国际化拓展。改革开放以来，依托商贸平台型企业这一跳板，海外浙商凭借敏锐的市场嗅觉和低廉的产品价格，在"一带一路"沿线实现了抱团式快速扩张。与此同时，也累积形成了低端产品的形象锁定。随着浙江制造向高端化迈进，沿线商贸平台的低端形象锁定就成为影响浙江制造向高端化转型、浙商企业向全球扩张的短板和瓶颈。

第二，沿线商贸平台线上拓展乏力，制约了浙商海外业务的电商化进程。与当前主流的线上线下协同（O2O）模式相距甚远，沿线商贸平台还主要依托线下开展业务。浙江制造已经开始加速上云，国际化过程中也需要沿线海外商贸平台的线上对接。但是，受制于理念、人才，沿线商贸平台在线上拓展方面却缺乏清晰的模式和路径，这就限制了浙商海外业务的电商化进程。

第三，沿线商贸平台服务能力薄弱，制约了浙商海外业务的价值链升级。沿线商贸平台的服务功能还较为单一，大多还停留在"建市场、收租金"的低端模式。但是由于浙商海外产业布局的相对单一性，多数的沿线商贸平台在财务审计、税收、知识产权、科技服务、新媒体营销等高端平台服务职能上还较为匮乏，这就使得海外浙商难以进军高端价值链环节、占据当地的高端市场。

（2）助力沿线海外平台型浙商跃迁、打造浙商国际拓展的强力跳板的四个建议

助力沿线商贸平台的转型，实现沿线商贸平台的跃迁，不仅仅有利于沿线海外浙商整体竞争力的提升，同时也是拉动浙江制造升级、实现浙商高质量国际化的关键举措。

一是整合省内浙商服务机构，明确沿线浙商援助的领导机构。省内扶持浙商的机构较多，各有其归属和职能定位；但是针对海外浙商的服务机构还相对模糊。在具体服务上，还停留在吸引海外浙商回归，而较少关注浙商海外发展情况。建议整合省内的浙商服务机构，包括政府相关部委、高校、研究机构等，明确沿线浙商援助的领导机构，形成支持沿线海外浙商的组织保障。

二是发挥省内电商先发优势，带动海外商贸平台的线上拓展。浙江省是电商大省和电商强省。发挥电商产业的先发优势，加快推进海外商贸平台的电商化进程。鼓励电商企业的国际化拓展，推进跨境电商企业、电商服务企业与海外商贸平台的对接与协同发展。强化高校与沿线海外浙商的联合电商人才培养，强化海外商贸平台的人才支持。

三是浙江高端制造集体亮相，打造海外商贸平台的高端形象。浙江高端制造已经取得了丰硕的成果，涌现出一批浙江知名制造品牌。建议组织浙江高端制造品牌在沿线商贸平台上集体亮相，打破海外商贸平台的低端形象锁定，树立浙江制造、浙商商贸平台的高端形象。

四是现代服务企业组团出海，拉升海外商贸平台的服务能力。组织省内、国内的现代服务企业，沿线组团开展国际化。具体涉及财务审计、科技服务、新媒体营销等海外商贸平台服务升级的相关产业。

10.2.2 铺设"浙商出海"的制度基石，推进浙商海外的高质量发展

在实践中，广大浙商积极响应国家号召，成为浙江参与"一带一路"的最大亮点，诸如泰中罗勇工业园区更是浙商参与打造的高质量境外经济贸易合作区样板工程，有力地支撑了浙商的海外拓展。在制度性开放的时代背景下，如何铺设支持浙商高质量出海发展的制度基石，形成浙江特色的制度性开放格局？以此为研究问题，浙商研究院研究团队针对海外浙商较为聚集的东南亚市场（重点是泰国）开展了大量调研，梳理浙商海外发展的现状与所面临的挑战，并从制度层面提出了推进浙商高质量海外发展的政策建议。

(1) 东南亚正成为浙商海外直接投资的风口区位

浙商研究院课题组于 2018 年 12 月对东南亚泰国、越南及柬埔寨等国浙商企业进行实地调研。调研发现当前浙商"一带一路"投资面临四个方面的机遇，必将驱动浙商在东南亚海外投资的加速发展，成为"十四五"浙商海外直接投资的风口区位。

第一，东南亚国家的市场经济地位优势。多数"一带一路"沿线国家具有市场经济国家地位优势，东南亚国家也不例外。当前中美经贸摩擦和全球化速度放缓的外部环境，驱动浙商通过海外直接投资进入东南亚国家来规避

贸易壁垒等风险。 特别是对于国际市场依赖型的制造型浙商企业而言，这一优势成为驱动其在东南亚国家开展直接投资的重要动机。 第二，东南亚国家的庞大市场空间优势。 东南亚国家的经济发展，带来了巨大的市场空间。 近年来，东南亚 11 国达到 6.46 亿人口，2.72 万亿美元 GDP，成为快速增长的庞大市场。 第三，东南亚国家与浙江经济的差异化定位。 浙商可以从东南亚国家获取发展所需的各种资源，特别是相对浙江本土更为低廉的人力资源和物质资源；而浙江则把重点放在发展高端制造业，驱动相对中低端制造业在"腾笼换鸟"政策的驱动下，不断加快在东南亚市场的布局。 差异化的定位形成了互补的产业结构，驱动了浙商在东南亚市场的迅速扩张。 第四，在"共商、共建、共享"理念下，中国和多数沿岸国家，特别是东南亚国家，保持良好的政治关系，降低了浙商海外投资的政治风险，奠定了浙商海外拓展的良好的政治环境基础。

（2）浙商在东南亚开展海外直接投资所面临的挑战

挑战与机遇并存。 浙商在东南亚的海外直接投资也面临四个方面的挑战，限制了浙商企业在东南亚市场上的高质量发展。

第一，来源国劣势所带来的挑战。 东南亚各国对中国企业依然存在负面刻板印象，导致了企业运营成本上升。 在实地走访调研中，我们发现泰国当地对中资跨国公司有着不良的刻板印象，致使泰国政府对中资公司施以更严厉的监管，并在产业竞争中受到当地竞争者以及其他跨国公司的不正当排挤。

第二，外来者劣势所带来的挑战。 部分浙商企业对东南亚国家的法律法规、风俗习惯、思维方式等不熟悉，由此而导致运营成本上升。 例如，在越南市场上，一些浙商企业由于工人问题处理不当，导致了当地员工的罢工问题，不仅给企业自身带来了很大的经营成本，同时也形成了当地政府和媒体对中资企业的不良印象。 来源国劣势叠加外来者劣势，强化了中资企业在东南亚市场上的合法性劣势。

第三，国际化专业人才不足，延缓了浙商全球化的步伐。 特别是既了解东南亚各国的政策法规、营商环境、产业态势，又能够有效衔接中国母公司与海外市场经营环境的管理人员存在很大的缺口，使得浙商企业难以有效撬动东南亚当地资源以实现企业可持续成长。

第四，配套生产型服务业出海滞缓，限制了浙商海外直接投资的安全扩张。 安全涉及了数据安全、财务安全和知识技术产权等诸多方面。 其中，数据安全已经引发了海外浙商的关注与忧虑，公司内部的数据难以有效掌控在组织内部，不利于浙商企业核心竞争力的保护。

(3)铺设"浙商出海"的制度基石、推进浙商海外高质量发展的三个建议

浙商在东南亚海外直接投资所面临的四大挑战，给浙商海外运营带来了巨大的合法性劣势和运营劣势。 对此，我们认为并不能仅仅依赖个体浙商的努力，而必须在制度层面发力，破解浙商海外直接投资所面临的制度性的合法性劣势和运营劣势，以推进浙商在东南亚的高质量发展。

第一，推进浙商形象工程，打造积极、正向的海外版"浙商印象"。 良好而丰满的浙商形象是浙商海外拓展的最大资源，而积极、正向的形象建设十分艰难而破坏则十分容易。 为此，需要推进浙商形象工程，凝练、阐述浙江和浙商形象，并通过约束机制防止部分浙商的不当行为给整体浙商形象带来不利影响。 首先，凝练、总结海外版"浙商印象"。 系统梳理、扫描全球范围内已经形成的浙商印记，以车俊书记所提出的新时代浙商精神为内核，明确界定浙商总体形象构成，并凝练、总结易于接受、便于交流的海外版"浙商印象"。 其次，多元途径传播"浙商印象"。 在浙商聚集的重点地区，以智库交流和文化互动为主要途径，推介浙江与浙商。 通过一个个浙江与浙商创新创业、承担社会责任故事的讲述，拉近与当地人之间的心理距离，提高浙商形象辨识度。 最后，建立信用机制约束浙商的违规行为。 以商会、行业协会等平台进行宣传推广，提升全球浙商的信用水平，对违背浙商失信、背德行为进行约束和惩处。

第二，健全信息、智库、人才支持体系，为浙商提供"出海智囊"。 针对海外扩展所面临的信息不足和人才不足，健全浙商海外扩展的信息服务、人才服务体系。 一是建立海外浙商交流和共享的信息平台。 浙商长期的海外扩张积累了丰富而详尽的全球信息，但是由于分散在不同的部门、不同的群体，不利于浙商的信息获取、交流和共享。 建议由政府相关部门、媒体机构和智库

机构共同建立浙商海外拓展的集中性的信息平台，以保证信息的充分交流和共享。 二是在信息平台建设的基础上，开展浙商海外拓展的智库联盟。 建立由浙江本土智库机构、全球智库机构共同组建的智库联盟，为浙商的海外拓展提供思想库支持。 以智库联盟为载体，定期开展专题智库交流、发布浙商海外发展报告。 三是建立"一带一路"沿线的双向人才培训交流体系，为浙商海外拓展提供人才保障。 提供长短期结合、双向培训交流体系，对接浙江省内高校、"一带一路"沿线国家高校，培养满足浙商企业战略发展的综合性商科人才和专业性技术人才。 不仅培养具有全球视野、战略格局的高端人才，也需要培养具有语言技能的专业性人才；既培养中国籍人才，也需要培养"一带一路"沿线国家当地人才。

第三，提升境外经贸合作区服务能力，打造浙商海外拓展的"借力跳板"。 国家级和省级境外经贸合作区已经成为浙商出海的重要平台，在沟通浙商与东道国之间扮演着重要的桥梁作用。 首先，以商业化运营为基础，建立广泛布局的境外经贸合作区。 坚持以企业为主体，以商业运作为基础，以促进互利共赢为目的，在浙商重点发展区域打造强力高效的境外经贸合作区，推动更多的浙商稳健地抱团出海。 其次，强化境外经贸合作区的服务能力，保障海外浙商的安全发展。 在推进制造业出海的同时，积极吸引现代服务企业出海，包括金融业务、法律业务、财务业务等协同、有序的"一带一路"发展，降低浙商的制度摩擦成本，提升浙商海外发展的数据安全、财务安全和知识技术产权安全。

11 研究结论与展望

　　21 世纪以来，浙商加快了海外直接投资的步伐，希望在全球舞台上实现资源整合和可持续成长。正如狄更斯在《雾都孤儿》中的经典话语，对于浙商的海外投资而言，这是一个最好的时代，也是一个最糟糕的时代。这是最好的时代！中国企业、浙商企业经过改革开放多年的发展，在全球贸易系统中收获了一定的利润，也已经具备了一定的企业特有优势，为企业并购全球和海外直接投资提供了坚实的基础。对于浙商而言，对外贸易中所积累的利润可以让企业拥有一定的实力去并购全球的高端资源，并通过资源整合来打造企业的技术优势；也可以通过海外直接投资，到全球各地设厂，利用当地的优势资源，来继续强化企业的成本优势。中国政府为顺应这一时代要求，积极倡导"一带一路"的发展道路，为中国企业、浙商企业铺设出海的制度基石。典型事件例如吉利跨国并购沃尔沃实现了跨越式成长。这无疑是最好的时代！但是，这也是最糟糕的时代！随着中国的崛起和中国企业在世界舞台上的活跃，中国企业难以通过低调策略来应对复杂的制度环境，而必须面对复杂制度环境所带来的各种冲突，只有做出有效的响应以获得合法性，才能获得成长所需的各种资源，实现企业可持续成长。海康威视、大华在中美贸易争端之中被制裁就是典型的例证。那么，浙商企业如何在这样的时代获得生存和发展呢？

11.1 研究结论

为系统总结浙商海外直接投资的经验,特别是复杂制度环境下浙商海外直接投资的合法性获取与高端资源获取机制,本书针对以下三个具体问题开展深入研究:面对复杂的制度环境,浙商企业如何获得合法性进而实现海外直接投资的目的? 面对成长天花板,浙商跨国公司如何利用全球化跳板来实现跨越式成长? 除了受到企业层面因素影响之外,区域环境因素又是如何影响当地浙商企业的海外直接投资? 本书主要采取文献研究、二手数据分析、案例研究等分析方法进行分析和讨论。 通过文献研究,对企业国际化理论、多重制度逻辑下跨国公司海外子公司响应策略研究进行了文献梳理;通过二手数据分析,对浙商海外直接投资的宏观背景、历史演变与发展现状进行描述,对本土政府效率与浙商海外直接投资之间关系进行回归分析;利用案例研究,对来源国劣势下浙商海外并购的合法性获取机制、二元制度环境下浙商海外子公司的响应策略进行深入探讨;通过理论分析,提出浙商海外直接投资高质量发展的决策参考与政策建议。 在这一过程中,取得了如下的研究结论。

第一,三大劣势与两大优势并存,造就了浙商海外直接投资的先发优势。所谓三大劣势,是指外来者劣势、后发者劣势和来源国劣势。 外来者劣势来自跨国公司对东道国不熟悉而产生的额外成本。 同时,由于后发者劣势,浙商在企业特有优势、在全球经营经验方面相对不足,这就加剧了浙商海外直接投资时所面临的劣势。 并且,浙商还面临着来源国劣势,即东道国对中国企业的不良刻板印象,使之不得不在东道国承担因之所带来的歧视性待遇。 三者叠加在一起,使得浙商海外直接投资难以简单地依靠 OLI 模型所强调的企业所有权优势和国际化过程模型所强调的"干中学"来实现成长。 但是,浙商海外直接投资也存在两大优势,即"一带一路"倡议所铺设的制度性基础设施和浙商全球化发展所形成的密集网络。 习近平总书记"一带一路"倡议的提出迄今已取得了伟大的成就,正在从"大写意"向"精耕细作"的高质量发展转变。 浙江省始终是落实"一带一路"倡议的积极践行者,并提出了以

"一区、一港、一网、一站、一园、一桥"为框架的"一带一路"建设总体格局。 特别是《浙江省标准联通共建"一带一路"行动计划（2018—2020）》等文件的出台，标志着浙江"一带一路"建设已从单纯货物贸易逐步推进到制度层面标准建设的新阶段。"一带一路"倡议已经成为全球治理体系的重要部分，并且也在应时势而作出动态调整。 而浙商全球化发展所形成的密集网络，则为浙商海外直接投资提供了坚实的网络基础，为浙商海外直接投资克服外来者劣势、破解来源国劣势起到重要作用。 这种密集网络表现为广大侨商在东道国定居所形成的浙商网络、浙商国际化发展过程中所建立的商业平台，以及境外经贸合作区，为海外浙商拓展的合法性获取提供有力支持。"一带一路"的制度优势和多层次的网络优势，使得浙商在海外直接投资方面获得了（相对于国内其他区域企业）先发优势。

第二，指向欧美的跨国并购与指向东南亚的海外生产基地建设，成为浙商海外直接投资的两个重要表现。 浙商海外直接投资在区位选择方面表现出两种趋势，分别是指向欧美的跨国并购与指向东南亚的海外生产基地建设。 特别是中美贸易争端的升级，驱动一些浙商企业加快在东南亚的海外生产基地建设。 欧美是传统的经济发达国家，也是全球性高端技术资源、品牌资源集中的区域。 特别是自2010年以来，浙商开始通过跨国并购的方式获得欧美的全球资源来实现跨越式成长。

第三，来源国劣势下浙商跨国并购的合法性获取依赖于群体性和个体性努力的协同并进。 来源国劣势及其所带来的合法性困境是浙商成功地实现海外并购的重要约束。 新兴经济体国家跨国公司进入海外市场，尤其是进入发达国家市场时往往被贴上"母国制度真空""缺乏国际化人才""技术落后""品质低下"等标签，加剧了新兴经济体国家企业在国际化过程中的合法性缺失问题，进而影响了企业海外经营绩效，即来源国劣势。 吉利集团并购沃尔沃轿车业务、万向集团公司并购美国A123两个典型案例，均表明来源国劣势所带来的合法性困境成为影响浙商企业海外并购的关键要素。 来源国劣势所带来合法性困境的消除，一方面需要浙商企业，甚至是中国企业持续的形象管理，打破针对中国和中国企业的刻板印象；另一方面针对具体并购案，浙商企业需要综合考虑全球同形规范、并购标的企业诉求、东道国利益相关者诉求，以实现有序稳健的海外并购。 例如，树立企业良好形象；主动剥离敏感技术与产品，消除东道国疑虑；坚定收购目标，成立专业团队提高收购成功率、获取国内政府支持等。

第四，双元制度环境下浙商海外子公司可以采取不同的东道国卷入策略，包括单边顺从和双边混合策略，来获得双边合法性。 首先，母公司逻辑与东道国企业逻辑之间的差异是构成海外子公司内部逻辑冲突的直接来源，在案例中表现为母公司逻辑与东道国社区逻辑、国家逻辑之间的冲突，例如员工权力、成立工会、社区卷入、政治关联等。 海外子公司的东道国卷入策略取决于母公司逻辑与东道国逻辑在组织内部映射所形成的内部逻辑冲突，即海外子公司感知的内部逻辑冲突作为中介变量影响了双元制度环境与组织东道国卷入策略之间的关系。 面对内部逻辑冲突，海外子公司会选择不同的东道国卷入策略，包括单边顺从和双边混合策略。 由于双边依赖及其所带来的强度更高的逻辑冲突，中策泰国的响应策略从初期的单边顺从转变为双边混合策略。 与之不同，盾安泰国的响应策略则因为其较为明显的单边依赖，所以主要采取单边顺从策略，即顺从东道国逻辑，并在此基础上吸收母公司的部分元素。

第五，浙商通过多样性的全球化跳板来获得全球高端资源，但是还面临三大困境。 浙商在本质上是民商，是民营经济的重要组成部分。 在经济新常态下，中国经济从高速增长转为中高速增长，从要素驱动、投资驱动转向创新驱动，这就要求浙商积极践行高质量发展，在全球范围内不断获取高端资源，将这些高端资源与企业已有资源进行整合，为企业高质量发展提供必要支持。这些高端资源包括技术资源、市场资源以及全球化人才资源。 例如，吉利并购沃尔沃、巨星通过系列并购收获全球高端品牌和渠道、华立通过全球化获得全球高端人力资源等都是典型案例。 在实践中，浙商通过五和重要的全球化跳板实现海外拓展，包括双边交流平台、境外经贸合作区、海外子公司、跨国并购、海外联盟等。 其中双边交流平台和境外经贸合作区为平台型跳板，前者多为政府主导，后者多为龙头企业主导；海外子公司、跨国并购以及海外联盟为个体企业主导型跳板。 但是，浙商高端资源获取面临三大困境还有待进一步破解，分别是"形象"困境、"整合"困境以及"反哺"困境。"形象"困境与来源国劣势下东道国对中国和中国企业的不良刻板印象有关，也跟浙商企业国际化经验不足有关。"整合"困境主要来自"两个市场、两种资源"之间的制度和非制度性差异。"反哺"困境是指浙商全球化经营和高端资源获取之后，也同时承载来自本土浙江省的"反哺"期望。

第六，区域层面的政府效率影响了浙商海外直接投资。 对浙江省11个地市的政府效率做了评价，结果表明各个城市的政府效率稳步提升。 从时间维度来看，浙江各地市的政府效率大致经历三个阶段。 第一阶段为2009—2011年期间，该阶段为政府效率提升阶段，但是效率较低；第二阶段为2012—2014年期间，该阶段为政府效率稳定阶段，且效率较高；第三阶段为2015—2017年期间，该阶段又是一个效率不断提升的阶段。 本土政府效率对浙商境外直接投资产生显著影响，政府效率的提升会弱化浙商的海外直接投资。 这意味着政府效率的提高会推动浙商企业留下来发展，而不是走出去发展。 因此，为了能够促进地方企业发展，既要促进企业走出去，同时也希望引进更多的外资企业，更重要的是留住本地企业和外资企业为地方经济发展做出重大贡献，政府必须不断完善服务设施和构建"服务型"政府以提升浙江各地市的政府办公、审批等行政效率，这也是企业发展和经济发展所产生的必然要求。 并且浙江省各地区的出口贸易和进口贸易对政府效率与OFDI关系也会产生显著调节影响。 因此，政府在改善行政效率的基础上应提高当地企业积极利用FDI，加强与外资企业的合作，提升当地企业自身的创新能力，提高企业的经营能力和国际声誉，既要能够留住外资企业，同时也要鼓励内资企业积极走出去。

本书的实践价值在于，系统总结了浙商海外直接投资合法性与高端资源获取的经验，为中国企业海外直接投资高质量发展提供浙江样板。 浙商凭借网络优势和先行优势，在海外直接投资发展之路上积累了合法性和高端资源获取的经验。 本书对浙商海外直接投资经验的系统总结，梳理出合法性获取的具体策略和高端资源获取的具体机理，并提出了浙商海外直接投资高质量发展的政策建议，从而为中国企业海外直接投资的高质量发展提供浙江样板。

在理论方面，以浙商为对象分析了复杂制度环境下浙商海外直接投资的合法性获取机制，推动了复杂制度环境下新兴市场国家跨国公司合法性获取理论研究的深入。 复杂制度环境是浙商全球化发展所面临的核心场景，也是决定海外直接投资发展质量的关键因素。 本书从来源国劣势的角度分析了浙商企业所面临来源国劣势的具体表现及其对浙商合法性获取的影响；从双元制度环境的角度分析了浙商海外子公司所面临的来自母国/母公司和东道国的制度压力及其所带来的制度冲突，并分析了海外子公司的响应策略。 这一研究推动了复杂制度环境下，新兴市场国家跨国公司合法性获取理论研究的深入。

11.2　研究展望

本书虽然对浙商海外直接投资进行多方面的理论与实证研究，并取得了如上的研究结论，但是依然还存在诸多问题有待进一步研究。

第一，浙商海外直接投资案例研究。 案例积累是深化浙商海外直接投资研究的重要手段。 浙商在长期的海外拓展中形成了诸多独具特色的案例。 通过系统地对浙商海外投资案例进行长期跟踪、深入考察，形成更为系统的认知，为浙商海外直接投资研究积累丰富的研究素材。

第二，境外经贸合作区的运行机制研究。 境外经贸合作区是浙商海外拓展的重要平台区。 典型例如华立的泰中罗勇产业园。 在境外经贸合作区平台的基础上，浙商形成了抱团出海、集群化拓展的现象。 因此，通过对境外经贸合作区的研究，可以对浙商海外直接投资的抱团现象形成更系统深入的研究。

第三，浙商跨国并购的整合机制研究。 虽然面临来源国劣势，但是跨国并购依然是浙商海外直接投资的重要形式。 浙商跨国并购所面临的重要问题就是并购后的整合问题。 因此，需要对浙商跨国并购后整合的成功案例和失败案例进行研究，以揭示并购后整合的内在机理，从而推进浙商海外并购的高质量发展。

第四，数字技术时代浙商的海外直接投资研究。 数字技术时代是 21 世纪的时代特征。 那么，在数字技术时代，浙商海外直接投资面临何种机会、何种挑战都还有待进一步的研究。

参考文献

［1］ 蔡之兵，周俭初.外商直接投资技术溢出效应的门限特征研究——来自中国省际面板数据的证据［J］.发展研究，2013（1）.

［2］ 方福前，李新祯.FDI 外溢效应对我国工业行业技术进步的影响［J］.经济理论与经济管理，2008（12）.

［3］ 胡浩，金钊，谢杰.中国对外直接投资的效率估算及其影响因素分析［J］.世界经济研究，2017（10）.

［4］ 黄群慧，贺俊."第三次工业革命"与中国经济发展战略调整——技术经济范式转变的视角［J］.中国工业经济，2013（1）.

［5］ 蒋樟生.制造业 FDI 行业内和行业间溢出对全要素生产率变动的影响［J］.经济理论与经济管理，2017（2）.

［6］ 李春顶.中国制造业行业生产率的变动及影响因素——基于 Dea 技术的1998—2007 年行业面板数据分析［J］.数量经济技术经济研究，2009（12）.

［7］ 李磊，冼国明，包群."引进来"是否促进了"走出去"？——外商投资对中国企业对外直接投资的影响［J］.经济研究，2018（3）.

［8］ 刘海云，董志刚.全球价值链视角下 IFDI 是否促进了 OFDI——基于跨国面板数据的实证分析［J］.对外经济贸易大学学报（国际商务），2018（1）.

［9］ 牟宇鹏，汪涛，周玲.外来者劣势下企业的国际化战略选择：基于制度理论的视角［J］.经济与管理研究，2017（1）.

［10］潘锡泉，郭福春.升值背景下人民币汇率、FDI与经济增长动态时变效应研究［J］.世界经济研究，2012（6）.

［11］裴长洪，樊瑛.中国企业对外直接投资的国家特定优势［J］.中国工业经济，2010（7）.

［12］任曙明，吕镯.融资约束、政府补贴与全要素生产率——来自中国装备制造企业的实证研究［J］.管理世界，2014（11）.

［13］邵燕敏，杨晓光.贸易战背景下我国对外直接投资的态势分析［J］.科技促进发展，2018（11）.

［14］孙楚仁，沈玉良，章韬，等."全球生产网络、中国经济转型与国际贸易结构调整学术研讨会"综述［J］.经济研究，2013（1）.

［15］汤婧，于立新.我国对外直接投资与产业结构调整的关联分析［J］.国际贸易问题，2012（11）.

［16］王千马，梁冬梅.十问李书福［J］.IT经理世界，2018（7）.

［17］王悦."一带一路"背景下中国与沿线国家贸易和直接投资发展研究［J］.现代管理科学，2019（7）.

［18］吴冰，阎海峰，杜子琳.外来者劣势：理论拓展与实证分析［J］.管理世界，2018（6）.

［19］阎大颖，洪俊杰，任兵.中国企业对外直接投资的决定因素：基于制度视角的经验分析［J］.南开管理评论，2009（6）.

［20］张梦婷，钟昌标，俞峰.发展中国家IFDI对OFDI的影响：母国因素的调节作用研究［J］.经济问题探索，2017（4）.

［21］张为付.影响我国企业对外直接投资因素研究［J］.中国工业经济，2008（11）.

［22］张翊，陈雯，骆时雨.中间品进口对中国制造业全要素生产率的影响［J］.世界经济，2015（9）.

［23］赵增耀，赵燕.FDI与经济增长：基于金融市场作用机制的研究——中美两国数据的实证检验［J］.世界经济研究，2009（2）.

［24］周强.营商环境对中国企业OFDI影响研究［D］.南京：南京审计大学，2018.

［25］杜晓君,杨勃,齐朝顺,等.外来者劣势的克服机制：组织身份变革——基于联想和中远的探索性案例研究［J］.中国工业经济，2015（12）.

［26］魏江,王诗翔.从"反应"到"前摄"：万向在美国的合法性战略演化（1994—2015）［J］.管理世界，2017（8）.

［27］ABRAHAMSON E，ROSENKOPF L,1993. Institutional and competitive bandwagons：Using mathematical modeling as a tool to explore innovation diffusion［J］. The academy of management review，18(3):487-517.

［28］AGUILERA RV，GROGAARD B. 2019. The dubious role of Institutions in International business：A road forward［J］. Journal of International business studies，50(1): 20-35.

［29］BARTLETT C A，GHOSHAL S，2000. Going global lesson from late movers［J］. Harvard business review，Boston，78(2):132.

［30］BATTILANA J，DORADO S，2010. Building sustainable hybrid organizations：The case of commercial microfinance organizations［J］. The academy of management journal，53(6):1419-1440.

［31］BELDERBOS R，OLFFEN W V，ZOU J，2011. Generic and specific social learning mechanisms in foreign entry location choice［J］. Strategic managementjournal，32(12):1309-1330.

［32］BESHARV ML，SMITH W K，2014. Multiple institutional logics in organizations：explaining their varied nature and Implications［J］. Academy of management review，39(3):364-381.

［33］BUCKLEY P J，CASSON M，1981. The optimal timing of a foreign direct investment［J］. The economic journal，91(361):75-87.

［34］BUCKLEY PJ，CLEGG LJ，VOSS H，et al.，2018. A retrospective and agenda for future research on Chinese outward foreign direct investment［J］.Journal of international business studies，49(1):4-23.

［35］CANTWELL J，DUNNING J H，LUNDAN S M，2010. An evolutionary approach to understanding international business activity：The Co-Evolution of MNEs and the institutional environment［J］. Journal of international business studies，41(4):567-586.

[36] CANTWELL J，DUNNING J H，LUNDAN S M，2010. An evolutionary approach to understanding international business activity: The Co-Evolution of MNEs and the institutional environment [J]. Journal of international business studies，41(4):567-586.

[37] COELLI T，1998. A Multi-Stage methodology for the solution of orientated DEA models [J]. Operations research letters，23(3):143-149.

[38] CREED W E D，DEJORDY R，LOR J，2010. Being the change: resolving institutional contradiction through Identity work [J]. The academy of management journal，53(6):1336-1364.

[39] DEEPHOUSE D L，1999. To be different，or to be the same? It's a question (and theory) of strategic balance [J]. Strategic management journal，20(2):147-166.

[40] DELIOS A，WITOLD I H，2002. Learning about the institutional environment，Silverman B，Advances in international management: The new institutionalism in strategic management. Elsevier Science，Amdsterdam，19: 339-372.

[41] DOH J，ROIGUES S，SAKA-HELMHOUT A U，et al.，2017. International business responses to institutional voids [J]. Journal of international business studies，48(3):293-307.

[42] DUNNING，KIMC，PARKD，2008. Old wine in new bottles: A comparison of emerging—market TNCs today and Devel-Oped-Country TNCs thirty years Ago [M]. SAUVANTK，In the rise of transnational corporations from emerging markets: threat or Op-Portunity? Edward Elgar，Northampton，MA.

[43] EDMAN J，2016. Reconciling the advantages and liabilities of foreignness: towards an identity-based framework [J]. Journal of international business studies，47(6):674-694.

[44] GLOBERMAN S，SHAPIRO D，2002. Global foreign direct investment

flows: the role of governance infrastructure [J]. World development, 30(11):1899-1919.

[45] GLYNN M A, Dowd T J, 2008. Charisma (Un)bound: emotive leadership in marthastewartliving magazine, 1990—2004 [J]. The journal of applied behavioral science, 44(1):71-93.

[46] GREENWOOD R. Institutional logics [M]. H T P, W O, Sage Publications (CA),2008: 99-129.

[47] GREENWOOD R, SUDDABY R, 2006. Institutional entrepreneurship in mature fields: The big five accounting firms [J]. The academy of management journal, 49(1):27-48.

[48] GREENWOOD R, RAYNARD M, KODEIH F, et al., 2011. Institutional complexity and organizational responses [J]. The academy of management annals, 1(5):317-371.

[49] GREWAL R, TANSUHAI P, 2001. Building organizational capabilities for managing economic crisis: The role of market orientation and strategic flexibility [J]. Journal of marketing, 65(2):67-80.

[50] HARGRAVE TJ, VEN A H V D, 2006. A collective action model of institutional innovation [J]. Academy of management review, 31(4): 864-888.

[51] HENNART J, 2018. Springing from where? howemerging market firms become multinational enterprises [J]. International journal of emerging markets, 13(3):568-585.

[52] HERTENSTEIN P, SUTHERLAND D, ANDERSON J, 2017. Internationalization within networks: exploring the relationship between inward and outward FDI in China'S auto components industry [J]. Asia Pacific journal of management, 34(1):69-96.

[53] JACKSON G, DEEG R, 2019. Comparing capitalisms and taking institutional context seriously [J]. Journal of international business studies, 50 (1):4-19.

[54] JAY J, 2013. Navigating paradox as a mechanism of change and innovation in hybrid organizations [J]. The academy of management journal, 56 (1):137-159.

[55] JOHANSON J, VAHLNE J, 1977. The internationalization process of the Firm-A model of knowledge development and increasing foreign market commitments [J]. Journal of international business studies, 8 (1):23-32.

[56] JOHANSON J, VAHLNE J. 2009. The uppsalainternationalization process model revisited: from liability of foreignness to liability of outsidership [J]. Journal of international businesssudies, 40(9): 1411-1431.

[57] KHANNA T, PALEPU K, 1997. Why focused strategies may be wrong for emerging markets [J]. Harvard business school press, 75(4):41.

[58] KIM B. C., LEE J. J., PARK H., 2017, "Two-Sided Platform Competition with Multihoming Agents: An Empirical Study On the Daily Deals Market" [J]. Information Economics and Policy, 41, pp. 36-53.

[59] KOSTOVA T, ROTH K, 2002. Adoption of an organizational practice by subsidiaries of multinational corporations: institutional and relationaleffects [J]. the Academy of Management Journal.

[60] KOSTOVA T, ZAHEER S, 1999. Organizational legitimacy under conditions of complexity: The case of the multinational enterprise [J]. The academy of management review, 24(1):64-81.

[61] KOSTOVA T, ROTH K, DACIN M T, 2008. Institutional theory in the study of multinational corporations: A critique and new directions [J]. Academy of management review, 33(4):994-1006.

[62] KRONBORG D, THOMSEN S., 2009. Foreign ownership and Long-Term survival [J]. Strategic management journal, 30(2):207-219.

[63] LEPOUTRE J M W N, ALENTE M, 2012. Fools breaking out: the role of symbolic and material immunity in explaining institutional nonconformity

[J]. The academy of management journal，55(2):285-313.

[64] LI J，LI P，WANG B，2019. The liability of opaqueness：state ownership and the likelihood of deal completion in international acquisitions by Chinese firms [J]. Strategic management journal，40(2):303-327.

[65] LOUNSBURY M，2007. A tale of two cities：competing logics and practice variation in the professionalizing of mutual funds [J]. Academy of management journal，50(2):289-307.

[66] LU JW，2002. Intra-and Inter-Organizational imitative behavior：institutional influences on Japanese firms' entry mode choice [J]. Journal of international business studies，33(1):19-37.

[67] LUO Y，TUNG R L，2007. International expansion of emerging market enterprises：aspringboard perspective [J]. Journal of international business studies，38(4):481-498.

[68] LUO Y，TUNG R L，2018. A general theory of springboard MNEs [J]. Journal of international business studies，49(2):129-152.

[69] MADHAVAN S，GUPTA D，2017. The influence of liabilities of origin on EMNE cross-border acquisition completion [J]. International business strategy.

[70] MEYER JW，ROWAN B，1977. Institutionalizedorganizations：formal structure as myth and ceremony [J]. American journal of sociology，83(2):340-363.

[71] MEYER KE，PENG M W，2016. Theoretical foundations of emerging economy business research [J]. Journal of international business studies，47(1):3-22.

[72] MEZIAS J M，2002. Identifying liabilities of foreignness and strategies to minimize their effects：the case of labor lawsuit judgements in the United States [J]. Strategic management journal，23(3):229.

[73] MILLER S R，EdenL，2006. Local density and foreign subsidiary performance [J]. The academy of management journal，49(2): 341-355.

［74］ MIZRUCHI M S，FEIN L C，1999. The social construction of organizational knowledge：astudy of the uses of coercive，mimetic，and normative isomorphism ［J］. Administrative science quarterly，44(4)：653-683.

［75］ NEWENHAM-KAHHINDI A，STEVENS C E，2018. An Institutional logics approach to liability of foreignness：the case of mining MNEs in Sub-Saharan Africa ［J］. Journal of international business studies，49 (7)：881-901.

［76］ OLIVER C，1991. Strategic responses to institutional processes ［J］. The academy of management review，16(1)：145-179.

［77］ ORR R J，SCOTT WR，2008. Institutional exceptions on global projects：aprocessmodel ［J］. Journal of international business studies，39(4)：562-588.

［78］ PACHE A，SANTOS F，2010. When worlds collide：the internal dynamics of organizational responses to conflicting institutional demands ［J］. Academy of management review，35(3)：455-476.

［79］ PACHE A，SANTOS F，2013. Inside the Hybrid organization：selective coupling as a response to competing institutional logics ［J］. Academy of management，56(4)：972-1001.

［80］ PENG M W，DENIS Y L W，JIANG Y，2008. An institution-based view of international business strategy：afocus on emerging economies ［J］. Journal of international business studies，39(5)：920-936.

［81］ RAMACHANDRAN J，PANT A，2010. The liabilities of origin：an emerging economy perspective on the costs of doing business abroad ［M］. Timothy D，Torben P，Laszlo T，Advances in international management. emeraldgroup publishing limited.

［82］ RATHERT N，2016. Strategies of legitimation：MNEs and the adoption of CSR in response to Host-Country institutions ［J］. Journal of international business studies，47(7)：858-879.

［83］ REAY T，HININGS C R，2009. Managing the rivalry of competing institutional logics [J]. Organization studies, 30(6):629-652.

[84] REGNER P,EDMAN J, 2014. MNE institutional advantage: how subunits shape, transpose and evade host country institutions [J]. Journal of international business studies, 45(3):275-302.

[85] RUGMAN A M, LI J, 2007. Will China's multinationals succeed globally or regionally? [J]. European management journal, 25(5):333-343.

[86] SAKA-HELMHORT A, DEEG R, GREENWOOD R, 2016. The MNE as a challenge to institutional theory: key concepts, recent developments and empirical evidence: the MNE as a challenge to institutional theory [J]. Journal of management studies, 53(1):1-11.

[87] SCHMIDT T,SOFKA W, 2009. Liability of foreignness as a barrier to knowledge spillovers: lost in translation? [J]. Journal of international management, 15(4):460-474.

[88] SCOTT W R, 1995. Institutions and organizations. thousandoaks, CA: Sage.

[89] SCOTT W R, 2004. Competing logics in health care: professional, state, and managerial [J]. DOBBIN F, The Sociology of the economy. thousandoaks, CA: Russell sage foundation: 295-315.

[90] SEO M,CREED W E D, 2002. Institutional contradictions, praxis, and institutional change: adialectical perspective [J]. The academy of management review, 27(2):222-247.

[91] SHANER J,MAZNEVSKI M, 2011. The relationship between networks, institutional development, and performance in foreign investments [J]. Strategic management journal, 32(5):556-568.

[92] SHAVER J M, MITCHELL W, YEUNG B, 1997. The effect of own-firm and other-firm experience on foreign direct investment survival in the United States, 1987—1992 [J]. Strategic management journal, 18(10):811.

[93] SMETS M, JARZABKOWSKI P, BURKE G T, et al., 2015.

Reinsurance trading in Lloyd's of London: balancing conflicting-yet-complementary logics in practice [J]. Academy of management journal, 58 (3):932-970.

[94] SMITH W K, TUSHMAN M L, 2005. Managing strategic contradictions: atop management model for managing innovation streams [J]. Organization science, 16(5):522-536.

[95] STEVENS C E, NEWENHAM KAHINDI A, 2017. Legitimacy spillovers and political risk: the case of FDI in the east African community [J]. Global strategy journal, 7(1):10-35.

[96] STEVENS C E, XIE E, PENG M W, 2016. Toward a legitimacy-based view of political risk: thecase of Google and Yahoo in China [J]. Strategic management journal, 37(5):945-963.

[97] SUCHMAN M C, 1995. Managing legitimacy: strategic and institutional approaches [J]. The academy of management review, 20(3):571-610.

[98] SURROCA J, TRIBO J A, ZAHRA S A, 2013. Stakeholder pressure on MNEs and the transfer of socially irresponsible practices to subsidiaries [J]. The academy of management journal, 56(2):549-572.

[99] WALDRON T L, NAVIS C, FISHER G, 2013. Explaining differences in firms' responses to activism [J]. Academy of management review, 38 (3):397-417.

[100] XIA J, TAN J, TAN D, 2008. Mimetic entry and bandwagon effect: the rise and decline of international equity joint venture in China [J]. Strategic management journal, 29(2):195-217.

[101] YIU D, MAKINO S, 2002. The choice between joint venture and wholly owned subsidiary: aninstitutional perspective [J]. Organization science, 13(6):667-683.

[102] YORK J G, HARGRAVE T J, PACHECO D F P, 2016. Converging winds: logic hybridization in the Colorado wind energy field [J]. Academy of management journal, 59(2):579-610.

[103] ZAHEER S, 1995. Circadian rhythms: the effects of global market integration in the currency trading industry [J]. Journal of international business studies, 26(4):699-728.

[104] ZAHEER S, MOSAKOWSKI E, 1997. The dynamics of the liability of foreignness: aglobal study of survival in financial services [J]. Strategic management journal, 18(6):439-463.

[105] ZAHEER S, LAMIN A, SUBRAMANI M, 2009. Cluster capabilities or ethnic ties? locationchoice by foreign and domestic entrants in the services offshoring industry in India [J]. Journal of international business studies, 40(6):944-968.

[106] ZHAO M, Park S H, ZHOU N, 2014. MNC strategy and social adaptation in emerging markets [J]. Journal of international business studies, 45(7):842-861.

[107] ZILBER T B, 2006. The work of the symbolic in institutional processes: translations of rational myths in Israeli High Tech [J]. The academy of management journal, 49(2):281-303.

后　记

　　浙商国际化是浙商发展的重要方向，也是浙商研究院的重要研究问题。浙商是一个复杂的群体，国际化是一种复杂的实践，二者叠加形成了丰富、多重的实践经验。而我们仅仅从海外直接投资、制度视角进行了初步的理论探索，得到了初步的理论成果，形成了这一本以浙商国际化为主题的专著。我们相信，未来浙商国际化研究还有广阔的研究空间，特别是在逆全球化时代及中美贸易冲突背景下，总结浙商国际化发展的实践经验，不仅仅具有显著的实践价值，同时也必将推动企业国际化理论的创新发展。

　　本书是团队合作的成果，具体分工如下：吴波负责框架设计及全书统稿工作，同时负责第1—4章、第6章，以及第9—11章的撰写工作；江婷婷负责第5章的撰写工作；杨燕负责第7章的撰写工作；蒋樟生负责第8章的撰写工作。项目成员所指导的工商管理学院的研究生们参与了项目研究及初稿写作工作，具体情况是：2019级博士研究生杨步韵参与了第2章、第9章的撰写工作；2019级硕士研究生黄丽菲、吴兴发、黄睿韬参与了第3章、第5章的撰写工作；2018级硕士研究生陈金涛、何梦婷参与了第4章和第6章的撰写工作。

　　浙江工商大学人文社科处对本书的撰写给予了指导与帮助，浙江工商大学出版社为本书的出版提供了全力支持，华立集团的泰中罗勇产业园为我们的企业调研提供了帮助，在此一并致谢。